湛庐 CHEERS

与最聪明的人共同进化

HERE COMES EVERYBODY

伟大企业的四个关键原则

CONSCIOUS CAPITALISM

[美]
约翰·麦基
John Mackey
拉金德拉·西索迪亚
Rajendra Sisodia
———— 著

史建明———— 译

浙江人民出版社

推荐序

企业的责任

2015年我读到约翰·麦基和诺贝尔经济学奖获得者米尔顿·弗里德曼（Milton Friedman）关于商业运作方式的辩论，那是我第一次发现麦基的哲学。在弗里德曼去世前不久，麦基挑战了他的观点——企业唯一的责任就是对股东的责任，这个责任通过金融市场转化为短期股票价格。弗里德曼在《纽约时报》上发表的1970篇专栏文章被人广为援引，他认为"企业的社会责任就是提升利润"，并痛斥那些关心员工、社区和环境的企业家，反对企业家将提供就业机会、消除不公平待遇、避免环境污染当成自己的责任。

麦基挑战了弗里德曼的那个观点，这是我多年来一直想做的。我们对于企业在社会中扮演的角色有更广泛的共识。是社会特许成立了公司，并授予了公司经营权。侵犯这些权利，企业就会失去自由，要么社

比尔·乔治

哈佛商学院管理学教授，美敦力公司前首席执行官

会撤销对公司的授权，要么通过监管法规限制公司自由。

麦基领导的全食超市已经成为良心企业的典范，我的公司美敦力也致力于此。从我和麦基的个人经验来看，我们都认为良心企业是建立对顾客、员工、投资人、社区、供应商和环境都有利的组织的唯一方式。

麦基和西索迪亚毫不含糊地证明了领导力至关重要。他们展示了如何成为良心企业家，这个概念实质上和我提出的真正领导力的概念是一致的。他们还意识到，对于企业领导者来说，发展自我意识和情商，让自己的心灵和头脑合一，同时还能够赋权别人也做到这样，十分重要。常言道："一个人要走得最远的旅途是头脑与心灵之间的20厘米长度"。在过去十多年中，由于对企业家存在巨大的信心缺失，培养良心企业家是重建对企业家信心的最好方式，也是确保他们会顺着真北方向发展的最好方式。

我分享一下我接受这些观念的历程。1964年当我从佐治亚理工学院工业和系统工程专业毕业的时候，我很想成为一个以价值为中心的大公司的领导者，为社会的福利做出贡献。这种激情开始于8岁时我听父亲谈论如何经营公司，并且一直延续到我十几岁做球童时听到企业家之间的对话，以及后来在宝洁和IBM的暑期实习工作经历。

我之所以选择商业，是因为我相信，经营有方并以价值为中心的公司能比社会上其他组织更切实地为人类做出贡献。哈佛商学院的MBA课程使我接触到了许多伟大的商业领导者，让我对全球的商业运作大开眼界，同时也坚定了我想通过自由企业来有所作为的愿望。在美国国防部、利顿工业公司（Litton Industries）和霍尼韦尔公司（Honeywell）工作的23年里，我看到了商业中美好的、糟糕的以及丑陋的部分。

1989年加入美敦力后,我的目标是既可以为公司的所有利益相关者创造持久价值,同时又能让公司获得成功。在美敦力的13年时间里,我利用创始人厄尔·巴肯(Earl Bakken)搭建的平台,将这个概念变成了现实。有些人会引用美敦力的股东价值从11亿美元增加到600亿美元作为其成功的证据,但我觉得,更具说服力的是每年新增的重获健康的患者人数,从1989年的30万人到2014年的1 000万人。这些恢复健康的患者是美敦力员工和组成美敦力大家庭的医生、护士、技术人员、供应商、投资人,以及社区的真正回报。

自2002年从美敦力退休以来,我一直在学术机构任教,特别是在哈佛商学院任教的9年,使我能够与优秀的商业学者和伟大的商界领导者共同发展和巩固我的观点,并在课堂上与优秀的学生和企业管理者讨论这些观点。

与此同时,社会对企业家的信任也经历了历史性的摧毁。要理解在过去十多年中到底发生了什么侵蚀了企业的声誉,就需要借助弗里德曼的理论,这些理论对几代经济学家和企业家产生了巨大的影响。而且随着股票市场变得越来越短期,股票的平均持有期从8年下降到了6个月,这个影响越来越大。

最令人遗憾的是,追逐短期利益给许多大公司带来了毁灭性的打击,如通用汽车公司和西尔斯公司,并且导致安然公司、世通公司、凯马特公司和柯达公司破产;超过100家大公司由于虚假的会计操作,被迫重新申报2003—2004年的财务报告。这些还只是冰山一角。2008年,房利美、贝尔斯登、雷曼兄弟、美国国家金融服务公司、花旗集团等金融巨头试图以过度杠杆化实现股东价值最大化,最终走向倒闭。华尔街对公司增加短期股价的压力反而自食其果,让很多这样的金融机构黯然离场。

约翰·麦基称弗里德曼是他心目中的英雄之一，但在 2005 年弗里德曼去世前不久的一场辩论中，他挑战了这位经济学家的思想。弗里德曼试图将麦基的思想整合到他的股东价值创造理论中，这其实提高了麦基的声望，但麦基并不领情，他说："弗里德曼认为，关注客户、员工和企业慈善是为了最终提升投资人的利润。但是我的观点截然相反，创造高额利润是为了最终完成全食超市的核心使命。我们希望通过更高质量的食品和更好的营养来改善地球上每个人的健康和福祉，除非有很强的盈利能力，否则我们无法完成这项使命。人如果不吃饭就无法存活，同样地，企业没有利润也无法生存下去。但大多数人不是为了吃饭而生存，同样地，企业也不只是为了赚钱而存在。"[1]

我也经常提出这样的观点，美敦力的使命是"让人们恢复充实而健康的生活"。在我的第一本书《真正的领导力》(Authentic Leadership) 中，我介绍了一个案例，企业应该从它的目的和价值观出发，来激励员工创新，提供优质的服务，同时创造可持续增长的收入和利润。这种方式为公司不断进行投资提供了基础，同时为股东和利益相关者创造了持久的价值，从而形成一个良性循环。这种哲学并不是全食超市和美敦力公司的独特之处，它广泛应用于不同类型的公司，例如 IBM、星巴克、苹果、诺华制药、富国银行和通用食品公司，这些公司几十年来都保持了巨大的成功。

在这本书中，麦基和西索迪亚带领读者认识了企业服务的每一个利益群体，包括工会和劳工维权人士，这些人通常被认为是企业最大利益的敌对者。作者论证了即使存在持续的分歧，为什么这些组织应该受到重视和尊重，以及如何获得应有的重视和尊重。

弗里德曼的方法比较简单，很容易计算和衡量股东价值，但它不能代表有关企业健康的一些更重要的长期因素，比如企业策略的有效性、投资价值、客户的满意度,以及员工的承诺和参与程度。这些因素对公司长期、可持续价值的影响远大于短期股价波动。其他一些著名学者,比如我在哈佛商学院的同事罗伯特·卡普兰(Robert Kaplan),提供了一种更加灵活和细致的平衡计分卡(Balanced Scorecard, BSC)方法来衡量公司的长期业绩。

看一下惠普前首席执行官马克·赫德(Mark Hurd)和IBM前首席执行官彭明盛(Samuel Palmisano)在过去十年采取不同领导方式的结果。来自NCR公司的赫德从惠普失败的领导者卡莉·菲奥里纳(Carly Fiorina)手中接管了惠普公司,让公司重回了正轨,推动了收入和利润的增长,并使惠普的股票价格上涨了一倍多。然而,这些收益的改善,部分原因是大幅削减研发支出,从6%下降到3%(惠普研发支出历史最高水平占比约10%),而且关注短期成果,砍掉在一些可行的长期战略方面的投资。在赫德2010年年底因虚报账单被迫辞职时,惠普的市值蒸发了600亿美元,下跌幅度为55%。

在彭明盛稳健的领导下,IBM致力于用以价值为中心的"全球一体化公司"理念为全球客户服务。这个长期的文化变革占据了彭明盛十年任期的很大一部分,并且在2010年使IBM公司的股东价值增加了1 000多亿美元,或者说增长了84%。彭明盛的内部继任者罗睿兰(Virginia Rometty)延续了这个成功。而惠普从外部选择的继任者们——李艾科(Léo Apotheker)和梅格·惠特曼(Meg Whitman),还在为惠普苦苦寻找一个可行的战略。

我深深地感激约翰·麦基和拉金德拉·西索迪亚,他们为企业和社会带来了这本价值无法估量的专著,告诉大家如何将企业的所有利益群体整合起来,建立一个可持续发展的组织,为社会利益服务的同时也为自身利益服务。从这个意义上说，他们的想法与我在哈佛商学院的同事、现代企业战略的先驱迈克尔·波特（Michael Porter）的想法不谋而合。迈克尔·波特已经向企业领导者发出了响亮的号角：通过"创造共同价值"来为社会做出贡献。

我热切地希望看到这些想法在未来成为一种被广泛接受和实践的企业经营模式。

目录

推荐序　企业的责任 _I

比尔·乔治
哈佛商学院管理学教授，
美敦力公司前首席执行官

引言　商业是一场共赢游戏 _001

第一部分　重新认识企业与企业家

01　企业与企业家被误解的四个原因 _013

02　从企业到良心企业的进化 _027

第二部分　创造共同价值的关键原则一，用目标让工作变得更有意义

03　为什么良心企业要有崇高的目标 _047

04　企业如何发现与发展自己独特的目标 _061

第三部分 创造共同价值的关键原则二，为每一位利益相关者创造价值

- 05 第一类利益相关者，顾客 _079
- 06 第二类利益相关者，团队成员 _091
- 07 第三类利益相关者，投资人 _107
- 08 第四类利益相关者，供应商 _119
- 09 第五类利益相关者，社区 _131
- 10 第六类利益相关者，环境 _147
- 11 第七类利益相关者，外围的利益相关者 _163
- 12 利益相关者的相互依存性 _177

第四部分 创造共同价值的关键原则三，聘用愿意为企业和利益相关者服务的领导者

- 13 领导者必备的素质 _193
- 14 领导者的自我修炼 _205

第五部分 创造共同价值的关键原则四，保持企业文化与管理方式的一致性

- 15 有良知的企业文化 _231
- 16 有良知的管理方式 _251

第六部分　超越资本，一种更好的商业运作方式

17 企业是伟大的价值创造者 _ 269

18 释放企业的英雄精神 _ 283

结语　良心企业的创造力 _ 293

附录 A　良心企业案例 _ 295

附录 B　关于良心企业的认知误区 _ 311

参考文献 _ 318

测一测，你的企业是否具有成为伟大企业的潜力。
扫码下载"湛庐阅读"App，
搜索"伟大企业的四个关键原则"，
获取测试题答案。

引言
商业是一场共赢游戏

商业不是基于剥削和压迫,商业的基础是合作和自愿的交换,人们通过自愿交易从而互惠互利。商业不是一个只有赢家和输家的零和游戏,它是一个赢-赢-赢的游戏。

CONSCIOUS
CAPITALISM
LIBERATING THE HEROIC
SPIRIT OF BUSINESS

在作为联合创始人创办全食超市之前，我上过两个大学，大概选修了120个课时的课程，主要涉及哲学、宗教、历史、世界文学和其他人文学科。我只上感兴趣的课程，如果课程让我觉得没意思，我就会迅速放弃。这种自我指引的教育策略让我学到了很多有趣和有价值的东西，但是结果显而易见，我最终没有获得学位。我从来没有上过一次商业方面的课程，不过这么多年下来，我反而觉得这是一个对我有利的事情。因为作为一个创业家，我没有任何需要被清除的成见，同时具备很多创新的可能性。十几、二十岁的青春岁月，都被我用来探索生命的意义和目的了。

对生命意义的探索把我带到了 20 世纪六七十年代的反主流文化运动中。那时我研究东方哲学和宗教，也练习瑜伽和冥想。我还研究生态学，并成了一个素食主义者。我在得克萨斯州首府奥斯汀市的城市合作社生活了两年之后，满头长发，胡子拉碴。在政治上，我沉溺于进步主义，或者说自由主义，在意识形态方面，我完全认同商业和公司在本质上是邪恶的，因为它们只会自私地追求利润。跟这些邪恶的公司相比，我相信非营利性组织和政府是"好的"，因为他们用利他的方式服务于公众利益，而不是去追求利润。

有了这些经历和想法，当我在 1978 年开始创办公司的时候，很显然已经"做足了准备"。公司最初叫作"赛福威"（Safer Way），是我和女朋友蕾妮·劳森（Renee Lawson）在一个老式建筑里开的一间 280 平方米的商店，卖天然食物。我们向亲戚和朋友募集了 4.5 万美元的种子资本。那时我们都很年轻，我 25 岁，蕾妮 21 岁，都充满了理想主义。我们想把健康的食物卖给人们，同时给自己挣来体面的生活，并从这两者中找到乐趣。这就是我们开办这家公司的初衷。

蕾妮和我每周工作超过 80 个小时，但即便这么辛苦，我们最初给自己的薪水才 200 美元左右，而且就住在商店楼上的办公室里。因为没有浴室，需要洗澡的时候，就用商店里的水龙头"冲凉"（这肯定违反了好几条城市卫生条例）。到 1980 年，赛福威运营两年之后，我们决定和另外一家小规模的卖天然食物的商店合并，搬到一个更大的建筑里，将公司更名为全食超市。

第一次觉醒，成为企业家

在我所信奉的进步主义哲学里，从根本上看，商业的基础是贪婪、自私和剥削：剥削消费者、工人、社会和环境，并且因为剥削而达到利润最大化。在我看来，利润充其量就是一种必要的恶，对整个社会来说，肯定不是一个可取的目标。在开创赛福威之前，我参与了奥斯汀市的合作社运动，在合作社的宿舍里住了两年，也是三个不同食品合作社的会员。多年以来，我一直认为合作社的基础是合作而不是竞争，因此也一直相信，合作社运动是改良商业最好的方式。如果一个商店是由顾客而不是投资者所拥有，它就会价格公道，同时也会创造更多的社会公平。我坚信食物合作社的信条——让食物为人服务，而不是为利润服务。事与愿违，最终我对食物合作运动大失所望!在食物合作运动中,几乎没有创新的空间,几乎每个决策都被政治化了。政治上最积极的会员用他们的个人议题控制了合作社,更多的精力用来决定抵制哪些公司,而不是用来提升产品质量、改善顾客服务。我认为自己能创造一个更好的商店,比自己所属的任何一个合作社都更好。因此我决心创业,用结果来证明我的判断。

创业这件事情完全改变了我的人生。在商业方面,我曾经的信念基本上都被证明是错误的。在开办赛福威的第一年,我学到最重要的事情是,商业不是基于剥削和压迫,而是合作和自愿交易。人们通过自愿交易从而互惠互利。没有一个人会被胁迫去做生意。顾客可购买的产品有很多,员工能效劳的雇主有很多,投资人可投资的公司有很多,供应商的客户有很多。投资人、员工、管理人员、供应商,他们都需要合作,才能为顾客创造价值。当价值被创造出来之后,这些共创的价值会通过竞争性的市场机制,按照各个利益相关者的贡献度,基本上能够在价值创造者中公平分配。换个说法,商业不是一个只有赢家和输家的零和游戏,它是一个赢－赢－赢的游戏。我很喜欢这样的多赢游戏。

尽管我带着良好意图和愿望开创这个企业,但依然面临重重挑战。顾客认为商品的价格太高,员工觉得获得的报酬太少,因为我们规模太小,供应商不愿意给我们优惠价格,奥斯汀当地的非营利性组织不断要求我们提供捐助,不同的政府部门拿各种收费、牌照、罚款和名目繁多的税来为难我们。

第一年,对做生意一窍不通的"品质"显然没有给我们带来成功。我们辛辛苦苦的结果是亏掉了 23 000 美元,超过了公司 50% 的本金。我们彻底认识到,创造一个成功的企业真心不容易。尽管已经亏得一塌糊涂,但是那些反商业化的人还是指责我们用高价剥削顾客,用低工资剥削员工。扪心自问，我有良好的初衷，可是不知道为什么，我还是成了一个自私而贪婪的商人。对于合作社的朋友，我已经成为他们眼中的坏蛋之一。然而，内心深处，我知道自己并不贪婪，也不自私，更不邪恶。我依然是那个怀揣梦想、想让世界更美好的理想主义者。我认为实现这个理想的最好方式就是去开一间销售健康食物的商店，并且向社会提供就业机会。

我意识到年轻时所信奉的进步主义哲学并不足以解释世界的真实运作方式，于是，我开始逐步抛弃那些思想，又开始四处寻觅，探求那些能够把这个世界的道理讲清楚的思想。

我如饥似渴地恶补了数十本商业书籍，误打误撞，读到了一些自由企业经济学家和思想家的书籍，包括英国著名自由主义经济学家哈耶克（Friedrich Hayek）、奥地利经济学派代表人物路德维希·冯米塞斯（Ludwig von Mises）、美国芝加哥经济学派代表人物米尔顿·弗里德曼、美国著名自由主义经济学家裘德·万尼斯基（Jude Wanniski）、美国自由主义经济学家亨利·赫兹利特（Henry Hazlitt）、美国著名科幻小说家罗伯特·海因莱因（Robert Heinlein）、美国经济学家穆瑞·罗斯巴德（Murray Rothbard）、美国经济学家托马斯·索维尔（Thomas Sowell）等等。这些人让我常常暗自感叹："哇，这些思想太有道理了！这就是真实的世界的运转方式。"我的世界观由此经历了重大改变。

我开始认识到，互利的自愿交易为人类社会带来了前所未有的繁荣。人类在过去200年获得的整体性进展简直让人难以置信。当自由企业与产权、创新、法治以及民主政府结合在一起的时候，就会产生能够让社会繁荣最大化的社会制度，为促进人类快乐和福祉创造条件，而且不仅仅造福于富人，也造福于包括穷人在内的更广泛的群体。

第二次觉醒，利益相关者的支持

全食超市在过去 30 年经历了一个关键事件，它发生在 1981 年的阵亡将士纪念日（Memorial Day）。那时我们只有一个商店，距搬迁并更名为"全食超市"才 8 个月左右。当时新商店迅速获得了很大的成功。顾客喜欢在这里买东西，员工热爱在这里工作，大家充满热情，相信自己从事的事业的意义和价值，并尽情展现个性，享受和团队成员一起服务顾客的过程。但是那一天，奥斯汀市遭受了 70 年来最严重的洪水袭击。这场洪灾吞噬了 13 条生命，给城市造成了 3 500 万美元的损失（相当于今天的 1 亿美元）。我们的商店被洪水淹没了 2.4 米，所有的设备和库存都毁坏了，损失接近 40 万美元。这场洪灾基本上把我们摧毁了。我们没有积蓄，没有购买保险，没有库存。我们破产了。

洪水过后，创始人和员工团队来到商店。目睹如此惨状，很多人都眼含泪水。对于员工团队，他们感觉自己最好的工作好像到此为止了；对于创始人，这仿佛就是一个美丽但却昙花一现的梦。心灰意冷之际，出乎意料的惊喜发生了：几十个顾客和邻居来到了商店。那天是纪念日，很多人都放假了，但是他们都穿着工作服，带着锤子、墩布和所有他们认为可能用得上的工具过来了。他们真诚地对我们说："朋友们，加油！大家开始干活，把这里打扫干净，让这个店重新开起来。我们不会坐视这个商店就这么倒闭了。大家别愁眉苦脸，动手扫出笑脸！"

你可以想象，就是那种被电击一样的感觉，刹那间，我们获得了新能量，希望之光在眼前闪过，也许我们并没有失去一切。不仅如此，在后来的几周时间里，一波又一波的顾客接连不断地过来帮助我们清扫和修复超市。我们问他们："这么做是为了什么？"他们总是这样回答："全食超市对我真的很重要。如果没有它，如果它停业并退出奥斯汀市，我都不敢确定我还会不会选择住在这里。全食超市已经改变了我的生活。"无论用什么样的词汇，也形容不出这些事情带给我们的积极影响和改变。我们感受到了来自顾客的热爱，决心重新开张。我们心想："顾客如此热爱我们，为我们付出了如此之多，表达对他们的感激之情的最佳方式，就是下定决心，做一切可能的努力，重新开张，并竭尽所能地服务好他们。"

实际上，不仅仅是顾客对我们施予援手，其他利益相关者也给了大量支持，他们义无反顾地投身进来，努力拯救我们。无情的洪灾让公司破产了，无法开出工资，但是很多员工不计报酬地开始工作。当然，重新开张的时候补发了工资，可是若时光倒流，那时没有人能够确保我们有能力重新开张。还有数十个供应商愿意让我们赊账，继续给我们供货，他们关心我们的生意，相信我们会重新开张，把欠款还上。同样，这也造就了我们对这些供应商的承诺和忠诚，30多年过去了，直到现在，我们还和其中很多供应商做生意。投资商信任我们，并且拿出额外的资金投给我们。银行提供了额外的贷款，支持我们重新进货。实际上，所有的主要利益相关者，顾客、员工、供应商和投资人，在洪灾之后都毫不犹豫地参与了进来，力挺全食超市，不遗余力地支持它重新开张。不负众望，洪灾过后仅仅28天，超市重新开门迎客。

1981年的纪念日洪灾以及之后的神奇经历，让全食超市这个年轻的公司中的每一个人团结在了一起。这个事件证明，这些利益相关者都能够与我们形成紧密的关系，跟我们休戚与共。团队成员的关系因此而更加紧密，我们对于顾客的承诺也变得更深入了。这次，我们实实在在地感受到了全食超市给人们的生活带来了如此之多的不同。

退一万步想，如果当时所有的利益相关者不关心我们，究竟会发生什么？毫无疑问，全食超市肯定停业并退出市场了。如果当时我们的利益相关者不热爱、不关心我们，今天这个年销售额超过110亿美元的公司在它成立的第一年就已经消失了，而且如果我们不是那种他们认可的公司，他们也不可能热爱并关心我们。有多少"普通"的公司能够在需要的时候吸引到客户和供应商组成的志愿军施以援手？这也是我们更好地理解利益相关者的重要性的一个原因，因为他们令我们意识到，他们对于企业成功的重要性。没有他们，我们不仅无法成功，甚至无法生存下来。

个人的觉醒之旅

企业对于个人和组织的成长来说都是一个非常棒的工具。全食超市在过去30多年的增长和演变历程让我体验到了更多的觉醒，我们会分享其中的一些例子。最重要的是，生命短暂，我们只不过是匆匆路过，无法停留不前。因此，在感觉追悔莫及之前，找到值得信赖的向导，找到愿意帮助自己去发现和实现人生更高目标的力量，这一点至关重要。

在我20多岁的时候，我做了一个事后证明是明智的决定：无论去往哪里，毕生追随自己内心的呼唤。我慢慢了解到，以开放的心态和发自内心的关爱生活在这个世界上是可能的。我明白了，我们可以用爱的方式引导创造冲动，去实现更高的目标，帮助这个世界变得更好。

我在这本书中以复盘我个人的觉醒开始，因为这个比喻恰当地描述了我在工作和生活中的觉悟养成之旅。这个旅程让我接触到了商业的很多本质，这些都超越了从前我能够涉及的范围。在全食超市和其他一些公司，我看到了觉悟的智慧在工作中产生的力量，同时我也逐渐认识到，和过去从经济学教科书、商学院教育，甚至从有影响力的商业领导者的讲话和文章中学到的理论相比，今天的世界急需更加丰富、更加全面、更加人文的关于商业的哲学和理论阐述。

为什么我们会写这本书

我个人对于更高层次的觉悟的觉醒与全食超市对于更高目标和潜在社会影响的认知演变是并行发展的。放眼全食超市之外，我看到长期以来没有良心的企业已经变得有良心起来。在很长一段时间内，人类社会体验到的最激动人心但没有料到的改变就是，我们开始集体意识到，当商业用良心经营方式运行的时候，将会展现出令人难以置信的潜力。

我的联合作者拉金德拉·西索迪亚（以下简称"拉吉"）在过去30多年中作为一个教授、作家和许多公司的顾问，也经历了寻求关于商业的更深层真理的旅程。通过研究一些受到利益相关者关爱并因此在财富和福祉创造方面特别成功的公司，他也有类似的发现。拉吉在2007年与人合著了一本有广泛影响力的书籍《受人爱戴的公司》(*Firms of Endearment*)，在这本书中，他描述了让这些公司与众不同的因素。

过去5年，拉吉和我联合了一些有影响力的商业领导者和思想领袖来追求共同的使命，我们希望良心企业运动能够改变商业的思考方式、教育方式和实践方式。我们对于良心企业形态能带来非凡潜能所持有的共同热情，让我们成为这本书的共同作者。

我们写这本书的主要目的就是激发创造出更多良心企业，这些企业由崇高的目标所激励，契合所有主要利益相关者的利益；由良心企业家所带领，为相关的所有人以及地球服务。这些企业是有弹性、有关怀的公司，在这样的企业里工作会有巨大的喜悦和成就感。我们真诚地相信，这会带来一个更好的世界。依靠大家的共同努力，企业家能够把商业中蕴藏的非凡力量释放出来，创造一个充满同情心的自由和繁荣的世界，在那里，所有人都过着有目标感、富有爱心和充满创造力的生活。这个世界，就是我们给良心企业定义的愿景。

本书的结构

在第 1 章，我们提供了一些观察市场经济的必要的历史视角：它究竟是什么，它如何帮助世界变得更好，以及它今天面临的挑战。第 1 章也是号召读者积极加入改变对商业的诠释的探险之旅。在第 2 章，我们阐述了良心企业的概念，它是一种进化了的商业形式，能够解决企业今天面临的挑战，并能带来一个激动人心的美好未来。

本书接下来的四个部分分别讨论了良心企业的四个原则。第二部分（第 3 章和第 4 章）是关于使命：解释了为什么使命如此关键，给出了一些概括性的使命阐述，并介绍了每个公司如何发现自己真正的使命。

然后，我们把关注点转到利益相关者。在第三部分（第 5 章至第 12 章），我们讨论了良心企业如何看待主次利益相关者，以及如何撬动利益相关者之间的相互依存关系，这个做法是良心企业哲学的核心所在。在第四部分（第 13 章和第 14 章），我们转到良心领导力这个关键问题。在第五部分（第 15 章和第 16 章），我们讨论了第四个原则：有良知的企业文化和管理方式，描述了有良知的企业文化的关键组成部分，尤其是关爱和关怀，以及一种与有良知企业文化相一致并利用其优势的管理方式。在第 17 章，我们给出了一些关于如何开创一个良心企业的建议，也给一些现存的企业如何朝着良心企业的方向进行改变提供了指导。在第 18 章，我们讨论了如何把良心企业哲学以最快的速度扩大到更大的范围。

本书还有两个附录。附录 A 描述了为什么长期来看，良心企业比传统企业的表现更好。附录 B 解答了一些关于良心企业的共同问题，澄清了一些认知误区。

Conscious Capitalism

Liberating the Heroic Spirit of Business

第一部分

重新认识企业与企业家

01

企业与企业家被误解的四个原因

在市场经济中,企业家是真正的英雄,他们推动企业、社会和世界向前发展。他们用不同方式展望世界可能或者应该的样子,从而解决社会发展的问题。

CONSCIOUS
CAPITALISM
LIBERATING THE HEROIC
SPIRIT OF BUSINESS

在漫长的历史长河中，市场经济对人类产生了巨大的积极影响，它是一种促进创新和社会协作的非凡制度。这一制度能让数十亿人有机会获得生活资料，通过为彼此创造价值而找到生命的意义。在不到 200 年的时间里，商业已经改变了地球的面貌以及绝大多数人的日常生活。从这个制度中涌现出来的非凡创新让许多人摆脱了长期机械、单调的工作，过上了更有活力、更充实的生活。各种神奇的科技缩短了时间和空间的距离，把散落在地球上最遥远角落的人类无缝连接在一起。

虽然改变已经如此之多，但是还有更多的改变有待完成。这个非凡的制度给人类协作带来的希望还远远没有完全实现。当然，西方世界已经从中受益近两个世纪了。市场经济以难以计数的方式成功地提升了人们的生活质量，这是过去 200 年最令人意想不到的故事，它使人类社会以历史上前所未有的速度得到了发展。我们看一下下面这些事实。

- 200 年以前，世界上 85% 的人口生活在绝对贫困中，每天的生活支出不到 1 美元；现在这个数字是 16%[1]。市场经济不只是为一小部分人，而是为世界各地数十亿人创造了繁荣。
- 自 1800 年以来，全球人均收入增长了 10 倍[2]。发达国家的人均收入增长了 16 倍。自 1700 年以来，日本的人均收入增长了 35 倍。根据支付能力和质量改善情况，美国普通人的生活标准自 1800 年以来增长了 100 倍[3]。也许最令人惊讶的是，自 1960 年以来，韩国的国内生产总值增长了 260 倍，从世界上最贫困的国家之一转型成为世界上最富裕和最发达的国家之一。[4]

- 数万年以来，由于大规模的传染病如鼠疫和流感夺走了上百万人的生命，人口增长很缓慢，而且经常出现下降的情况。到 1804 年左右，世界人口终于过了 10 亿大关，此后快速增长并超过了 70 亿，主要原因是卫生条件、医药以及农业生产力的改善和进步。[5]
- 在过去 200 年，全世界人口的平均寿命预期从长期以来的 30 岁左右提升到了 68 岁。[6]
- 短短 40 年时间，全世界营养不良的人口占比从 26% 降到了 13%[7]。如果照现在的趋势，21 世纪饥饿几乎能被消除。
- 我们已经在一两百年的时间内，从一个基本上都是文盲的世界发展到 84% 的成年人都能够阅读。[8]
- 因为经济自由的增长，53% 的人口居住在民主国家，而 120 年以前，这个数字是零，因为那时就算是民主国家也否认女人或者少数民族的投票权。[9]
- 繁荣的国家有更高的生活满意度。人民自主和更大的繁荣会带来更强烈的幸福感。排名前 25% 的自由经济国家的生活满意度指数是 7.5（最高 10），相比之下，排名后 25% 的国家的生活满意度指数只有 4.7。[10]

企业家与创新

芝加哥伊利诺伊大学的经济学家戴尔德丽·麦克洛斯基（Deirdre McCloskey）在其所著的《资产阶级的尊严》（*Bourgeois Dignity*）一书中辩称，市场经济能获得成功，其中最重要的因素是企业家与创新，同时还包括企业家的自由和尊严[11]。改变世界的发明，比如汽车、电话、汽油、互联网、抗生素、计算机和飞机，并不是自动产生或靠政府命令发明出来的，而是需要有大规模的创新。人类的创造力一部分是个人的，但是更大部分需要依靠协作和积累，这是所有经济发展的根本。

在市场经济中，企业家是真正的英雄，他们推动企业、社会和世界向前发展，用不同的方式展望世界可能或者应该的样子，从而解决社会发展中出现的问题。他们凭借想象力、创造力、热情和精力成为全球变化的伟大创造者。他们可以看到新的可能性，通过创造前所未有的事物来丰富他人的生活。

教育家坎达丝·艾伦（Candace Allen）是诺贝尔经济学奖得主弗农·史密斯（Vernon Smith）的妻子，她用动人的方式描述了社会需要企业家英雄，以及企业家对人们生活带来的巨大影响："英雄是新生力量的代表，他们是新时代的开创者，是新宗教的缔造者，是新城市的创立者，是新的生活方式或者保护村落免受破坏的新途径的探索者，是让社区人民和世界人民生活更加美好的产品和流程的开创者。我在这里要强调的是，在现代世界里，财富的创造者——企业家，实际上正走在英雄之路上，跟那些敢于与怪兽或者邪恶战斗的英雄一样，勇敢无畏。"

市场经济被攻击的原因

尽管市场经济让广泛的繁荣成为可能，但是它没有赢得知识分子的尊重，也没有得到普通大众的关注。为什么那么多人不喜欢它？它需要改变吗？我们需要用不同的方式来思考它吗？

企业没有被视作故事中的英雄，相反，它们经常被指责为坏人，而且后现代批评家把几乎所有不喜欢的事物都归咎于它。企业的形象是剥削工人、欺骗消费者、为富人谋利、造成社会不公、分裂社区、破坏环境。企业家被指责为自私和贪婪的人。与此同时,市场经济的捍卫者常常用行业术语自说自话,这不仅无法激励人们,反而常常加深了人们对市场经济只关心金钱和利润的道德批判,强化了企业只能通过"善举"来实现自我救赎的认知。这根本就是一个被误导的观点。我们认为市场经济长期以来饱受攻击是因为以下几个原因:

1. 企业家已经被经济学家和批评家道德绑架,这些人不顾市场经济内在的伦理正当性,给它强加了一个错误标签,认为它是狭隘的、自私自利的。市场经济需要新的阐述方式以真正体现其本来的优点和品德。
2. 很多企业在运营时对自己的真正使命和对世界的总体影响的觉悟停留在较低的水平。它们大都喜欢从取舍的角度思考问题,导致了很多无心的,但是对人类、社会和地球都有害的后果,最终造成反弹。
3. 企业追求而且必须追求利润最大化,近些年来这个迷思已经根植于一些学者和企业领导者的头脑中,剥夺了企业在更深层次与人们互动和连接的能力。
4. 政府的监管规模和范围都大大地扩展了,为权力与资本合谋创造了条件,并且限制竞争,以支持与政治有关联的企业。这样的经济形式根本就不是市场经济,只不过被很多企业家认为是市场经济。

这些都是重大的挑战,但是如果我们要继续向仍然处于困境的人们传播自由,给他们带来尊严和现代性的成果,就必须克服这些挑战。

原因1,对市场经济的知识绑架

早期关于市场经济的学术案例几乎完全建立在企业家只追求个人私利的

理论上。经济学家、社会批评家和企业家很大程度上忽略了人性的第二部分，而且往往是人性中更强大的一面：人们对关怀他人、关怀理想和事业的渴望超过自己的利益。现代经济学之父亚当·斯密认识到了两者都是人类的强大动机。他的著作《道德情操论》比那本广为人知的《国富论》早出版了7年。在这本更早的书中，亚当·斯密提出一切道德情操的基础是人们可以设身处地地考虑他人、关心他人的意见。通过移情能力，我们能够理解其他人的感受，而且能够想象在那样的情况下事情会怎么样。

无论是在经济哲学还是道德制度方面，亚当·斯密远远走在他的时代前面。如果19世纪的知识分子拥抱并且完整地整合了他的经济哲学和道德哲学，我们可能已经避免了发生在19世纪和20世纪的相互竞争的政治和经济形态之间不同寻常的冲突，以及因此造成的苦难。

不幸的是，亚当·斯密关于道德的观点大部分都被忽略了，而且市场经济以先天不足的方式发展了起来，失去了更多关于人性另一面的标签。这就为市场经济的道德挑战创造了肥沃的土壤，事实上没有多久这就发生了。批评家借助达尔文的适者生存理论，把市场描绘成为一个天性残酷无情的地方。正如自然界被描绘成为"弱肉强食"，企业也被看作是严酷、非人性化和冷漠无情的地方。这些描述忽略了人类高层次的愿望和能力，市场经济其实能够把这些潜质很好地发挥出来。

另外一个让人们不信任市场经济的因素是，没有把固定馅饼概念或者重商主义的零和博弈概念与市场经济的可扩大的馅饼概念区分开来。当今人们对市场经济的仇恨大多源于一种误解，即大家需要公平、平等地分享所有资源。但现实是，通过巧妙地结合资源、劳动力和创新，财富可以得到极大的扩展。穷人致富并非一定要让小康人群变穷。馅饼在扩大，每个人也能分到更多。这个思想是市场经济非凡的、独特的财富创造能力的核心。

原因2，低觉悟公司造成很多意外后果

如果企业家对企业目标和影响的觉悟比较低，在经营企业时就会陷入权衡取舍的思维中，并且造成很多有害的意外后果。这样的公司会认为企业目标就是利润的最大化，而且把相关参与者都当作完成这个目标的工具。这种做法可能在短期内能够成功创造物质繁荣，但长期的系统性问题造成的代价将会越来越难以承受。大多数公司都没有认识到它们对环境、其他物种（比如野生动物和家畜），以及员工和顾客的身体健康和精神健康方面的重大影响。许多公司创造了紧张和令人不满的工作条件，培育和滋养了顾客的不良欲望和嗜好，而它们往往把这些都看作是外部性因素，超出了自己能关注的范围。

在企业界，功能障碍和不满比比皆是。过去十多年，美国的企业员工对于工作的平均投入程度保持在30%左右，而且几乎同样多比例的人对他们的雇主心存敌意。[13] 许多大公司的领导者操作各种把戏，以牺牲企业和利益相关者的利益来充实自己。美国的企业员工的工资几乎几十年不动，但是高级管理层的薪酬却火箭式上升，破坏了工作场所的团结一致。根据美国政策研究院的报告，首席执行官的薪酬与普通员工的工资的比例在1982年是42∶1，在1990年是107∶1，到了2000年是525∶1，2010年有所下降，是325∶1[14]。

考虑到这些状况，企业的名声受损一点儿都不奇怪。企业被广泛认为是贪婪的、自私的、充满剥削的，而且不值得信赖。特别是大公司，在今天更是声名狼藉。盖洛普咨询公司（Gallup）的研究发现，美国人对于大公司的信心一直在稳定地下降，从1975年的34%下降到2009年的历史新低点16%，在2011年又反弹到19%。[15]

原因3，利润最大化的迷思

公司的最大目标是为投资人实现利润最大化，这个持久不变的观念发源于工业革命时代最早期的经济学家。这个观念有两个来源：对人性的狭隘理解，以及对公司成功原因的不充分解释。

为了给经济系统建一个精致的数学模型，理论经济学家采用了狭隘的观点，即人类只是寻求自我经济利益最大化的机器，对于其他一切都无暇顾及。根据这个逻辑延展开来，企业也是纯粹的利润最大化机器。这些简化的假设让经济学家创建了一些似乎可以解释大规模经济体运作方式的模型。

他们的观察中有一点是正确的，即成功的公司总是盈利的，而且创办和运作这些成功公司的企业家总是想赚取利润。古典经济学家也通过观察和描述不同类型的企业家和他们创办的企业，以形成自己的理论。没有盈利能力的企业在一个竞争性的市场中根本无法生存，因为利润对于企业的长期生存和繁荣至关重要。没有利润，企业家就不能进行必要的投资以替换旧的厂房和设备，不能适应不断发展且充满竞争的市场。在一个健康的市场经济中，所有的企业都需要利润。

令人遗憾的是，早期的经济学家不仅把追求利润描绘成企业家的一个重要目标，还因此直接得出利润最大化就是企业唯一重要目标的结论。再进一步，经济学家很快断言，利润最大化是企业家应该追求的唯一目标。古典经济学家描述了他们所观察到的成功企业家运营公司的行为，然后就把所有企业家都应该有的行为简单概括为企业家唯一正确的行为。他们是怎样得出这个结论的？

在美国，大家常常想当然地认为有大量的资本可以用来投资新公司，这是因为美国经济在过去250年中积累了这些资本。然而，在工业革命的初期，资本是很稀缺的资源。成功的企业积累了利润，企业家和投资人再把资本积累转向有希望的新机会中，资本逐渐积累到前所未有的水平。古典经济学家醉心于利润的重要性，这一点不足为奇，因为利润在历史上曾经很稀缺，而且对于社会的持续进步至关重要。

利润最大化原则甚至被编纂成公司法，作为受托责任的事实定义。经济学家以及商学院学者把这些观点整合到教科书中，影响了几乎所有接受高等教育的学生的思想。市场经济的敌对者把这些观点作为对市场经济道德基础的强有力的攻击点，产生了巨大的影响。

但是，有一些成功的企业家并不是因为利润最大化而获得成功。当然，他们想赚钱，但金钱不是驱动他们前进的全部力量。这些企业家被激励着去做一些他们坚信需要去做的事情。市场经济的英雄故事就是企业家用他们的梦想和激情作为燃料，为顾客、团队成员、供应商、社会以及投资人创造非凡的价值。

这是一个非常不同的阐述方式，与通过利润最大化的视角看待历史完全不同。比尔·盖茨并不是因为想成为世界首富而开创微软。他看到了计算机能够改变人们的生活，梦想创造一个让计算机有用的软件，使得人人都想拥有一台计算机。这个梦想让他激动不已，他跟随自己的激情，在这个过程中变成了世界首富。但那只是一个结果，而不是他的目标和使命。

企业的唯一目标就是利润最大化，这个迷思对市场经济的声誉以及企业在社会中的正当性造成了巨大的破坏。我们需要正本清源，重温这些阐述方式，并且让它恢复到本来面目：企业的目标是改善人们的生活，为利益相关者创造价值。

原因4，权力与资本合谋

真正的市场经济对企业实行严格的责任制和强大的内部约束。美国经济用了一个多世纪向世界证明了市场经济能给所有人带来利益。它创造了一个庞大而富裕的中产阶级，推翻了当前的错误批判，即市场经济必然向少数的特权阶层集中财富，并且以牺牲其他人的利益为代价。

然而，随着政府规模的扩大，一种突变的经济形态也在生长，那就是权力与资本合谋，以霸占和垄断社会的财富。但它不是由市场上那些通过创造真正价值、赢得利益相关者的爱戴和忠诚的方式进行竞争的人所驱动，而是利用政府的权力野蛮生长。权贵资本家和政府沆瀣一气，将少数人的私利凌驾于大众福利之上。他们利用政府的强制权力来确保自己的特殊权益，比如制定有利于自己但妨碍竞争对手的法规，颁布阻止市场准入的法律，成立政府认可的卡特尔组织。[16]

市场经济存在其固有的道德，而且对于民主和繁荣极其必要，而权力与资本合谋的经济形态本质上是不道德的，会对人们的自由和幸福构成严重的威胁。不幸的是，现有的制度存在一些缺陷，把一些受人尊敬的企业家也拖下水，逼迫他们为了生存，不得不成为权贵资本家。

责任的力量

企业是好的，因为它创造价值；企业是道德的，因为它是基于自愿的交换；企业是高尚的，因为它能提高人的存在感；企业是有英雄情怀的，因为它把人们从贫困中摆脱出来并创造了繁荣。

伊顿公司（Eaton）是一个年收入160亿美元的全球能源管理公司，它的首席执行官桑迪·库特勒（Sandy Cutler）说得很好：

> 一段时间以来，当很多关于社会主要机构的问题和对其的质疑出现之时，企业在讲述自己的故事方面做得不是特别好。不是说它们的广告做得不好，而是它们没能真正帮助人们了解资本的作用，以及它对于维持家庭生计多么重要；也没能帮助人们了解企业对社区、学校这样的机构做了什么，以及企业在解决这么多社会问题时发挥了什么作用。当今很多人不是这么看待企业的，他们把企业作为社会问题的根源。实际上，绝大多数企业都在从事令人非常振奋的工作，很多人在这些企业提供的工作岗位中找到了重要的、充满激情的事业，为家庭赚取生计，为他们的社区带来影响。这才是一个值得讲述的故事。[17]

市场经济根本不是必要的罪恶，它是一种非常强大的制度，能够激发并利用人类的聪明才智和勤劳，为他人创造价值。我们不仅要站在它产生的利润的基础上，也要站在其基本道德的基础上为市场经济进行辩护。市场经济必须建立在为所有利益相关者创造价值的道德体系基础上。金钱是衡量价值的一个标准，但不是唯一的标准。

世界精神中心（Center for World Spirituality）的联合创始人马克·葛夫尼（Marc Gafni）高度尊重企业对人类福祉的巨大影响，他说：

> 市场经济在帮助人类摆脱贫困方面发挥了巨大作用，而且它通过自愿交换的方式实现这个目标。摆脱贫困意味着什么？意味着婴儿不会夭折，人人有饭吃，女孩也可以到学校接受教育，再也不会有奴役。这还意味着伟大传统（精神上）的所有价值能够在两个层

面上得以实现：第一，结束贫困对身体的压迫；第二，打开一扇让人类能够在情感、道德、精神和社会层面成长的大门。

让人类摆脱贫困从来不是企业的自觉意图，而是成功企业的副产品。现在，企业正在觉醒，并且变得更有良心，而且意识到了良心是一股拥有强大能量和责任的力量。当企业有良心的时候，事情可以做得更好。它可以让系统中的每个人参与进来，创造更多的社区和更多的互惠，同时也创造更多的利润。[18]

全新的市场经济阐述方式

在一定意义上，市场经济的实践者给自己挖了个坑并跳了进去。他们接受了一个狭隘的商业概念，并且以这种方式去实践，创造出一个自我实现的预言。假如他们当时拒绝了这个夸张的版本，而是拥抱一个更加丰富、更加复杂的市场经济定义，这些情况也许就不会发生了。艾德·弗里曼（Ed Freeman）是利益相关者理论的先锋，他和同事写道："企业不仅仅是赚尽量多的钱，更是为利益相关者创造价值。把这个道理说清楚并且去实现它，这很重要。不管是大公司还是小公司，只要它们都在为利益相关者做正确的事情，我们就要支持它们，这才是真正的企业典范，而不是像安然这样有深度缺陷的公司。"[19]

我们需要重新发现是什么造就了市场经济，紧接着需要重新思考为什么以及如何参与商业，以便更好地反映我们在人类发展过程中的位置和今天所生活的世界。我们需要一个更丰富的、更符合伦理的、更令人信服的诠释，向充满怀疑的世界展示市场经济的真相——至善、至真、至美、至勇，而不是继续喋喋不休地讨论那个关于自私自利以及利润最大化的陈腐理论。否则，我们将面临这样的风险：管制程度日益加深的政府、通过与权贵合谋产生的公司腐败，以及由此造成的在自由和繁荣方面的双重损失。

那些承认并接受市场经济的生命力的人，必须重新站上知识和道德高地。葛夫尼雄辩地提出了一个新的市场经济诠释：

> 这种诠释让我们的生命充满了意义。对企业的诠释很重要，不仅对商业界，而且对每个人都很重要。地球上大部分人都在某种形式的企业中工作，但是关于企业的主流诠释是：它是贪婪的、充满剥削的、善于操纵的和腐败的。按照这样的逻辑，地球上大多数人都在同流合污，推动和支持那些贪婪、剥削、操纵和腐败的行为。当自己有了那样的体验，就真的会变成那种人。但是正确的诠释是，人们通过在企业中工作，能够创造繁荣，并摆脱贫困。企业为家庭成长创造了稳定的条件，帮助建立了配备学校的社区。它们创造了一个场所，让人们在这里可以交换价值，找到意义，建立联系，并体验亲密的关系和信任。当人们意识到自己是历史上社会转型中一股强大的积极力量中的一部分，自我感知就会发生变化。[20]

在下一章，我们将介绍良心企业的关键原则，这是一种思考和实践商业的方法，在升华商业意义方面大有希望，这种方式能够准确地反映良心企业中巨大的向善的力量。

02

从企业到良心企业的进化

人类前进的道路就是需要解放企业的英雄主义精神和集体的创业精神,这样他们能够自由地去解决我们面临的许多令人生畏的挑战。

CONSCIOUS
CAPITALISM
LIBERATING THE HEROIC
SPIRIT OF BUSINESS

作为个人和企业，变得更有良心意味着什么？让我们看看自然界的一个小奇迹：一只毛毛虫通过看似神奇的蜕变过程变成了一只蝴蝶。由于毛毛虫的生命很短暂，吃似乎成了它唯一的目的。有些毛毛虫吃得很多，能长到原来大小的100倍。不管怎样，令人惊奇的蜕变过程最终开始了。当时机成熟的时候，毛毛虫体内的某些细胞就会变得非常活跃，然后进入了茧的阶段，几周后，破茧而出，变成一只美丽迷人的生物。蝴蝶在自然界中也起着不可估量的作用，它能为植物授粉，从而为生产其他物种赖以生存的食物创造条件。

这种类比可以用在人或者企业身上。人类可以选择像毛毛虫一样生存，尽可能地消耗，尽可能多地从世界中索取但是提供很少的回报；也可以进化到一个新的水平，这种变化的惊人程度不会亚于毛毛虫的蜕变过程，那就是把自己转变成能为他人创造价值并帮助世界变得更美好的人。企业也是一样，可以选择毛毛虫那样的水准，仅仅为自己的利润最大化而奋斗，不断从自然和人类社会中攫取资源；或者把自己重塑成为创造和协作的中介，成为能够用独一无二的方式给人类潜质"授粉"的神奇实体，为企业接触到的每个人创造多样的价值。

二者之间的区别在于主观意图。与毛毛虫不同，人类不能等待自然来触发我们进化得更有良心。相反，我们必须自己努力变得更有良心，做出深思熟虑的选择，进一步促进个人和组织的成长和发展。

人类社会的进化

人类从变成智人之后并没有停止进化，但更多是由文化和内心所驱动。这种变化最明显的体现就是不同类型的智能和觉悟的提升。

乍看起来似乎并不明显，但人类作为一个物种变得越来越聪明了。弗林效应（Flynn Effect）表明，在过去几十年里，人类的分析智能每10年平均增长4%左右。[1] 换句话说，今天处于平均智商水平的人，也就是100的人，在60年前的测试结果应该接近130。

人们也接受了更好的教育。识字率迅速上升，但更了不起的事情是人们接受高等教育的状况。1910年，只有9%的美国人有高中文凭；今天85%的美国人有高中文凭，而且超过40%的25岁以上的美国人拥有大学本科学位。再加上我们具备了更高的集体智慧，这意味着总体上有更多的人能够比以往任何时候更能理解愈加复杂的状况，并采取相应的行动。

在讨论良心企业的出现之前，我们先来看看历史上一个重要的转折点。

1989年的世界变局

1776年，历史发生了一次非同寻常的巧合。那一年，英国经济学家亚当·斯密发表了《国富论》，大洋彼岸的美国发表了《独立宣言》。世界，尤其是在美国，很快见证了自由人民和自由市场结合在一起的强大力量。这在人类历史上是史无前例的壮举，第一次以法律的形式明确了普通人都是自己命运的主宰者，他们可以通过勤奋和进取心，实现从无到有，在物质繁荣和社会尊重方面都达到相当的高度。

1989年的历史意义和1776年几乎旗鼓相当，那一年标志着社会和技术的几次划时代的变革。让我们回顾一下那年发生的两个重大事件。

互联网的诞生

英国物理学家蒂姆·伯纳斯－李（Tim Berners-Lee）在位于瑞士的欧洲核子研究组织（CERN）工作期间，于1989年发明了万维网。[2] 他的发明迅速以无数种方式改变了世界。可以说，蒂姆·伯纳斯－李在改变世界方面的贡献比过去100年中的任何一个人都要多，包括丘吉尔、罗斯福、甘地和爱因斯坦。他的发明给文明带来的剧变，至少跟印刷术的影响旗鼓相当。在很短时间内，网络已经发展成为一个连接人类的共享神经系统。我们现在享受的信息平等达到了前所未有的水平，普通人今天可以实时触及几乎无限的信息，而且成本近乎为零。[3] 在20年前，世界上最富有的亿万富翁也没有这样的机会。我们已经进入了一个非常透明的时代，大多数公司和政府的行动、政策，尤其是那些具有争议的，很容易被公众获知。我们通过网络及移动通信技术更加紧密地连接在了一起。现在全世界的手机用户数量已经超过了人口数，从2001年的20亿手机用户，扩展到了2011年的70亿用户。[4]

美国进入中年

由于出生率的下降和预期寿命的增加，成年人年龄的中位数在大多数国家迅速上升。在美国，1989年是一个重大的转折点：这是第一次40岁以上的成年人口占多数[5]，整体的社会的"心理重心"转移到中年和中年以上。[6]

这是一段无声的旅程，标志着一种渐进的但显著转向中年价值观的时代精神正在形成，比如关怀和同情、对目的和意义的更强烈的渴求、关心自己的社区和传统。虽然年轻人也会表现出这些特点，但是从许多方面来看，千禧一代（出生于1980年和2000年之间的同代人）是目前最具有社会觉悟和环保觉悟的一代。世界各地成年人的中位数年龄都在持续上升。美国现在大约是44岁，整个欧洲接近50岁，日本是50多岁。[7]中年价值观影响越来越大，并将很快在世界大部分地区占据主导地位。

这些因素极大地改变了社会，并给商业创造了一个变革的大环境。我们现在关心的领域更多了，因为我们的价值体系正在发生变化，拥有了更多的信息，并且有更好的知识储备来处理这些信息，而且可以迅速与其他有类似倾向的人建立联系，鼓励他们共同行动起来。

现在人们关心的事情更多，比过去更见多识广，接受过更好的教育，有更好的连接，因此对企业在顾客、团队成员、供应商、投资者和社区成员中扮演的角色的期望正在迅速改变。不幸的是，大多数公司的发展还跟不上这些变化，仍然在使用曾经适合于另外一个世界的思维方式和实践方式来做生意。现在是时候改变了。

正在提升的觉悟

也许人类正在经历的最大变化是觉悟的提升。有觉悟意味着完全清醒和考虑周到；意味着能更清楚地看清现实、更充分地理解行动的长短期后果；意味着对内在自我、外在现实以及给世界造成的影响有了更深刻的认识；也意味着对真相有更大的承诺，并根据所知道的真相而更加负责任地采取行动。

我们的觉悟不断提升的一个迹象是，许多我们过去认为可以接受的做法在今天是不可思议的。大家想想这些问题：150年前，奴隶制在世界各地被广泛接受，甚至在许多国家是被写入法律中的；100年前，大多数人（包括很多女性）否定妇女拥有投票权；75年前，殖民主义仍然普遍存在，并被广泛接受；50年前，大多数人接受种族隔离的生活方式；40年前，很少有人知道或关心环境问题。[8]

觉悟提升的一个关键指标是暴力的减少。就像史蒂芬·平克（Steven Pinker）在他的著作《人性中的善良天使》（The Better Angels of Our Nature）中所证明的，与人类历史上任何时代相比，现在这个时代都是一个"更少暴力、更少残酷和更多和平"的时代。[①]家庭、社区和国家之间的暴力在减少。因为战争、恐怖主义、动物袭击或谋杀而死亡的可能性比之前任何时代都要低。人们比以往更不可能遭到他人的残酷对待。[9]像关心和同情心这样的价值观在整个社会都日益受到欢迎。数十亿人感受到了情感的共鸣而有意识地扩大自己所关心的圈子。

当然，我们还有很多可改进的余地。几十年后，我们将毫无疑问以难以置信的眼光看待今天许多司空见惯的做法。在这个不断上升和进化的觉悟之旅中，我们关注的范围不断扩大，但也变得更简单了。我们越来越乐于助人，思维方面越来越有大局观，越来越有长远的眼光。许多人现在看到并感受到了人类和其他生物之间必不可少的相互依赖性。我们更清楚地认识到大家都在同一条船上，必须在个体和群体层面都行动起来，堵住这艘船上出现的许多漏洞。这是一个永无止境的旅程，我们将继续以这种方式进化，作为地球上最有意识的生物，这代表了进化的必要性。这个星球上未来的生命的命运，将会被我们今天所做出的选择深刻影响。

---

① 想了解史蒂芬·平克的更多思想，推荐阅读由湛庐文化策划、浙江人民出版社出版的《当下的启蒙》。——编者注

在一个完全不同的时代和语境下,亚伯拉罕·林肯说:"平静的过去时代的教条已不再适应暴风骤雨的当下。眼前困难堆积如山,我们必须顺应时势,挺身而出。我们正面临着全新的问题,因此必须重新思考,采取新的行动。"[10] 所有这些变化和挑战都提供了巨大的商机,但如果我们继续沿用过去的心智模型,这些问题将无法得到有效的解决。"一切照常"将不再有效。我们需要一种新的商业范式,一种新的领导力和工作理念。

良心企业的出现

想象一下,一个公司的诞生源于一个梦想,这个梦想是关于世界会变成以及应该变成什么样。创始人无比兴奋,想创办一个真正有意义的、激发共鸣的、永恒的公司,一个比自己的生命还长久、能为所有人带来真正价值的公司,一个父母和孩子会为之骄傲的公司,一个不单纯为了赚钱的公司,一个以提高社会福祉为使命的公司。他们梦想通过这家公司来丰富世界,给所有相关的人带来快乐、成就感和意义。

想象一下,一个建立在爱和关心而不是压力和恐惧之上的公司,团队成员充满激情并致力于自己的工作。他们每天全神贯注、通力协作、互相关爱。由于远远没有被工作折磨到精疲力竭,每天的工作结束后他们都会发现,那些最早吸引自己加入公司的东西,依然能够再次激励自己去为之奋斗——让自己成为一个大团队中的一分子,在谋生的同时过上有意义的生活。

想象一下,一家企业深切地关心顾客的福利,不只是把顾客当作消费者,而是有幸为之服务的鲜活的人,企业就不会误导、亏待或忽视它的顾客,正如一个有头脑的人不会利用自己的亲人一样。企业的团队成员就能体验到服务的乐趣,以及因丰富他人的生活而带来的愉悦。

想象一下，一家企业把外部人当作内部人看，邀请供应商进入家庭圈子，用关爱顾客和团队成员那样的方式来对待他们。想象一下，一家企业对于所在的社区充满关心和忠诚，致力于提升市民的生活，并以多种方式持续改善。想象一下，一家企业不把竞争对手当作你死我活的敌人，而是向其学习的同行老师，或者一起探索卓越之旅的伙伴。想象一下，一家企业真正关心地球和生活在地球上的所有生命，为大自然礼赞，超越碳中立的思维，努力培养自我修复能力，照顾生态以使其恢复持续的生命力。

想象一下，一家企业对员工关爱有加，一旦员工加入，几乎没有人会离开。想象一下，一家企业的管理者非常少，因为它不需要任何人监督员工的工作，就像任何进化了的生命一样，这是一家自我管理、自我激励、自组织和自我修复的企业。

想象一下，一家企业选择和提拔领导者是因为这些领导者有智慧，具备热爱和关怀的能力，善于通过指导和激励，而不是胡萝卜加大棒进行管理。这些领导者对于个人和企业的使命充满热情，但是很少关心个人权力的获得。

想象一个在多方面创造价值，并处于良性循环的企业，它为每个所接触的人创造社会的、知识的、情感的、精神的、文化的、物质的以及生态上的财富和福利，同时，数十年如一日，每次都能交出优异的财务成果。想象一下，一家企业能够认识到，尽管地球上的资源是有限的，但是人类的创造力是无限的，并且能够不断培养和创造条件，让人们的潜力上升到一个非凡的、近乎奇迹般的水平。

这样的企业拥有崇高的目标，充满关怀，有影响力并且鼓舞人心，主张平等并致力于追求卓越，透明而且值得信赖，受人爱戴和尊重，被人效仿。它们不是乌托邦里的虚幻实体，而是存在于现实世界中，今天有几十家，但很快就会有成百上千家。它们包括全食超市、容器商店集团（Container Store Group）、巴塔哥尼亚（Patagonia）、伊顿公司、塔塔集团（Tata Group）、谷歌、帕尼罗面包公司（Panera Bread）、西南航空公司、明亮地平线公司（Bright Horizons）、星巴克、联合包裹速递服务公司（UPS）、好市多（Costco）、韦格曼斯超市（Wegmans）、户外用品连锁零售企业REI、Twitter、浦项制铁（POSCO）等。在未来的几十年里，这样的企业将改变世界，并将人类的精神健康、身体活力和物质富足提升到一个新的高度。

良心企业创造共同价值的四大原则

良心企业是一种不断演变的商业范式，它同时为所有利益相关者创造金融、智力、物质、生态、社会、文化、情感、伦理甚至精神上的财富。这种新的商业运作制度与我们的时代精神和不断进化的生物本质更加和谐。

良心企业不是道德说教或通过行善赚钱，而是一种思考商业的方式，在思考企业的崇高目标、企业对世界的影响，以及企业与不同的社区和利益相关者之间的关系方面有更高的觉悟。在企业为什么存在以及如何创造更多的价值方面，它有更深层的意识。

良心企业有四大原则：崇高的目标、利益相关者的整合、良心领导者以及有良知的企业文化和管理方式（见图2-1）。这四者是相互联系、相辅相成的。我们把这些当作原则，因为它们是基础性的，而不是战术或战略。它们代表了一个综合的经营理念，必须得到全面的理解才能有效地显现出来。

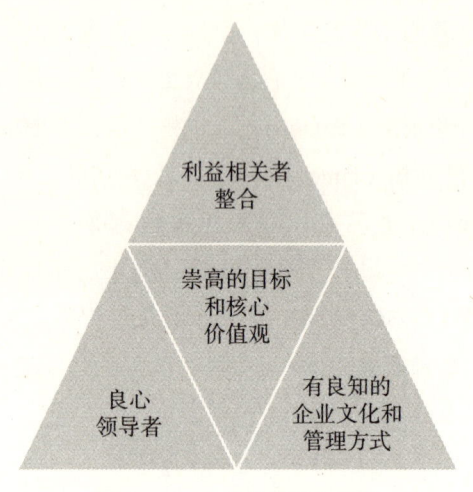

图 2-1　良心企业的四大原则

原则 1，崇高的目标

当企业是基于一个崇高的目标建立的，而不仅仅是为了产生利润和创造股东价值时，它能对世界产生更广泛的积极影响。目标是公司存在的原因。一种强烈的为崇高目标奋斗的感觉，会在所有利益相关者中间产生令人意想不到的参与度，并激发他们的创造力和对组织的承诺。[11]

目标远大的企业会问这样的问题：企业为什么存在？为什么需要存在？是什么赋予企业生命力，并团结所有的利益相关者？崇高的目标和共同的核心价值观能让整个企业团结在一起，并提升企业的激励水平绩效和道德承诺。如图 2-1 所示，崇高的目标和核心价值观是一个良心企业的核心，其他原则都与这些基本的价值观联系在一起。

原则 2，利益相关者整合

利益相关者是影响或受企业影响的所有实体。良心企业认识到，每一个利益相关者都很重要，他们相互联系并相互依存，企业必须设法为他们带来最优的价值创造。在一个良心企业中，所有利益相关者都会被共同的使命感和核心价值观所激励。当主要利益相关者之间出现冲突和取舍时，良心企业会充分发挥人类无限的创造力，开创赢–赢–赢–赢–赢–赢（简称六赢）的解决方案，超越这些潜在冲突，并给这些相互依存的利益相关者带来和谐的利益。

原则 3，良心领导者

缺乏良心领导者，良心企业就不会产生。良心领导者的主要动机是为企业的崇高目标服务，为所有利益相关者创造价值。他们拒绝用零和、取舍的观点来管理一个企业，而是寻找有创意和协同效应的六赢方法，在同一时间产生多种价值。

除了高层次的分析、情感和精神智能之外，良心企业领导者拥有一套高度发达的系统智能，能够理解所有相互依存的利益相关者之间的关系。这套智能根本上是更高级、更复杂的商业思维方式，克服了专注于差异、冲突和权衡取舍的分析思维固有的局限性。

原则 4，有良知的企业文化和管理方式

有良知的企业文化是一股强大的力量和稳定的源泉，确保目标和核心价值观不随时间的推移和领导层的转变而变化。有良知的企业文化能够自然地从企业的承诺逐步发展到崇高的目标、相互依存的利益相关者和良心领导者。这种文化可能多种多样，通常有许多共同的特征，如信任、担当、透明、

诚信、忠诚、平等、公平、个人成长及关爱。

良心企业采用与文化相一致的管理方式，并以分权、授权和协作为基础。这增强了组织不断创新的能力，为所有利益相关者创造了多种价值。

拥抱良心企业的原则，企业可以使自己与整个社会的利益和谐一致，并与人类所经历的、逐渐发展的变化相协调。良心企业提供了对于企业来说非常必要但是目前很大程度上缺失的道德基础。我们认为企业应该在提高世界的觉悟方面起带头作用。企业规模越大，影响范围越大，对世界的责任也就越大。容器商店集团的联合创始人兼首席执行官基普·廷德尔（Kip Tindell）把这叫作"唤醒的权力"。[12] 正如一艘行驶的船身后会留下长长的波纹，个人和企业也应该在自己的身后留下一些痕迹。然而，大多数人都专注于自己的目的地，而从不环顾四周去评估对这个世界的整体影响。

良心企业的财务业绩

像所有的企业一样，良心企业也要遵从市场规律，需要交出漂亮的财务成果。附录A将会详细讨论良心企业的财务表现。除了为所有利益相关者创造社会、文化、知识、物质、生态、情感和精神方面的价值外，良心企业也擅长于创造长期而卓越的财务业绩。例如，在15年的时间里，代表良心企业的样本以10.5∶1的整体成绩跑赢了股票市场，产生超过16倍的总回报率，远远超过市场上同期150%的涨幅。

正如美敦力前首席执行官比尔·乔治所说，"有些人可能会认为良心企业这个概念特别虚。其实一点儿也不虚。相反，这个概念实际上很艰难，极具挑战性。你必须同时做好两件事情：一方面，你必须有业绩，另外一方面，你必须是为了一个崇高的目标而创造业绩。这就像一支运动队。你确实很在乎大家是否众志成城,但在比赛结束时,你仍然希望能赢"。[13] 良心企业会赢,但它们赢的方式要比传统意义上关于赢的定义更丰富,更具多面性。在传统的定义中,赢就意味着有些人必须输。

正确的行动总会带来积极的结果

良心企业有一个简单但强大的信念:随着时间的推移,出于正确的理由而采取的正确行动往往会带来良好的结果。如果我们过于执着于"正果",就很有可能采取在短期内起作用、长期来看可能会产生有害后果的行动。良心企业做正确的事情,因为它们认为这是正确的[14]。它们善待所有的利益相关者,因为这是正确的、人道的、明智的事情,也因为这样做是精明的商业手段。它们树立崇高的目标,因为那就是让员工兴高采烈上班的原因。良心领导者在乎为他人服务,因为就是这些服务最终会带来成就和价值创造。

我们根本无法完全控制生活中的结果,但是在企业中,我们创造了一种根深蒂固的幻觉,认为我们能够做到。我们所能做的就是学会控制自己的行动和反应。传统的企业给管理者制定诸如市场份额、利润率和每股收益等硬性指标。这些指标混淆了因果关系。为了实现那些抽象数字,管理者往往有意地采取对利益相关者有害的行动,最终也会损害股东的利益。例如,管理者可能会挤压团队成员或供应商的利益。这些行动可能会在下一个季度实现预期的目标,但也会为未来出现更大问题埋下伏笔。几年前,丰田为了实现销售增长和扩大市场份额,开始设定销售增长和市场份额的量化指标。整个组织的管理人员很快就把注意力转移到如何完成这些数字上,偏离了制造安全可靠的汽车这一正道。其结果是:大量的质量和安全问题严重损害了公司来之不易的声誉。

我们要把关注的焦点放在能控制的事情上，那就是我们的行动和反应，并且要坚信正确的行动总是会带来积极的结果，虽然未必总在当下兑现，但是长远来看，必然如此。积极的结果可能并非和我们想象中完全一样，这取决于我们行动的质量和外部因素，最终结果可能不同，但一定会好得多。

良心企业≠企业社会责任

一个优秀的企业不需要做任何特殊的事情来承担社会责任。当企业为主要利益相关者创造价值时，就已经在履行社会责任了。总体而言，正常的市场交换是全世界最伟大的价值创造机制。这种价值创造是构成企业社会责任的最重要方面。

企业社会责任的整体理念是基于这样一种谬论，即企业的基本架构如果不是有污点，最多也就是处于道德的中立状态。其实并非如此。正如第1章所展示的那样，市场经济已经用很多种方式让世界得以改善。

虽然企业不需要通过在世界上做善事来实现自我救赎，但企业把一部分注意力集中在社会和环境挑战上并没有错。良心企业认为，为所有利益相关者创造价值是企业成功的内在因素，他们认为社区和环境都是重要的利益相关者。因此，为这些利益相关者创造价值是一个良心企业的经营理念和经营模式的有机组成部分。

相比之下，主要以利润驱动的企业往往将社会和环境项目嫁接到传统的利润最大化模式中，这样做的目的通常是为了提高企业的声誉，或者是避免批评。许多这样的努力实际上都属于公共关系层面，并且被公开地视为一种"漂绿"（green-washing）行为。企业真正需要的是一个整体的观点，采取对所有利益相关者负责任的行为,并且把这种行为作为商业哲学和战略的核心要素。与其被企业社会责任理念拴住,企业应该将以公民和社会为导向的思维嵌入核心战略之中。[15] 表2-1总结了良心企业和企业社会责任之间的关键差异。

表2-1　良心企业与企业社会责任的差异

企业社会责任	良心企业
股东必须为社会牺牲	整合所有利益相关者的利益
独立于企业的目标和文化之外	融合崇高的目标和关爱文化
为企业目标增加道德负担	让关爱和盈利能力通过更高的协同效应而更加和谐
体现了机械的企业观	把企业看作一个复杂的、有适应能力的系统
通常被嫁接到传统企业模式中,一般被当作企业内一个独立的部门或者公共关系的一部分	通过崇高的目标,以及把社区和环境作为利益相关者,从而让社会责任处于企业核心
企业和社会之间以及企业和地球之间的交集有限	认识到企业是社会的一部分,社会是地球的一部分
容易成为一种表面慈善,常被看作"漂绿"	要求通过对四个原则的承诺,实现真正的转型
假设所有的好事都是值得做的	既要做好事,也要推进公司的核心目标,并且为整个体系创造价值
对企业业绩的意义不清楚	在财务及更多指标上显著优于传统企业模式
和传统领导方式兼容	需要有良知的领导方式

释放人类天然的创新精神

每个人生下来的时候都没有充分发育,但拥有无限的成长潜力。同样,企业和市场经济也可以演变,最终拥有更崇高的目标和非同寻常的积极影响。良心企业把我们迅速提高的觉悟和对充满生命力的市场经济核心原则的热切欣赏结合起来，使我们能够更好地利用这一社会合作制度，让生活变得更好，并且为仍然生活在贫困和匮乏中的数十亿人带来机会和希望。

在 21 世纪初，我们越来越强烈地意识到自然资源是有限的，但也逐渐认识到，企业家的创造力是无限的。当我们学会如何大规模地展示创造力时，当 70 亿人中有更多的人能够有信心并且有力量去创造时，我们将发现地球上没有无法解决的问题，没有无法克服的障碍。

就像隐藏在看似无关紧要的粒子内部的原子在裂变时会释放出惊人的能量一样，良心企业提供了充满前景的方式去开发人类潜能，这种方式很少有企业能做到。企业一定不要把人当作资源，而是当作一个来源。[16] 资源就像一块煤，烧完就消失了；而来源就像太阳一样，取之不尽，用之不竭，不断地产生能量、光和热。当人被赋能之后，身上那种强大的创造力将无可匹敌。良心企业会激励人，给人赋能，让这些人为崇高的目标服务，并做出最优的贡献。如果能这样做，一个企业就对世界产生了非常积极的影响。

我们认为，人类在前行之路上需要释放企业的英雄精神和创造力，这样它们就能够自由地解决今天面临的许多令人生畏的挑战。世界上并不缺少商业机会，因为还有几十亿人的基本需求没有得到充分满足。我们需要重新考虑如何用更可持续的方式，给业已繁荣的社会锦上添花，继续满足人们的需求。如果一个企业认识到这一点，把人类天然具有的创新精神释放出来以应对这些挑战，并且利用好这些机会，那么这样的企业就能够在很长时间内蓬勃发展。

这一旅程始于发现一家企业的独特的崇高目标，我们将在接下来的两章探讨这个想法。

Conscious Capitalism

Liberating the Heroic
Spirit of Business

第二部分

**创造共同价值的关键原则一,
用目标让工作变得更有意义**

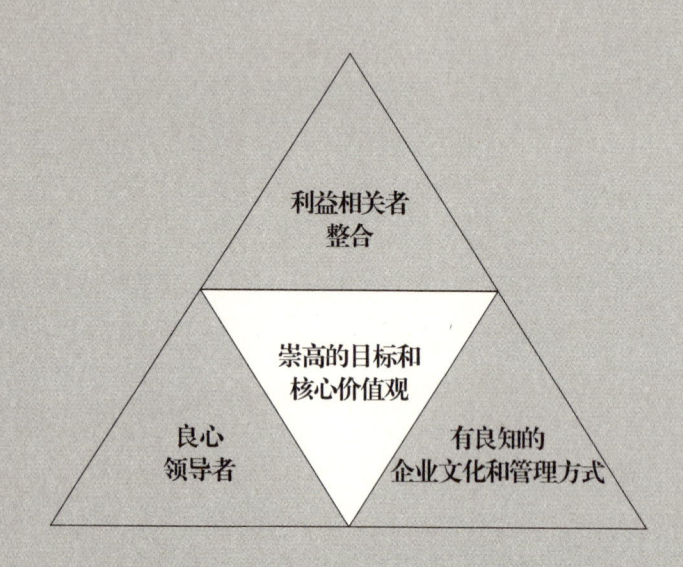

```
        利益相关者
          整合

   崇高的目标和
   核心价值观

 良心              有良知的
 领导者            企业文化和管理方式
```

导 读　你生命中最重要的两天是哪两天？作家理查德·莱德（Richard Leider）向每一位听他演讲的听众问了这个问题。第一天很显然，就是你出生的那天，但第二天就不那么明显了。不是你死的那一天，那是人生的结尾，而不是高潮；也不是你毕业、结婚或你有第一个孩子的那天。当然，这些都是重要的里程碑，但多数情况下都不是生死攸关的时刻。理查德的回答是：是你意识到你为什么出生的那一天。

并不是每个人都会体验到那一天，许多人甚至都不会去问这个问题。但对那些体验过的人来说，那一天成了他们生活中的一个主要支点。一旦你发现了真正的目标，一切都会变得与众不同。日常生活和工作的状态会因此而改变。你将会发现自己都没有意识到的内在能量和灵感储备，并让它们发挥出巨大的价值。工作从此变得真正有意义起来，并成为带来满足和快乐的来源。

亚利桑那州牧师华理克（Rick Warren）所著的《标竿人生》（The Purpose Driven Life）非常畅销，自2002年出版以来，卖了几千万册。这本书之所以如此吸引人，是因为它触及了人们内心非常深刻的东西，一种对生命意义和目标的探寻，一种精神上的向往和渴望。意义和目标对人们来说一直很重要，尤其是在当今时代，越来越多的人对此有追切的共鸣，而且随着社会老龄化以及人们变得更加有觉悟，意义和目标的重要性会持续上升。

对于企业来说，目标很重要，因为它让人们充满能量，并让人们超越狭隘的个人利益。当所有利益相关者都围绕一个共同的崇高目标，他们就不太可能只关心眼前的、狭隘的自我利益。有一个崇高的目标是成为一个良心企业的起点：找到自我意识，认识到是什么让企业真正独特，并发现企业如何最好地为之服务。有一个令人信服的目标，还可以促使企业为成就伟大而奋斗。正如亚马逊的创始人兼首席执行官杰夫·贝佐斯（Jeff Bezos）所说，"选择一个比企业更大的使命。索尼的创始人就把让日本以质量著称作为企业的使命"。[1]

全食超市的联席首席执行官沃尔特·罗布（Walter Robb）在谈到公司的目标时说："我们与其说是有使命的零售商，不如说是做零售的传教士。门店是我们的画布，在这里我们可以描绘出更崇高的目标，为全世界带来天然的食物，让人们变得更健康。"

核心价值观是企业实现目标的指导性原则。全食超市的核心价值观简洁地表达了公司的经营宗旨——在创造利润的同时也为所有的支持者创造价值。全食谈论并践行自己的价值观，与支持者团体分享价值观，并以对话的形式邀请他们对公司进行反馈。这些核心价值观是：销售最优质的天然和有机产品，满足和取悦顾客，支持团队成员追求幸福和发挥专长，实现利润增长，关心社区和环境，与供应商创建持续双赢的伙伴关系，通过健康的饮食教育促进利益相关者的健康。

03

为什么良心企业要有崇高的目标

目标,就是明确无误地表达出你试图带来的改变。明确的目标能让每个人、每件事都朝着同一个方向,清晰的价值观则让人们彼此互动的方式更有活力。

**CONSCIOUS
CAPITALISM
LIBERATING THE HEROIC
SPIRIT OF BUSINESS**

基于互惠互利的自愿交换创造了商业的伦理基础，这就是企业存在于社会中的根本正当理由。但企业的目标是什么呢？美敦力的创始人之一厄尔·巴肯长期以来不断地向外界介绍公司生存的基础："美敦力的故事是关于一群男人和女人，他们的生命历程和职业生涯都致力于帮助人们克服疼痛和身体障碍，从而过上更正常、更幸福的生活。这是一个我从来都听不厌或说不厌的故事。"比尔·乔治在美敦力担任了10年首席执行官，在此期间，这个医疗科技公司的市值从11亿美元增长到600亿美元。乔治的一个首要行动就是把那位励志的联合创始人请回公司。在我们的谈话中，乔治回忆起重新发现公司目标带来的力量：

> 巴肯过去经常为那些出色的员工举办"宣教之夜"活动。他会讲一个小时，然后给员工颁发一个有公司标识的铜质奖章——一个从手术台上站起来的人走向完整的生活。在巴肯的指导下，美敦力的理念一直是：不仅仅是把起搏器植入一个人的身体，而是关注他们的生命和健康。在颁发奖章后，巴肯会对获奖者说："你在这里工作不仅仅是为公司赚钱，而是可以帮助人们过上完整的生活、恢复健康的状态。"在每一个节日聚会上，我们会听到六位病人讲述美敦力的除颤器、支架或带刺激器的脊柱手术如何改变了他们的生

活。那才是我们为之而生的东西，是公司的支柱和心脏！[1]

什么是目标

每一个良心企业都有崇高的目标，用于回答一些基本的问题，诸如：我们为什么存在？为什么我们需要存在？我们要做的贡献是什么？世界为什么会因为我们的存在而变得更好？如果我们消失了，是否会被世界怀念？一个企业的目标是将组织黏在一起的胶水，是滋养组织生命的羊水。你也可以把它看作磁铁，为企业吸引志同道合的团队成员、顾客、供应商和投资者，并与他们合作。不管目标具体指向什么，一个令人信服的目标减少了组织和生态系统的内耗，它能使每个人都指向同一个方向，并且步调一致，共同进退。

良心企业典范
拥有崇高目标的企业

- 迪士尼：用想象力给无数人带来快乐。
- 强生公司：减轻疼痛和折磨。
- 西南航空：带给人们自由飞翔的机会。
- 皮沃特领导力公司（Pivot Leadership）：更好的领导 = 更好的世界。
- 嘉信理财（Charles Schwab）：永不放弃的个人投资者盟友。
- 宝马：让人们体验驾驶的乐趣。
- 美国人道协会：赞美动物，对抗残酷。
- 美国红十字会：让美国人在紧急情况下表现突出。

《那些有理想的人》（*It's Not What You Sell, It's What You Stand For*）这本书是帮助企业发现或者重新发现崇高目标的指南，作者是罗伊·斯彭斯（Roy Spence）和黑利·拉欣（Haley Rushing），两位是目标研究所（The Purpose Institute）的联合创始人。正如他们所说的，"目标是什么？简单地说，就是明确无误地表达出你试图带来的改变。如果你有一个目标，并且能够充满激情地、清晰地表达出来，一切都会变得有意义，一切都会变得很流畅。你会对自己正在做的事情感觉良好，并清楚地知道如何到达那里。当你的分量越重，有一个简单而清晰的目标和一套核心价值观对你就越重要，明确的目标能让每个人、每件事都朝着同一个方向，清晰的价值观则让人们彼此互动的方式更有活力"。[2]

当目标触及"普遍的人类真理"时，它最为强大。换句话说，它与人类更高层面的意义完全一致，或者如林肯所写的，"我们本性中更好的天使"。这样的目标具有令人振奋的道德人格，是吸引人们的最高理想和动机，超越了狭隘的个人利益。[3]

企业制定一项战略之前必须有目标。在今天来看，这似乎显而易见，但过去并非如此。商界学者和管理人员很久以前就接受了这样一种观点，即所有企业的目标都是追求利润和股东价值最大化。事实上，大多数商学院关于战略的课程，过去在任何语境中几乎都没有提到过"目标"这个词。

目标、使命和愿景经常混淆。然而，保持三者之间的区别是很重要的。目标指的是你试图给世界带来的改变，使命是指要实现这个目标必须采取的核心策略，而愿景是一个生动的、富有想象力的概念或观点，它描述了当目标基本实现的时候，世界将会怎样。[4]

为什么目标很重要

目标给企业和品牌带来了更大的能量和现实意义。谷歌最初的目标是组织世界的信息,使之易于获取和使用。正如创始人拉里·佩奇(Larry Page)和谢尔盖·布林(Sergey Brin)所说:"这怎么会不让人兴奋呢?"[5] 户外运动装备公司 REI 的目标是重新连接人与自然。容器商店集团的目标是帮助人们的生活更有条理,从而更快乐。

研究一下西南航空公司,它也许是历史上最成功的航空公司。西南航空公司的目标充满活力,从一开始就是让飞行平民化,让一般人都能够触及空中旅行。西南航空在 20 世纪 70 年代初建立之时,只有 15% 的美国人乘坐过飞机;如今,已经有超过 85% 的人乘坐过飞机,这源于西南航空的开拓性努力,降低了机票价格,为小市场也提供航空服务,而且营销推广的方式比较有趣。西南航空自运营以来一直保持盈利。它为顾客提供了丰富的体验,团队成员喜欢在那里工作。公司建立的基础是享受乐趣和传播爱,它的股票代码就是"LUV"(亲爱的)。

全食超市致力于让人们吃好,提高人的生活质量,延长人的寿命。公司目标是教育人们饮食结构会给身体带来什么影响——不仅影响他们自己的健康,也影响那些供应食物的人的健康,更加影响整个地球的健康。自 1978 年初成立以来,全食超市促进了有机食品及其衍生的农业体系的发展。全食超市在市场开发、顾客拓展、建立配送网络,甚至是全美有机食品标签标准的制定方面提供了很多帮助。因为这些努力,全食超市提高了环境效益,同时推动了有机农场、奶场和牧场的发展,以及可持续的农业实践。例如,由于有机农场不使用合成肥料或杀虫剂,减少了化石燃料的使用,从而降低了进入食物链和供水中的化学污染。

现在，目标和意义这一理念已经被联合利华、百事、宝洁等大公司所接受，这些公司跟数十亿人的生活息息相关。百事公司前首席执行官英德拉·努伊（Indra Nooyi）一直强调"目标性绩效"，加大投资那些对消费者的健康更加有益的饮料和食品。宝洁公司董事长兼首席执行官罗伯特·麦克唐纳（Robert McDonald）正在寻求"目标激发的增长"。他已经明确公司的目标是"在世界上更多的地方，用更完整的方式，接触和改善更多的生命"。[6] 联合利华前首席执行官保罗·波尔曼（Paul Polman）认为把公司与一个超越利润和增长的目标联系在一起十分重要，他曾说："生而为人，如果我们对所做的事有更深远的目标，将使我们的生活更完整。这是巨大的力量和激励因素。人们需要被认可、获得成长并有所作为。这种作为可以有很多种形式，比如通过接触别人，通过帮助别人，通过创造以前不存在的东西。在一个能够撬动这些事情的组织中工作，并被认为给世界带来了影响，会让人受益匪浅。"[7]

永远别把目标看成想当然的事情。当我们真正去做的时候，目标常常会被遗忘，很快就会消失。它必须始终处于觉悟的最前面，而且以此作为决策依据。当目标明确时，领导者团队可以做出更快、更好的决策。清晰的目标也会支持更大胆的决策。由目标驱动的企业不会根据舆论风向或竞争环境的变化来调整决策，而是在决策时已经将这些因素考虑在内了。这些将带来卓越的整体业绩。目标明确的决策是清晰的目标和卓越的绩效之间的关键连接点，无论在财务方面还是其他方面，都是如此。[8]

失去崇高目标会降低企业的受尊重程度

每个重要行业都有一个崇高的目标，教育、建筑、工程和法律行业都是如此。每个行业都因为服务于一个崇高的目标而变得有活力，这个目标需要与社会协调一致，赋予这个行业价值和正当性。当然，这里的每个行业都有为了赚钱和谋生的部分。然而，当任何一个行业一门心思就为了赚钱，它就开始失去真正的一致性，它的利益开始和整个社会的利益背道而驰。正如爱因斯坦所说，崇高目标缺失的情况今天并不少见，"完美的手段和混乱的结局似乎是这个时代的特征"。

制药行业近年在公众中的受尊重程度急剧下降，而它曾经是一个非常受人尊敬的产业，有着崇高的使命感：企业投入巨资开发拯救、改善和延长生命的神奇药物，并发明出了疫苗，以预防诸如脊髓灰质炎和霍乱等毁灭性疾病。1997年，80%的美国人对这个行业持正面态度，这一比例在2004年暴跌到不足40%。[9] 该行业长期以来一直盈利丰厚，但它们渴望更高的收入和利润，导致在预防、治疗和遏制疾病方面的根本目标变得模糊了。随之而来的是，行业的声誉在下降，道德方面的过错不断增加。近年来，许多制药公司花费更多的人力和物力在那些激进的且常常是误导性的广告上，而较少关注针对那些最折磨人类的严重疾病的研发工作。

金融行业原本也有一个明确的崇高目标：为人们提供有吸引力的储蓄替代方案，帮助人们钱生钱，用对社会最有利的方式进行投资。每一种融资方式都有自己的作用和目标：风险资本为风险高的早期企业提供资金，债务资本满足营运资金需求、防止所有权稀释，股权资本为增长和扩张提供长期融资，等等。但近年来，金融业越来越沉迷于利润，越来越短视。薪酬水平飙升到了荒谬的高度，金融刺激对于急功近利和利润至上的想法起了火上浇油的作用，降低了实际的价值创造。许多银行开始用自己的账户进行交易，以获得更大的利润，这导致它们进行了许多冒险的投机活动，同时也损害了它们作为财务顾问的诚信。

幸福源自有意义的生活

当企业把主要目标，甚至唯一目标定义为赚钱的时候，就会牺牲崇高目标带来的巨大力量。值得敬仰的伟大目标会在利益相关者中激发出更高水平的创新、协作、勤奋、忠诚和激情。伟大的奥地利心理学家维克多·弗兰克尔（Viktor Frankl）60多年前就给了人们一个无价的智慧礼物，今天它依然有高度的现实意义。作为第二次世界大战前维也纳的精神病学家，他花了近20年的时间治疗了成千上万名患抑郁症和有自杀倾向的人。弗兰克尔的追求远不止让人们走出沮丧，而是让人们能够真正快乐起来。最后，他以自己的临床工作为基础，构建了一套全面的人类幸福理论。他在自己的经典著作《活出生命的意义》（Man's Search for Meaning）中写道，幸福是无法追求的，它是伴随一种有意义和有目标的生活的自然结果。[10] 你越是直接追求幸福，就越不可能得到幸福。直接追求幸福会带来短期的、让人享受的快乐，但这并不会产生真正让灵魂满足的幸福，那种层次的幸福只可能来自有意义和有目标的生活。

弗兰克尔告诉人们三种发现人生目标和意义的方式：

- 做重要的工作；
- 无条件地爱别人；
- 发现苦难的意义。

最后一点可能是弗兰克尔带给人们最深刻的教诲。所有人都会经历人生中的失落和悲伤，但我们可以选择如何应对这些苦难。正如弗兰克尔说的，最艰难的环境留给我们的自由就是选择如何回应的自由。[11] 我们用一个简单的等式就说明了问题的根本：

$$绝望 = 苦难 - 意义$$

如果我们不能从困难中提炼出任何的意义，如果我们认为这是一个随机事件，或者仅仅认为自己时运不济，我们就会经历巨大的绝望。在极端情况下，这会导致自杀。但是如果我们能从中找到一些意义，绝望的程度就会下降；如果我们能找到很多的意义，绝望就可以完全消失。[12]

弗兰克尔曾经在1942年被纳粹逼迫在残酷的犹太大屠杀中测试他的理论"意义治疗"（logotherapy）。他在奥斯威辛和其他几个集中营里度过了三年。[13]被关进那些集中营里的人，超过95%的人都死在了那里。弗兰克尔却死里逃生，并且帮助许多人幸免于难。这是因为他坚信自己的生命有一个目标，就是去帮助别人发现他们的目标，从而找到幸福。尽管弗兰克尔的第一本书的手稿在他第一次被捕时被抓他的人烧了，但他后来陆续写了39本书，获得了29个荣誉博士学位，直至1997年去世。[14]弗兰克尔的工作改变了全世界数百万人的生活。

不把利润作为首要目标，能带来最好的利润

利润是企业必不可少的理想结果。事实上，经营一家不能持续盈利的公司是不负责任的。盈利的公司可以升级并不断实现崇高的目标，它们的利润会推动社会的发展和进步。通过缴纳税收，企业的利润能够为政府和公众依赖的公共服务提供资金支持。

正如幸福最好的体验并不是盯着幸福，不把利润作为企业的首要目标往往会带来最好的利润。利润只是企业带着崇高目标去做生意的结果，是把业务构建在爱和关怀而不是恐惧和压力的基础上的结果，是企业在逆境中成长的结果——这就是弗兰克尔原则为企业做出的新诠释。跟获得幸福的方式一样，利润的悖论就是获得它最好的方式并不是盯着它。

如果一个公司只寻求利润最大化以确保股东价值，但是不注意整个系统的健康，短期可能会产生利润。然而，在这个相互依存的系统中忽视或滥用其他支持者群体，最终将造成恶性循环，后果就是损害投资者和股东的长期利益，导致整个系统中只有局部得到优化。没有一致的顾客满意度，没有团队成员的幸福和承诺，没有社区的支持，短期利润将无法持续。

相反，许多公司并没有去积极管理、优化所有利益相关者的价值，而是把投资者的利益放在第一位，但是它们的利润依旧很高。这证明我们的论点错了吗？其实不然。大多数公司只是在与同样以利润最大化作为整体的价值和目标进行组织和管理的公司进行比较。真正的问题是，当它们与以利益相关者为中心的公司进行比较时，传统的以利润为中心的公司表现如何？正如我们在附录 A 中详细介绍的，有令人信服的证据表明，良心企业的长期业绩显著优于传统公司。

如果企业领导者越来越意识到企业不是机器，而是复杂的、相互依存的、不断发展的、有多个支持者群体并且不断演变的系统的一部分，他们将把利润看成只是企业的重要目标之一，而不是唯一目标。他们还将认识到，长期利润最大化的最佳途径是为整个相互依存的商业系统创造价值。一旦足够多的商业领导者开始理解并接受这种新的商业范式，良心企业将到达一个起飞点，社会对企业的敌意将开始消散。

从利润最大化到目标最大化

每个人都在探索生活的意义和目的，但很少有人在工作中找到这样的满足感。口述历史学家斯塔兹·特克尔（Studs Terkel）生动地描写了美国工人谋生和积累财富的状态："这也是一种追求，为了日常的意义以及每日的面包，为了获得认可，也为了得到现金，为了生活中有惊喜而不总是死气沉沉。总之，为了一种生活，而不是从星期一到星期五的浑浑噩噩。"[15]

萧伯纳在代表作《凡人与超人》（*Man and Superman*）中这样描写从有意义的工作中获得快乐："这是生命中真正的喜悦，生命为自己认为非凡的目标所利用，生命在自己被丢到废物堆之前，就已经完全用尽，生命是大自然的一股力量，而不是愁病交缠、狂热而自私的小肉体，只会抱怨这世界没有尽力使你快乐。"[16]

不幸的是，人们在个人层面和情感层面对有偿工作的投入程度在当今是极其低下的。缺乏目标会导致工作变得没有意义，因此也不能挖掘出人身上本来具备的更大潜能。团队成员感到工作跟自己没有什么关系，对工作漠不关心。盖洛普每年都进行团队成员投入度调查，发现在过去十多年间，人们对于有偿工作的投入程度低到令人咋舌的程度。在 2010 年，只有 28% 的团队成员体现出对工作的投入度（或者说对工作有情感上的连接）；大约 53% 的员工对工作漠不关心；19% 的员工实际上对工作怀有敌意。[17] 这反映了一种令人震惊的、几乎是悲剧性的人类潜能的浪费。那些被激发的、充满热情的和忠诚的团队成员与那些只是为了薪水工作的团队成员相比，在对公司的影响方面和个人幸福方面的差异是巨大的。这不应该责怪"懒惰和懈怠"的员工，反而应该责怪企业，因为企业没有创造一个有意义的工作场所，没能让员工通过对企业有价值的工作做贡献，也没能让员工有机会在生活中发现意义、目标和幸福。对我们来说，这代表着"管理的耻辱"，无独有偶，彼得·德鲁克（Peter F. Drucker）把消费者运动的兴起看作是营销的耻辱。

虽然人们对在营利性企业中的有偿工作投入度非常低，但是参与非营利性机构的无偿及有偿工作的人数在急剧增加。在《看不见的力量》（*Blessed Unrest*）这本书中，保罗·霍肯（Paul Hawken）估计，世界上大约有 200 万非政府组织，而且数量正在迅速增长。[18]人们投入大量的时间、精力和金钱到基本上与狭隘的自身利益无关的事业当中，背后原因是这些活动在以大多数企业根本做不到的方式培养人。

如果要深入打开人类动机的源泉，企业需要把重点从利润最大化转移到目标最大化。[19]当企业认可并响应人类追求典型意义的渴望，就能释放员工身上大量的激情、承诺、创造力和能量，这些能量大多都沉睡在企业的团队成员和其他利益相关者中。

目标驱动的动机是内在动机，比外在的金钱激励更有效、更有力量。那些主要利用金钱刺激来激励团队成员的企业很快就会发现这是一把双刃剑：只有企业的财务业绩好，激励效果才会好；但是当企业的财务业绩落后时，这些企业将不可避免地会遭遇士气危机。对于上市公司来说，股票价格成为团队成员和高管士气的晴雨表。这类型的企业很难走出困境。相反，目标驱动的企业恢复会更快，即使在时运不佳的时候，团队成员仍然会忠于自己的目标，而在顺风顺水时，将会更加忠于自己的核心目标。[20]

让个人激情和企业目标相匹配

当一个人的工作与内心激情一致时，他是最满足和最快乐的。个人激情、企业目标和企业业绩是相辅相成的。一个热情的美食家在韦格曼斯超市、乔氏超市（Trader Joe's）或全食超市工作能够获得真正的满足感。对于户外爱好者，巴塔哥尼亚、REI 和 L.L.Bean 都是很好的工作场所。在这样的环境下，工作将不只是一份工作。它甚至超越了一个令人满意的职业，变成了一种召唤——去做生来就注定要做的事情。

因此，对于目标驱动的组织来说，在企业的每一个层次上都应该招聘那些与企业目标紧密一致的人，这一点至关重要。如果企业招聘的人都认为企业的目标愚蠢或者无关紧要，他们就不会与企业的目标一致，实际上还会产生相反的作用。好消息是，当一个组织有一个强大的目标，并且能够清晰一致地对外沟通这个目标时，该组织自然会吸引到跟公司目标一致的人。

当团队成员有使命感，能够从工作中获得快乐，这会帮助公司克服在发展道路上的障碍和反对者的异议。Twitter的联合创始人比兹·斯通（Biz Stone）回忆说："Twitter刚成立时，我们最大的挑战是朋友和同事不停地告诉我们，'这是没有用的'。我们克服了这些挑战，因为我们发现了工作中的快乐。当你热爱你所做的事情，当你把情感投入到你的工作中时，你就能轻松地克服任何挑战。"[21]

企业在提拔一个人时也必须考虑到这个人的目标和企业目标之间的一致性。任何从外部聘请高级管理人员的企业都会冒一个风险，即外来高管对公司的目标漠不关心或者心怀抗拒，导致企业目标瓦解。近年来，许多企业犯了一个错误：从外部高薪引进自带光环的领导者，但是他们与企业的目标或价值观不一致。家得宝公司（Home Depot）就是如此，它聘请了曾在通用电气任高管的鲍勃·纳德利（Bob Nardelli），但纳德利的观念与家得宝的目标和文化不一致，最终导致了家得宝的文化"免疫系统"拒绝了他的领导风格。家得宝的业绩在纳德利的领导下开始下滑，直到他被一个更符合家得宝企业目标和文化的人取代。

在下一章，我们将会探讨企业如何发现和发展自己独特的目标。

04

企业如何发现与发展自己独特的目标

企业发展到某个阶段,有时会开始变得机会主义,赚钱至上。这时候就需要这些公司跳出利润最大化的条框,发现和创造更高的目标,以充分发挥公司的潜力。

CONSCIOUS
CAPITALISM
LIBERATING THE HEROIC
SPIRIT OF BUSINESS

有些企业的创立是因为一个崇高的目标，有些企业的创立则因为创始人看到了有利可图的市场机会。第二种企业成熟的时候，创始人就会经常发现自己处于一种存在危机之中，跟许多人步入中年之后一样，开始思考人生的意义和目标。

找到自己的崇高目标

垃圾处理是一个普通但必不可少的行业，废物管理公司（Waste Management）是美国这个行业的领导者，创始人看到了有利可图的市场机会。该公司成立于1968年，发展战略是收购全美各地的垃圾站，"席卷"零散的垃圾收集业务。它的口号非常务实而且平淡无奇——帮助世界处理问题。金融分析师认为，该公司最宝贵的资产是它的271个垃圾填埋场，如果保持目前的增长速度，这些填埋场足以埋葬超过40年的垃圾。

随着可持续发展运动逐渐加速，废物管理公司面临重大挑战：个人和企业扔的垃圾越来越少，例如沃尔玛承诺会把送到垃圾填埋场的垃圾量减少到零。这些变化威胁到了废物管理公司的核心收入来源。

在首席执行官戴维·斯坦纳（David Steiner）的领导下，废物管理公司把这些挑战变成了机遇，并找到了崇高的目标：寻找创新方式，从废物中提取价值。公司成立了一个咨询事业部，帮助美铝公司（Alcoa）和卡特彼勒公司（Caterpillar）这样的企业减少废物的产生，这实际上在蚕食自己的垃圾填埋业务。废物管理公司把资本投入从垃圾填埋场转移到材料回收设施，使用先进的技术来分离可回收的混合材料。公司已经投资了100多个废物能源项目，这些项目产生的清洁能源足够供应110万个家庭，比整个美国太阳能产业产生的能源还多。该公司认为，将废物视为宝贵资产，而不是埋起来成为下一代要处理的问题，这里面有巨大的潜力。公司每年产生大约130亿美元的收入，但它处理的垃圾里还有很多没有提取出来的内在价值，估计约100亿美元。竞争对手通常都要收费才会将废物拖走，而废物管理公司可能很快就开始向顾客付费收集某些种类的废物（如有机废物）了。斯坦纳说，公司的未来在于参与和领导可持续发展运动。[1]

不出意外地，金融分析师坚定地固守传统的垃圾处理商业模式，把这些创新看作是不务正业。瑞士信贷第一波士顿银行（Credit Suisse First Boston）的分析师在2009年下调了该股评级，称废物管理公司"不想成为一个垃圾处理公司，而是一个一站式的绿色环保服务店，而这样的转型需要很强的耐心和大量的资本"[2]。废物管理公司的新口号是"绿色思考"，并且称自己是"北美领先的综合环境解决方案提供商"。这和"把你的垃圾拖走，从而眼不见为净"相比，天差地别。你可以想象，公司员工每天早上去上班都会比以前更兴奋。

伟大的企业都有伟大的目标

没有适用于所有公司的"正确"目标，有多少个公司或组织，就会有多少个潜在的目标。每个公司都必须努力寻找，努力奋斗，把自己的目标嵌入到集体的 DNA 中。正如每个人都会有独特的价值，每个公司也会有独特的价值。正如一些人为自己树立了伟大的目标，并最终取得了伟大的成就，我们相信世界上最好的公司也有伟大的目标。这些伟大的目标往往都是创始人发现或创造出来的，并作为企业的核心哲学。伟大的目标对所有相互依存的利益相关者来说都是卓越的、有活力的、鼓舞人心的。[3]

虽然伟大的目标在每一个公司都有独特的表达方式，但我们发现，把它们归类成为众所周知而且永不过时的目标很有意义。我们没有理由认为商业应该和其他人类的努力有差别。那些持久的理想给艺术、科学、教育和许多非营利组织赋予了生命和活力，同样也能让商业生机勃勃。这些就是柏拉图所描述的至善、至真、至美的理想。人类几千年以来一直在创造、发现和表达这些伟大的理想。

柏拉图认为这是三个终极的理想，而不是达到其他更高目标的手段。追求至善的人希望为他人服务，因为这样做本身就是回报，而不是因为他们期望这样做会带来一些有利的结果；追求真知或者至真本身就是内在的报偿，不管这种真知是否以特定的方式被使用过；创造至美是一种强烈的灵魂满足和独特的人类体验，人们创造美是因为被内心深处的愿望所驱使，无须任何人看到或体验，他们的创造本身就已经很有价值，它只需要取悦于其创造者。

除了这三点，我们增加了一点——至勇，以构建一个完整的框架阐述崇高的目标，我们发现大多数伟大企业的目标或多或少都会按照这个框架表达出来（见表 4-1）。下面我们将结合具体的例子来诠释当今世界上的一些伟大企业是如何表达这四种持久的理想的。

表 4-1　　　　　　　　　　　四类伟大的目标

目标	概述
至善	为他人服务，改善健康、教育、交流和生活质量
至真	发现和扩展人类知识
至美	追求卓越并创造美
至勇	有勇气去做正确的事情以改变和改善世界

至善

伟大公司的第一大卓越目标是"至善"。这种理想在商业中最普遍的表现方式是服务他人。这是一个深深激励人的目标，对那些真正接受这个理想的人来说，他们的情感上是非常满足的。真正的服务建立在对他人的需求和愿望的真正同情之上。真正的移情会让关爱、关怀和同情发展起来、成长起来并表达出来。公司如果致力于服务他人这个伟大的目标，就会寻求方法来培养组织的"情商"，从而培养和鼓励对顾客、团队成员和更广大的社区的关爱、关怀和同情。

虽然任何类型的企业都可能被服务他人的真诚目标所激励，但我们发现，服务业和零售业的运转在很大程度上取决于顾客的善意，它们最有可能体现这种特别的目标，并全心全意地投入，身体力行达到这些目标。容器商店集团是一个很好的例子，它通过提供优质服务和优质产品帮助人们更好地安排自己的生活，从而为顾客创造价值。该公司认为它们是帮助人们提升生活质量的公司，口号是"有条有理，开心惬意"。

捷步公司（Zappos）把目标定义为"传递幸福"。它实现这个目标的方式是卓越的客户服务、优质的产品、有竞争力的价格、快速的送货。在某种意义上，渴望传递幸福和追求至善表达了相同的意思。以追求至善为目标的企业还有很多，包括亚马逊、诺德斯特龙百货公司（Nordstrom）、捷蓝航空公司（Jetblue）、韦格曼斯超市、明亮地平线公司、星巴克、个人投资咨询网站"彩衣傻瓜"（The Motley Fool）、乔式超市。

至真

"至真"是第二大卓越目标，它赋予很多伟大公司生命力。我们把至真定义为"对真理和知识的不懈追求"。如果能够发现和学到过去从来没有人知道的东西，推动人类在知识方面的集体进步，这是多么令人兴奋的事情。通过这些进步，人们的生活质量得到改善，生活成本降低，可以过上更健康、更充实的生活。追求知识的结果是，人类整体上都在变得更好。

伟大的目标是当今世界上一些最具创造力、最有活力的公司的核心。谷歌就是其中的一个优秀案例。在成立之初，谷歌的目标是"组织世界的信息，使之易于获取和使用"。这个目标明确简单，但意义深远。它明确了公司存在的理由，以及如何创造价值。这个目标还为管理者提供了强大的战略方向指引。谷歌开始的时候通过简单的网站索引让文本信息能够被快速检索。随着时间的推移，它已经扩展到书籍、音频信息、视频内容、图片、个人图片收藏、地图、天空、海底、医疗记录、个人桌面、企业网站等领域。然而由始至终，谷歌一直坚守自己的初心。今天很多人已离不开谷歌，而且实际上每天都要用很多次。谷歌让我们感觉到，无论何时何地，只要有几个按钮或几次点击，整个世界的知识就触手可及。

维基百科是另一个帮助人们高效和快速地获取知识的组织。英特尔公司和基因泰克公司（Genentech）发明了令人难以置信的创新技术，例如微处理器和生物技术等，用很多方式推进人类更进一步发挥潜能。事实上，许多生物技术或计算机硬软件行业的公司都是很好的例子，这些公司的崇高目标是发现新知识，从而提高、延伸或用其他方式改善人们的生活。安进公司（Amgen）和美敦力通过发现新知识以及对知识的不懈追求成就了伟大事业。这些公司都通过追求自身的伟大目标而让人类大大受益。

至美

伟大公司的第三大卓越目标是"至美"，企业通过"追求美和卓越，力臻完美"来体现这一目标。一个体现美的公司会以多种方式丰富人们的生活。虽然我们通常通过艺术家在音乐、绘画、电影和手工艺品等方面的作品体验"至美"，但也能看到"至美"通过一些特别的公司表现出来，这些公司在自己的领域中力臻完美，从而挖掘出一个强大的目标。真正表现美的卓越方式是独树一帜、鼓舞人心的，而且会令人们的生活更愉快。

苹果公司就是一个非常好的例子，它致力于创造"疯狂的伟大技术"，让人们的生活变得更美好。人们喜欢苹果产品的美，比如 iMac、iPod、iPad 和 iPhone，不仅是因为产品的外观以及它们为人们创造的价值，还在于人机互动中的简洁和有趣。四季酒店和宝马公司同样也被追求卓越、创造美和趋近完美的体验这一目标所激励。

至勇

第四大卓越目标是至勇，是指那些被改变世界的愿望所激励的公司，未必要为他人提供服务，未必要发现和追求真理，也未必要追求完美，但是要通过一个强大的普罗米修斯式的愿望，真正让世界变得更好，克服那些似乎无法解决的难题，去做那些真正勇敢无畏的事情，成就别人眼中的不可能。当亨利·福特（Henry Ford）最初创立福特汽车公司时，它是一个有英雄情怀的公司，其目标是"为人类打开公路"。在20世纪初那个只有富人才买得起汽车、享受汽车带来的自由的时代,福特真正改变了世界。

英雄的定义是"一个有杰出的勇气和能力,因为勇敢的事迹和高尚品质而备受敬佩的人"。有英雄情怀的公司敢于承担风险,面对逆境时坚持不懈。它突显了人类的特有品质,同时也在以某种切实的方式让世界变得更好。

孟加拉国的银行家穆罕默德·尤努斯(Muhammad Yunus)创办的格莱珉银行(Grameen Bank)是一个真正具有英雄情怀的公司。他有一个卓越而美丽的愿景,帮助穷人摆脱贫困,通过为穷人赋能而改变世界。正如我们在第1章中强调的那样,世界已经见证了市场经济在结束贫困方面取得的巨大进展。尤努斯喜欢说:"总有一天,贫穷只会出现在博物馆里。"他在孟加拉国和世界各地为结束贫困做出了英勇的贡献,为此获得了2006年诺贝尔和平奖。他的著作《穷人的银行家》(Banker to the Poor)讲述了一个有英雄情怀的公司鼓舞人心的故事。[4]

随着时间的推移,全食超市开始朝着有英雄情怀的方向发展。随着公司的成长,目标的意义和复杂性不断增加。每3年,大约有800家门店的店长、协调员和公司所有的明星员工聚集在一起,进行一个"部落聚会",致力于公司内部社交、教育和相互激发。在2011年的会议中,执行领导层明确了几个崇高的目标:

- 我们希望帮助世界农业系统高效且可持续地发展。这包括更高水平的家畜动物福利、海产品的可持续性,以及提高有机农业的效率和生产力。
- 我们想提高公众对健康饮食原则的集体意识:以素食为主,多吃高密度营养食物,摄入健康脂肪,比如少量动物脂肪和植物油。我们相信,这种饮食方式将有助于预防和扭转生活方式带来的致命性疾病,比如心脏病、中风、癌症、糖尿病和肥胖症,进而从根本上改善数百万人的健康状况。[5]
- 我们希望通过全地球基金会(Whole Planet Foundation),向数百万贫困人口提供小额信贷流动资金贷款,帮助他们开创和发展自己的生意,从而消除世界各地的贫困。
- 我们希望让良心企业在世界上成为占主导地位的经济和商业模式,以扩大人类的繁荣。

一个公司的目标没有必要只限于这四个伟大理想的其中一个,许多企业会涵盖好几个。从某种意义上说,全食超市同时追求至善、至真、至美和至勇。最终,这四个理想其实都是连接在一起的。至善的事情,自然也会是至真的、至美的,并且以特殊的方式体现出至勇。同样地,至美的事情,通常也可以认为是至善的、至真的和至勇的。如果我们能够有整体的视角,就总能在多样性中看到内在的统一性。

对企业目标的再认识和重新创造

目标通常在公司最早被创建的时候就已经存在了。企业家在开始的时候可能并不是很明确公司目标,但通常都会有一个让自己充满活力的目标。随着公司的发展,企业家有时会明确表达出公司的目标,并以此建立企业的核心价值观。这就是通向良心企业的成长路径,在这个过程中,企业会逐渐意识到自己为什么会存在。

户外运动装备公司 REI 几年前就经历过这个历程。首席执行官萨莉·朱厄尔(Sally Jewell)描述了公司所采用的方法:

公司 150 个人的领导小组花了很多时间一起讨论，不断追问："为什么 REI 会存在？"然后我们问了自己 5 遍："为什么这一点如此重要？"紧接着还有两个问题："如果 REI 消失了会发生什么？""为什么我会把我的创造力贡献给这个组织？"我们根据讨论中用到的几百张纸提炼出了公司的核心目标：全身心为户外探险与指导提供激励、教育和全套装备。作为一个装备公司，我们会赚钱，但我们真正做的是激励人们去追求和实现内心的渴望，给予他们培训，让他们能够突破自己的舒适区，尝试体验新鲜的事物。如果我们在这点上做得足够好，这种精神会潜移默化地融入他们的日常生活，并开始带给我们回报，这就是管理工作的组成部分。[6]

不幸的是，随着时间的推移，许多企业变得越来越专注于生存、成长、应对市场变化，或者仅仅是为了赚钱，把自己最初的目标抛在脑后。这些企业的领导者可能需要回头重新发现企业的目标，就像考古学家去发现造就城市或文明的驱动因素。

公司在发展过程中的某个阶段，有时会开始变得机会主义，赚钱至上。这时候就需要跳出利润最大化的条框，发现和创造更高的目标，以充分发挥公司的潜力。他们可以通过一个"探索目标"的流程来完成这个工作。参与这个流程的人包括所有利益相关者的代表：公司的高级领导者和部分董事会成员、团队成员、顾客、投资者、供应商和社区成员。所有人都跟公司的繁荣有利害关系，所有人对公司的目标都会有自己的构想。当把这些主要的利益相关者聚在一起，共同发现或创造一个更高的目标时，一些让人惊讶的事情就会发生。大家交流信息，探讨价值观，分享对公司的独特看法，有时候只需要几天，甚至一天之内，就可能产生对公司更高目标的再认知和重新创造。当然，过程中可能需要一个有经验的专家顾问来主持讨论。

一旦公司的目标被阐述清楚，它就必须开始在组织中发挥作用。这一切不会自动发生，需要靠公司高层领导者，特别是首席执行官的坚定决心去推动。良心领导者必须在自己的生活中身体力行，以身作则。在和利益相关者团体（如团队成员、投资者和顾客）的每一次接触中，他们都必须强调公司的目标。

另一个关键是坚持不懈。一些利益相关者可能会对公司目标持怀疑态度，把探索目标视为赶时髦。公司如果要取得成功，必须在实施目标方面坚持不懈。这项工作必须落实到组织的各个层面，让整个公司的人都感到自己的投入和活力。公司的目标必须整合到公司的标准介绍中，融入新团队成员的培训计划中，而且需要向顾客和媒体宣讲。领导者在考虑做所有重要的决定时必须把公司的目标考虑进去。例如，在绩效评估、研发和战略规划中，都需要考虑到公司的目标。

英雄之旅，目标的不断深化与扩展

许多良心企业从一开始就定义了一个与柏拉图的理想一致的目标：至善、至真、至美。从某种意义上，找到至勇目标，是所有良心企业的终极目的地。

当一家企业开始沿着"至善""至真""至美"的道路，全面践行其目标，并成为一个成功的企业时，它会发现自己对世界的影响变得越来越大，最终会给世界带来革命性的影响。西南航空公司力求以实惠的价格提供优质服务，在这一过程中，它改变了航空公司的业务，并让数亿人都享受到了航空服务的好处。谷歌以其专一的奉献精神，致力于组织世界的信息以让人们更容易地获取这些信息，因此谷歌实现了巨大的成功，这个公司改变了人们的生活方式，让人们的生活变得更丰富。苹果创造的产品堪称艺术品，外表优雅美丽，功能丰富且不可思议得好用。苹果公司的产品创新给亿万人的生活带来了根本性的影响，而且对计算机、音乐、电话、零售、出版和娱乐业产生了革命性的影响。

随着企业的成长和发展，目标也会随之深化和扩展。在某种程度上，所有有价值的目标最终都带有英雄情怀，带有规模化改造世界的愿景。很多时候，当企业的目标有明确的英雄情怀时，企业影响的范围会远远超出企业诞生之初的任何想象。

在本书的下一部分，我们将关注良心商业哲学的核心：照顾所有的利益相关者，把他们看成是一个整体，而不是一个固定价值池中相互竞争的索取者。

Conscious Capitalism

Liberating the Heroic Spirit of Business

第三部分

创造共同价值的关键原则二，
为每一位利益相关者创造价值

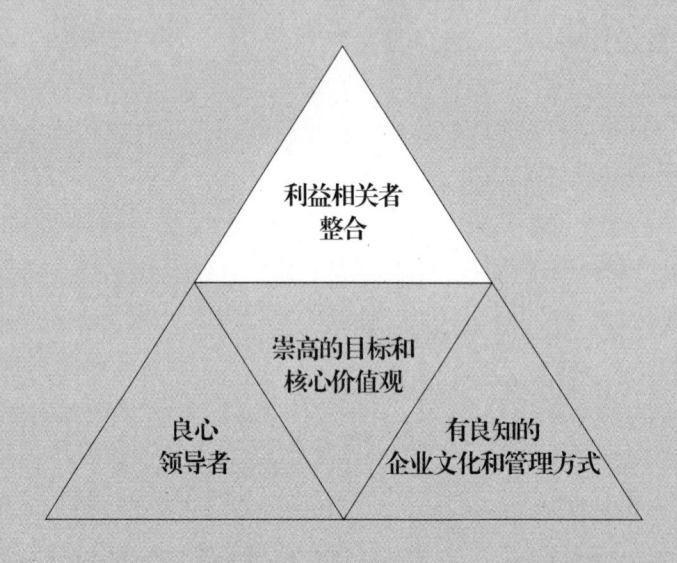

```
            利益相关者
              整合
         ┌─────────────┐
              崇高的目标和
              核心价值观
      良心                 有良知的
     领导者              企业文化和管理方式
```

导读   不管企业怎么认为，每个企业都有自己的利益相关者。良心企业对这一点的认识很透彻，它们把满足所有主要利益相关者的需要当作自己的目标，而传统的企业往往把投资者以外的利益相关者作为实现利润最大化这一最终目标的手段。

利益相关者的管理，权衡取舍与协同效应

　　传统企业和良心企业之间的一个关键区别在于，前者的领导者总是在利益相关者之间进行权衡取舍。一个好的传统领导者是那些被认为能够在投资人和其他利益相关者之间，做出对投资人更有利取舍的人。良心企业很清楚，如果想要权衡取舍，总是可以找到。但如果目标是寻找利益相关者的协同效益，也可以找到。

正如艾德·弗里曼和他的同事所写的，"利益相关者的管理不是一种权衡取舍的思考。它是利用创新和创业精神，让所有关键利益相关者的状况都变得更好，让所有的利益都朝同一个方向发展"。[1]

权衡取舍其实就是另一种零和思维，即如果有人赢了，就一定会有人输。良心企业认识到，公司最终是一个正和博弈，在这个博弈中，有可能为公司的所有利益相关者创造六赢的局面。没有任何一方一定要输，甚至竞争对手也不一定要输。如果把竞争对手视为潜在的老师和盟友，也可以帮助自己改善，大家都可以变得更好，未必一定要势同水火或者洋洋自得。

亚当·斯密的"看不见的手"在市场层面发挥的作用相当出色，引导企业去满足人们的需要。在企业中，管理者的"良心思维"是要建立一个系统，使所有主要的利益相关者与组织的目标之间保持协调一致。各方都应该成为同一个身体的器官，事实上，"corporate"（公司）这个词就来自"corpus"（躯体）或"body"（身体）。所有的一切都应该得到尊重、重视，并整合到公司的运作中去。如果任何一个主要的利益相关者被人为拔高并被置于一个不同的类别，即一个群体的利益被视为一个目标，而另一个被视为手段，这就会破坏系统中的和谐和统一感。参与者不想为彼此和整个系统创造价值，而是退回到"以我优先"的模式，开始做出短视的权衡取舍，把自己的短期私利置于别人和整体利益之上。正如我们稍后会讨论的，这会产生一种利益相关者的癌细胞，如果不加以控制，就会破坏整个组织。

组织因为人的承诺和创造力而欣欣向荣。一个良心企业如果被目标所激励，并通过利益相关者模式来管理，它就会激发出人们的非凡创造性能量，因为团队成员热情投入，顾客热心忠诚，供应商被视为家庭的一部分。因为每一方都在同一个方向上保持一致，在和谐中前进，因此系统中的摩擦力是最小的。当所有的创造力和承诺都指向共同的目标，这将为所有利益相关者创造巨大的价值。

在巴塔哥尼亚的首席执行官凯西·希恩（Casey Sheahen）看来，公司的利益相关者之间的差别不大："我们努力使所有的利益相关者觉得他们是组织的一部分。透明、卓越的客户服务，以及最高的产品质量、环保行动主义，这些对员工、顾客和所有其他利益相关者都很重要。我们真的看不到利益相关者之间的差异，而且我们把它们都当作一个整体。"[2]

有时候，人们确实要承担多重角色。全食超市的大部分团队成员也是公司的老顾客，这也是我们所鼓励的事情，通常我们会有 20%～30% 的门店折扣给团队成员。作为良心企业，团队中的许多成员来全食超市工作是因为他们本身就是对全食超市满意的顾客。他们中的大多数也通过股票期权成了投资者，许多人还自己购买公司股票。

因此，团队成员作为利益相关者最大限度地拥有多重利益相关者身份。与其他利益相关者相比，团队成员能从多个角度来体验公司，他们对公司的贡献比人们想象的更为重要。

全食超市利益相关者的相互依赖模式

图Ⅲ-1 是我们如何看待全食超市的主要利益相关者、他们彼此之间以及与公司之间的关系的直观描述。图的中心是全食超市的目标和核心价值观。围绕着中心目标的是各种各样的群体：顾客、团队成员、供应商、投资者、社区和环境。他们之间相互依存。管理层的职责是雇用合适的人，培训他们，并确保这些团队成员在工作中茁壮成长，开心快乐。团队成员的工作是满足顾客需求，让供应商高兴。如果我们有了对我们满意的顾客，就会有一个成功的公司和满意的投资者。管理层帮助团队成员体验到工作的愉悦，团队成员让顾客高兴，顾客帮助投资者获得满意的回报，当投资者把一些利润再投资于企业时，最终就形成了一个良性循环。我们总是很惊讶，为什么很少有商业人士理解这些简单而有力的内在联系。

但是这种直观形象的表述只是接近于现实，利益相关者之间存在的关系网实际上比图Ⅲ-1 描述的要丰富得多、复杂得多。

利益相关者之间的价值分配

利益相关者组成了公司，他们包括所有影响公司和被公司影响的人。我们必须像尊重普通人一样尊重他们，然后根据他们所扮演的角色来对待他们。他们都对价值创造做出了贡献，因此，保证这些利益相关者公平地分享价值是至关重要的。

在第 5 章至第 10 章中，我们将研究公司如何为每一个主要利益相关者创造价值，这些利益相关者都跟公司有直接的商业关系。在第 11 章中，我们将讨论公司与它们的次级或更加外围的利益相关者之间的关系如何。我们在第 12 章会做一个总结，着眼于利益相关者之间相互依存的关系，以及公司如何利用这些相互依存关系创造更大的价值。

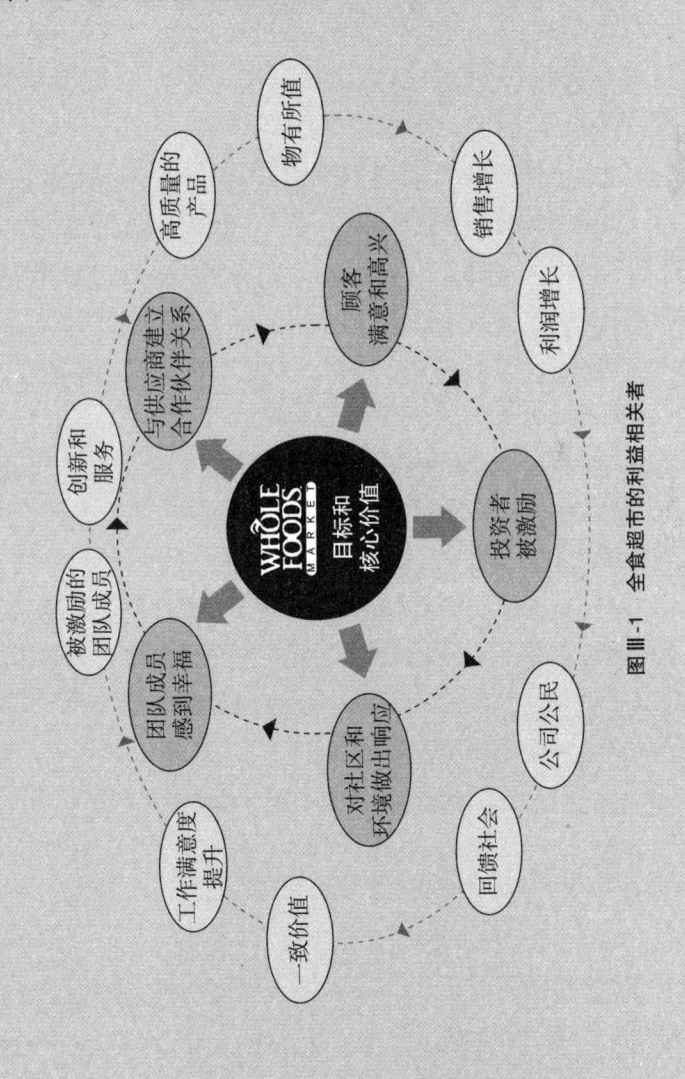

图Ⅲ-1 全食超市的利益相关者

05

第一类利益相关者，顾客

企业的最终目的是为顾客创造价值。顾客是企业最重要的利益相关者，如果没有足够满意和高兴的顾客，企业就根本没有生意。

CONSCIOUS
CAPITALISM
LIBERATING THE HEROIC
SPIRIT OF BUSINESS

每个企业的最终目的都是为顾客创造价值。正如伟大的管理思想家彼得·德鲁克所说，"对于企业目标唯一有效的定义就是，创造顾客"。[1] 那些良心企业会把它们的顾客或者团队成员视作最重要的利益相关者，只要其中任何一个被认为有最高的优先权，另外一个就是当仁不让的第二选择。乔氏超市的前任总裁道格·劳奇（Doug Rauch）把团队成员和顾客看作"一只鸟的两个翅膀"，鸟要飞起来必须要有两个翅膀。二者相辅相成，如果你照顾好你的员工，他们就会照顾好你的顾客。当你的顾客更高兴、更享受购物时，这也会让员工的生活更幸福，于是就形成了良性循环。[2]

在全食超市，我们认为顾客是最重要的利益相关者，因为我们知道没有足够满意和高兴的顾客，就没有生意。毕竟，顾客和公司之间是自愿的交易。在一个竞争激烈的市场上，不满意的顾客总是可以选择在别的地方买东西。

顾客显然是每个企业的关键，但令人惊讶的是，他们往往被遗忘。企业很容易陷入内部流程中并且忘记了存在的首要原因。亚马逊的杰夫·贝佐斯指出："在一个典型的公司里，如果你有一个会议，不管它多么重要，总有顾客一方没有代表参与。所以在公司内部，顾客很容易被遗忘。"[3] 为此，他在每次会议中都放一把空椅子，以此来提醒与会者。

与所有利益相关者一样,顾客的福祉必须被视为一种目标,而不仅仅是公司获取利润的手段。公司如果认为顾客是实现最终利润的一种手段,那么它们对顾客感同身受的程度、对服务的承诺程度和对顾客需求的理解程度,就不可能达到把顾客作为目标的公司那样的高度。当有人真正关心顾客福祉的时候,顾客会感知到。企业必须把顾客看作是需要服务的人,而不仅仅当作卖东西的对象。事实上,"消费者"这个词把人物化了,意味着这些人的作用仅仅是消费。

发展更密切的顾客关系

虽然有些顾客只关心以好的价格买到高质量的产品,但是许多人越来越希望从目标和价值观相一致的企业中买东西。这样的顾客可以与企业建立更密切的关系,他们并不是被动的、与企业没什么利害关系的交易者。如果一个顾客关心企业,并对企业有情感上的投入,这样的企业就会从中获利。这样的顾客会成为企业的拥趸,并且会对企业未来的愿景提出自己的想法。他们会非常关心企业的发展,当他们认为企业需要改变、发展、学习和成长的时候,就会把自己的想法告诉企业。

当一个企业缺乏明确的目标,只是试图了解顾客想要什么,它其实就没有尊重对自己来说重要的东西。企业有可能无精打采,屈从于顾客,甚至围着顾客"团团转"。相应地,顾客对企业也没有什么激情,感觉企业只是在向他们推销而不是为他们服务。但是如果一个企业开始有了明确的目标,就更能形成真正的顾客关系,吸引志同道合、有着同样激情的顾客。在这个信息透明和社交媒体丰富的时代,真实的关系更容易绽放,肤浅的关系更容易凋谢。[4]

信任是与顾客建立良好关系的关键，信任是通过在跟顾客打交道时的真诚、透明、正直、尊重和关爱中发展出来的。当我们与某人建立高度信任的关系时，他就会变得像我们的朋友和家人。全食超市不把顾客看作是消费者，甚至不是客户，当顾客出现在门店中时，我们更愿意把他们看作是朋友和客人。

家得宝的联合创始人伯尼·马库斯（Bernie Marcus）描述他对顾客的感受时说："阿瑟·布兰克（Arthur Blank，家得宝另一位创始人）和我都热爱顾客。当我走进商店时，我会拥抱和亲吻顾客，因为我认识到我生命中的一切都来自他们。这是我和通用电气集团首席执行官杰克·韦尔奇（Jack Welch）之间的差异。对于杰克来说，利润是最重要的事。对我们来说，如果我们正确对待顾客，最终就会获得利润。"[5]

不仅要满足客户需求，更要引领和教育顾客

企业必须为顾客服务，并为顾客寻找最佳的利益。要做到这点往往意味着企业需要教育顾客，而不仅仅是他们要什么就给什么。但只有顾客信任企业，这才有可能。当顾客对企业有信任的时候，他们会毫无保留地允许企业影响他们。如果没有信任，企业可以推动或者拉动顾客，但无法引领、教育或者影响他们。

这对全食超市来说是个大问题。通常来说，顾客想要吃的东西和他们对健康的实际需求是不一样的。一个肥胖和有糖尿病风险的人不应该多吃糖和冰激凌，也不应该多喝含糖饮料，但他们可能会对这些东西上瘾。一个良心企业应该如何应对这样一个在需求和欲望之间充满了矛盾的顾客？这个问题在今天更加迫切，因为这种情况正变得越来越普遍。很多人都会对那些对他们根本没有好处的物质成瘾。这些瘾通常是由巧妙的营销活动创造的，背后

是大量广告和促销预算的支持。

对顾客的责任

教育顾客和向他们布道是不同的。如果企业能够看到一些顾客没有意识到的、模糊的或潜在的需求，企业就有责任教育顾客去关注他们还没有看到的潜在价值。例如，全食超市认为在顾客的饮食健康和身体健康方面，公司负有责任。全食超市在一些门店推出了一个健康俱乐部（Wellness Club）计划，以帮助顾客了解饮食模式和选择方法，从而实现身体健康，让生活美满幸福。要做到这点，我们必须知道顾客最终认为什么对他们有价值。顾客每次光顾其实都表达了他们的偏好。我们必须满足顾客当下的需求，随着时间推移，同时引导他们朝着更好的方向发展。教育顾客去购买对他们有利的东西，但同时也给他们自由选择想要的产品的机会，即使这些选择对他们不利，这对公司来说是一个有挑战的艺术。如果我们的工作做得足够好，随着时间的推移，顾客会开始做出不同的选择。

多年来，随着有机食品的增长，我们已经看到了这一幕不断上演。当30多年前公司刚成立的时候，有机食品的销售额还不到公司总销售额的5%。但经过多年的教育，以及与顾客和供应商的密切合作，我们现在销售的食品中，超过30%是有机食品。人们实际上会接收到这些信息，只是需要时间，需要信任，需要耐心和持续的沟通。

企业如果忘记顾客才是最终的老板，忘记必须为顾客提供服务，那么企业就是在犯致命的错误。顾客总能找到愿意满足他们需求和愿望的企业，当顾客对我们的信任日益增长时，就会越来越把全食超市视为他们的"编辑"，因为我们会仔细地检查和评估我们销售的产品。例如，我们不提供烟草产品、含有人工成分的食品、氢化油、低于动物饲养标准生产的或是超越可持续性捕捞的海鲜。这些决定不仅出于对顾客的考虑，更是因为我们研究了人类、动物和环境的健康趋势。

当责任和顾客的愿望冲突时

人们常常会问我们："为什么全食超市会销售一些不是特别健康的食物？"这是一个很好的问题。一方面，全食有高质量的标准，防止销售过多的产品；另一方面，我们也希望提供顾客想要购买的所有食品来满足他们的需求。因此公司内部以及公司与顾客之间进行着永无休止的对话，试图在限制和放任之间找到适当的平衡，这种限制如果太严格可能会让我们的生意完全做不下去；如果过于放任，会让我们偏离健康饮食的核心价值观。我们从来没有找到一个正确的、一劳永逸的答案，但目的始终是教育和引导顾客形成更健康的饮食习惯，同时听取他们的反馈，并为他们提供想要购买的产品。最终，顾客在每次采购的时候都"用钱投票"。随着时间的推移，顾客就会支持更多的有机食品，我们希望他们用不购买的方式，投票选择店里的最不健康的食物，让这些食物逐渐从全食的门店消失。

推动顾客导向型创新

市场经济的一个优点是促使企业不断提供更高的价值、更高的质量和更好的服务，竞争会迫使企业不断地改进、创新和保持创造力，否则就会被抛在后面。公司要蓬勃发展，必须向顾客提供竞争对手没有的新产品、新服务和新价值。更让人感到挑战的是顾客对质量和价值的期望不断提高。那些在25年前可以满足顾客的东西将无法满足他们今天的需求。正如《爱丽丝梦游仙境》中的红桃王后说的那样，"你竭尽全力地奔跑就是为了让你还能保持现有的位置。如果你想去别的地方，必须至少快一倍"。[6]

现在，以双倍的速度奔跑听起来更像解答一个排水应用题。但是，如果我们一直重复在做同样的事情，就不得不面对这个问题。摆脱这种陷阱的唯一途径是通过创造和创新，创造出竞争对手尚未想到或不能轻易复制的优质产品和服务。良心企业的一个优势就是天生有创造性。良心企业不会陷入永无止境的效率和生产率竞争，而是通过考虑顾客未满足的需求和愿望而进行创新。这些充满挑战，但同时也非常充实。

例如，如果全食超市不得不与沃尔玛在供应链效率或分销规模经济方面直接竞争，那全食毫无获胜的可能。但全食可以做的是更灵活、更有创意、更创新，提供更高质量的服务，同时创造更好的门店环境。等到沃尔玛知道全食在做什么的时候，全食已经开始更新和更好的创新了，为不断发展中的顾客创造新的价值。

营销的目的是了解客户需求

良心企业采取的营销方式不同于传统企业。今天大多数人都对市场营销持嘲讽的态度，"营销"这个词被许多人看作贬义词。营销被广泛认为是误导消费者做一些不符合他们利益的事情，而且试图操纵消费者。在全食超市，我们把营销视为提高公司与顾客之间关系的质量的方式。对全食超市来说，能发展和加深与顾客之间的关系并建立顾客信任的营销才是好的营销。偏离这个主题的都不是好的营销。

乔氏超市是另一个用良心方式做营销和广告的好例子。它在广告上面的费用不到营收的1%，远远低于行业平均水平。乔氏超市不像大多数零售商那样频繁地促销，但是每天都为顾客提供巨大的价值。它主要的广告载体是一个非常有趣而且信息丰富的小册子，叫作《无畏传单》（*The Fearless*

Flyer），顾客很期待收到和阅读这个小册子。公司的前任总裁道格·劳奇是这么解释的：

> 良心企业是目的驱动的组织，公司与它们的利益相关者的目的协调一致，所以它们不需要通过营销去激发或者创造它们本来不会有的兴趣。企业可以诚实地分享它们的产品或者服务。企业并没有试图人为创造暂时的需求，而只是围绕着和利益相关者共同的价值观跟他们沟通和联系。乔氏超市有明确的目标，关注客户体验。随着时间的推移，这会把顾客转换成为狂热粉丝，或者高效且无须付费的推广大使，或者公司的营销代理商。不仅是员工，还有供应商，都会成为公司的营销推广人员。[7]

企业是塑造流行文化的强大力量，并且能够影响顾客的口味和喜好，这主要是通过企业的营销努力完成的。仅仅在美国，这种说服力背后每年大约有1万亿美元的营销费用支持，或者说花在每个人身上的营销费用超过3 200美元。[8] 企业有这种力量，就应该担负起责任，因为营销对流行文化的影响很大。反过来，文化是塑造人们行为的一个非常强大的力量。不幸的是，今天花费在营销上的巨大资源产生的影响并不总是利于提倡健康、有意义、充实的生活。

营销可以使顾客意识到新产品的美妙，并引导他们朝着有利的方向发展，但也可以设法说服他们做一些不利于他们的事情。大多数广告过度承诺了对顾客的利益，并且不管公司的产品对于顾客是否合适，都会试图诱导顾客购买公司的产品。通常情况下，这只会在短期内起作用，因为人们很快就会意识到公司在误导他们。问题是，许多顾客沉迷于一些不好的东西并且难以自拔，比如香烟、酒精、糖、咖啡因、垃圾食品和一些药物。

从许多方面看来，营销界已经忽视了崇高的目标：彻底了解顾客需求，使公司的所作所为与满足这些需求协调一致，从而提高顾客的生活质量和公司财务业绩。精明的营销会使顾客的需求和愿望一致，帮助顾客想得到对自己有利的东西。**伟大的营销就是通过理解和满足顾客最重要的生活需求，甚至是顾客自己都可能没有意识到的需求，真正使顾客的生活更美好。**这是在提供真正的价值，而不是为一己私利自卖自夸。从某种意义上说，它是真正的良药。[9]

良心企业典范

带有英雄情怀的营销方式

营销的理念在许多人的心目中印象很差，就是一个咄咄逼人的或者过分热心的推销员形象。但当销售的东西与顾客真正需要但讲不清楚的实际需求有关联时，营销也是一种有价值的服务，甚至可以说是有英雄情怀的服务。容器商店集团的联合创始人兼首席执行官基普·廷德尔指出，团队成员有时是"胆小鬼"，仅给客户提供他们想要的，而不是寻找额外的方式为顾客增加价值。这对于公司和顾客都是伤害。廷德尔用一个"人在沙漠"的故事解释了这一课。

有个人已经在沙漠中滞留了好几天，快要死了，此时他爬到一片绿洲。你刚好生活在这片绿洲，并且看到了这个人。大多数商人会冲出去，给这个人一杯水。然后表扬自己，认为自己所做的已经足够了，而且太好了。当然，还有更多事情可以做。他可能有热衰竭或中暑，显然需要一顶帽子和防晒霜，需要重新补充水分。因为他失踪了好几天，你可以打电话给他的妻子和家人，让他们知道他没事。你所做的是凭直觉就能知道这个在沙漠中遇到的陌生人的许多需求。如果是在容器商店集团的休斯敦和得克萨斯的门店，他们会说，在沙漠中待了几个小时的人应该在游泳池游泳并享受一杯玛格丽特鸡尾酒，我们会把他照顾得无微不至！因为我们为他做的这一切，沙漠中的人会非常快乐。这就是我们所说的"带有英雄情怀"的营销：这种方式完全符合顾客真正想要的和需要的，并且做一些对顾客和公司都有好处的事情。[10]

真正满意的顾客，是公司最有效率的营销人员

良心企业认识到应该将顾客利益置于自己的利益之上，而且与顾客真诚、透明地交流能够产生力量。它们为客户提供诚实和完整的信息，并帮助顾客找到最适合自己需求的产品，即使这些产品是由竞争对手制造的。加强关系和建立信任的价值远远超过失去一次偶尔成交得到的利润。格伦·厄本（Glen Urban）在麻省理工学院的研究发现，当企业表现出这样真诚的对客户福祉的承诺，客户给的回报会是多方面的，比如他们会变得更加信任企业，增加未来的购买，并成为该企业的代言人——实际上就是无偿的高效销售人员。[11]

对于任何一家公司，最有效的营销人员是真正满意的客户。他们会为你做营销。如果你有足够多这样的客户，就真的不需要做太多的广告。这就是为什么全食超市几乎没有广告。在新店开张的时候可能有一些广告，但也仅此而已。对全食来说，营销是让顾客满意，让顾客开心，同时滋养顾客，与顾客建立良好的关系并建立顾客的信任。如果我们做到这些，顾客会用忠诚、会用在朋友和熟人之间的口耳相传回馈公司。

社交媒体已经成为一个催化剂和放大器，让那些热爱公司的人以更大的声音来表达自己对公司的热爱。此外，现在的技术很容易让人跳过商业广告，这使得传统广告更难进入更大的市场。对于那些有崇高目标的公司来说，社交媒体带来了真正的营销优势，它们擅长使用市场营销的工具而不仅仅是推销，更重要的是，它们为和公司有共同信念的人增加了价值。[12]

顾客和团队成员之间的关系是至关重要的，尤其是在零售这样的服务业中。对于全食超市，没有团队成员，我们就不可能为顾客创造价值。团队成员提供优质服务，创造丰富的客户体验。这就是为什么我们的利益相关者哲学告诉我们，"快乐的团队成员会得到快乐的顾客"，如果我们真的关心顾客，那就必须真正关心我们的团队成员。

接下来，让我们看看让企业这只鸟展翅高飞起来的另外一个翅膀：团队成员。

06

第二类利益相关者,团队成员

公司应该投入大量的时间和精力,确保他们雇用的是与组织契合的人,也就是那些相信企业的目标,并对企业的价值观和文化有共鸣的人。

CONSCIOUS
CAPITALISM
LIBERATING THE HEROIC
SPIRIT OF BUSINESS

有可能基于关爱和信任而不是恐惧和压力建立一家公司吗？这是全食超市的创始团队在创业早期经常问的问题。当时，我们研究了我们所知道的公司，发现在许多公司中，团队成员之间存在着巨大的恐惧和压力。我们认识的人当中几乎没有人期待去上班。

今天，关于工作有一个相当令人沮丧的事实：全世界星期一早晨的心脏病发作率急剧上升！[1] 可悲的现实是，因为工作让人精疲力竭，许多人讨厌自己的工作。工作场所就好像是一个压力锅，工作条件往往很差，团队成员不被当人看，同事视彼此为竞争对手和威胁。难怪 TGIF 连锁餐厅击中了如此多人的心弦，因为 TGIF 的意义是"谢天谢地今天是星期五"（Thanks God It's Friday）。大多数人把他们的工作看成是不得不承受的负担，一直要熬到傍晚、周末和假期，他们才能开始真正享受生活。他们的生活存在于工作之外。

一定要这样吗？工作必须是苦役吗？大多数人对工作不满意并不意味着工作不重要，或者说工作不能带来幸福。事实上，工作是许多人生活的中心。正如弗洛伊德所说，"爱和工作是我们人性的基石"。

工作不仅为了薪水,还需要意义感与幸福感

在21世纪,大多数人,特别是那些受过良好教育并且相对富裕的人,想去工作不仅仅是为了得到薪水。他们渴望那些让人充满活力、令人愉快的工作。他们在寻找工作中的意义,希望自己的工作能带来一些改变,使世界变得更美好。他们在寻找朋友,寻找学习和成长的机会,并从中找到乐趣。

前几年,盖洛普公司在155个国家进行了人类幸福感的研究,所做的世界民意调查显示,幸福的主要决定因素不是财富,财富超过一定程度,幸福就到了停滞的状态。幸福的决定因素也不是健康,大多数人在身体健康的时候都会认为健康是理所当然的。幸福的决定因素甚至不是家庭。幸福的首要决定因素是一份好工作,即一份有意义并且是和所在乎的一群人共同完成的工作。盖洛普的董事长兼首席执行官吉姆·克利夫顿(Jim Clifton)写道:"全世界的人都想要的是一份好的工作。这是盖洛普有史以来最重大的发现之一……人类曾经渴望爱情、金钱、食物、住房、安全、和平、自由,这些比什么都重要。过去的30年改变了我们。现在人们都想有一份好的工作,希望自己的孩子有一份好的工作。"[2]

这没什么可惊讶的。毕竟,大多数人把大约1/3醒着的时间花在有薪酬的工作上。如果我们的工作在本质上是令人满意的,如果我们喜欢并尊重自己的同事,我们就会感到充实和幸福。如果我们发现这项工作是单调乏味的苦役,甚至比苦役更糟,如果我们周围都是郁郁不乐、愤世嫉俗的人,或是想以牺牲我们为代价而出人头地的人,我们肯定会感到很悲惨。

工作不一定是冷酷和枯燥乏味的。有效的工作和找到乐趣并不是非此即彼的对立面。我们在工作中应该能够找到意义和目标,也能找到朋友和快乐。我们可以在工作中专心致志,并因此找到乐趣。一个有趣的工作环境实际上

是激发创造力和打造创新文化的关键之一。

西南航空公司就是一个既有趣同时又高度创新的公司。赫布·凯莱赫（Herb Kelleher）创建了这个公司并长期担任首席执行官，他是一个富有创造力而且特立独行的人，他想创造出一个让大家真正喜欢的有趣场所。凯莱赫亲自策划了让许多人大跌眼镜的奇思妙想，并为公司设置了样板，这些故事在公司和业界都成了传奇。时任公司副总裁罗伯特·贝克（Robert W. Baker）曾经无可奈何地说："那是一个按照赫布·凯莱赫的天马行空的想法运转的地方。"[3] 不过事实证明，它运转得相当成功！

工作，职业，使命感

工作可以分为三个层次：工作、职业和使命感。[4] 如果只是一份工作，那就是一种纯粹的交易：每周投入一定的时间来换取一定的薪水和福利，然后决定这笔交易是否划算。但我们对工作没有情感上的连接，除了需要钱来生存之外，工作对我们没有什么意义。下班后的傍晚和周末才是我们的实际生活。

更加雄心勃勃的人把工作当作一份事业，因为工作给他们提供了机会，承担更大的责任并获得更高的回报，他们所做的一切就是确保自己比保持这个职位的最低要求高一点点，同时在公司的层级架构中能够游刃有余地爬升。但是许多这样的人对他们的工作没有情感投入，也不重视任何物质以外的回报。在极端情况下，事业心很强而且过于雄心勃勃的人会做出一些自私自利的行为，给组织和同事带来损害。

工作也有可能是一个有意义的使命，即使中了彩票，获得财富自由，也会继续这样的工作。因为这些工作除了薪水之外，还能带给人价值感和满足感。这样的工作涉及那些让人们充满热情的事情,那些世界真的需要的事情。当我们这么做的时候,是我们最有活力的时候,是最体现自己价值的时候。这就是团队成员和企业家努力奋斗的终极目标:让尽可能多的人对自己参与的工作有使命感。

全食超市的联席首席执行官沃尔特·罗布这样描述公司和团队成员在价值观方面协调一致的重要性:"我总是问新的团队成员如何以及为何选择来全食工作。此后是成千上万的个别谈话,我可以告诉你,除了我们是一个好公司的声誉之外,最重要的原因是,公司与团队成员的个人价值观保持一致,他们真正感受到这是一个可以给他们带来改变的地方。这就是体现企业使命的语言。"[5]

管理思想家加里·哈默尔(Gray Hamel)认为团队成员的参与感是建立竞争优势的关键:"顾客每天早上醒来就会问,'有什么新东西,有什么不同的发现,有什么了不起的事情?'在这样的一个世界里,企业的成功取决于是否有能力在各级员工中激发出主动性、想象力和高昂的热情。这些事情发生的唯一前提是所有人都能把自己的内心和灵魂跟工作、企业以及企业的使命紧密联系在一起。"[6]

内在动机与外在动机

过去几十年的发展和社会变化使得影响和激励团队成员的传统方法不再行之有效。丹尼尔·平克(Daniel Pink)在他的经典著作《驱动力(经典版)》[①]中,回顾了过去40年对人类动机的研究,结论是大部分公司都忽略了有清楚科学证据支撑的做法。[7]它们继续严重依赖外在的激励因素——以众所周知的胡萝卜加大棒为标志,广泛使用奖励和威胁。但是,外在动机只有当工作

[①]《驱动力(经典版)》已由湛庐文化策划、浙江人民出版社出版。——编者注

缺乏内在的意义、缺乏潜力让人发挥创造性并且获得满足的时候才会有效，例如装配流水线。

当团队成员发现自己的工作具有内在意义并且乐在其中时，就会在工作中充满干劲。为了充分发挥这些潜力，企业首先必须雇用正确的人去做正确的工作。这就意味着企业必须聘用那些有才华、有能力，同时个人也致力于企业的使命和自己的本职工作的人才。企业还必须重新设计工作以使它更有意义。这意味着增加了人们在特定领域内发展和掌握知识的机会。最后，企业必须给人授权，使其拥有自主权。自主、专精、目的，这三个要素共同引发了高水平的内在动机，这就是创造力、参与度、绩效和满意度的关键。

招聘，雇用相信企业目标的员工

良心企业非常在意最初的招聘。现在要纠正招聘错误要比过去难得多，所以公司应该投入大量的时间和精力，以雇用与组织契合的人，即那些相信企业的目标，并对企业的价值观和文化有共鸣的人。例如，容器商店集团让应聘者与8个不同的面试官面试。公司主要寻找有良好的判断力和诚实正直的人才，并且相信，除此之外的其他一切都是可以用钱买到的或是可以被教会的。

在全食超市，每个招聘来的人都会被安排到一个特定的团队中，试用期为30～90天。最后，在新员工转正之前，需要获得整个团队2/3的人投票认可。这样做的逻辑很简单：任何人都可能愚弄一个团队的领导者，但是要欺骗整个团队很困难。处于试用期的成员如果态度不好，或者工作习惯不好，或者和全食超市的文化不匹配，就不会被选到全职团队中。当这种情况发生的时候，他们必须尝试加入新的团队（再次开始新的试用期），或者离开公司。

在一个良心企业中，团队成员一经录用，往往会选择留下来。正如基普·廷德尔所说，"容器商店集团让我最骄傲的事情是员工加入公司后很少离开。在一个流动率超过 100% 的行业，我们的团队成员每年的流动率少于 10%"。[8] 在全食超市，全职团队成员（占员工总数的 75% 以上）自愿离职率每年也少于 10%。因为团队成员会在公司工作很长一段时间，良心企业会投资培训他们。容器商店集团把每个员工的正规培训时间从 240 小时提升到了 270 小时，很少有公司达到这个水准。在零售业，这个平均数只有 16 小时。

杰克·韦尔奇在通用电气公司长期担任首席执行官直至 2001 年退休，他领导通用电气获得了财务上的成功，让基于恐惧的雇用方式在过去 20 年里广为人知。通用电气在其团队成员的评级体系中，每年都要解雇业绩最差的 10% 的员工（安然公司也有类似的政策）。[9] 所有人都害怕成为业绩最差的 10% 那部分，所以大家会很努力地工作以确保自己不会被解雇。但即使员工再努力工作，他们还是不能确定自己会不会成为那倒霉的 10%。所有人都害怕成为最差的 10%，于是开始把同事看作对手而不是队友。他们竭尽所能以确保自己的评级能够排在团队中另外一个人前面。心理学家维克多·弗兰克尔曾带着羞愧描写了他和集中营的其他囚犯当看到别人被选去处决的时候那种如释重负的感觉。我们认为这样的政策对工作场所的士气非常有害，这是因为它制造了一种恐惧的气氛，使人们互相对立。恐惧可以是一种有效的短期激励机制：在遇到危机的情况下，它能在短时间内激发非凡的努力。但作为一个持续的政策，这是一场灾难。为什么要创建武断的 10% 的流失率目标？如果每个人都做得很好，那么每个人都应该留下来。

良心企业会把前员工也算作公司的支持者。有些公司，如麦肯锡和澳大利亚律师事务所吉尔伯特和托宾（Gilbert & Tobin），都有为前员工组织聚会的计划。在大多数公司，被解雇的人员对公司的态度非常恶劣。而在良心企业中通常不会出现这样的情况。例如，当彩衣傻瓜财经资讯被迫收缩的时候，许多人不得不选择离开，但是当公司后来恢复增长的时候，他们又再次加入了公司。

小组协作，提升信任感、凝聚力和绩效

许多良心企业把员工组成小组绝非巧合。在小组中工作会产生熟悉和信任感，并且自然而然地体现在团队成员身上。人类在小群体和部落中进化了数十万年。作为小组的一部分，他们的贡献被认为有价值并且被重视，小组鼓励大家发挥创造力并做出贡献，这是非常充实的工作状态。**一个精心设计的小组结构会让本来处于休眠状态的协同之源发挥出作用来，从而使整体大于局部之和。**分享和协作的团队文化不仅从根本上满足了基本的人性，而且对在工作场所中创造卓越也至关重要，也更有趣。随着时间的推移，最好的小组会产生身份认同感。例如，在全食超市，小组经常给自己取富有想象力的名字，比如"理查德摇滚杂货店"（Rocking Richardson Grocery）、"绿色生产怪兽"（Green Produce Monsters）。

在全食超市，大多数小组有 6～100 名成员；大的小组会进一步细分为子小组。每个小组的领导者都是每个门店的领导团队的成员，门店的领导者是区域领导团队的成员。这种相互联系的团队结构一直延伸到公司最高管理层。小组在招聘、挑选产品、营销甚至薪酬等方面自己做出决定。小组也背负利润责任。全食超市大部分的激励计划是基于小组的，而不是个人的。例如，跟收益挂钩的奖金是根据小组的表现决定的。

小组让人们有安全感和归属感。来自个人的创造性想法在团队中不断涌现，并得到优化。尤其是在美国，总有一个神话是关于一个孤独的天才提出了改变世界的绝妙想法。虽然这样的情况偶尔会发生，但更常见的是，一个

人提出一个想法，并与他的小组成员分享，大家为此兴奋并加以改进。协作精神会让一个想法得以发展和成熟。

很自然，人们既会合作，也会竞争。在全食超市，我们发现不同的自我管理团队以友好的方式相互竞争是非常有效的。例如，一家门店的生产小组会跟同一地理区域内的其他生产小组以及整个公司的其他生产小组比较生产效率和销售的提升。如果被一个地区或整个公司认为是最好的生产团队，这是一件大家引以为傲的事情。这与杰克·韦尔奇的模式正好相反，在他的模式中，团队成员之间的竞争是永无宁日的。在全食超市，大家作为团队的一分子展开竞争并获得奖励，但没有人必须从团队中被砍掉。

全食超市的经验表明，在这种小团队组织结构中，信任、凝聚力和绩效得到了优化。每个人都是团队中至关重要的成员，团队的成功有赖于团队中每个人的巨大贡献。没有人是无形的，没有人可以免费搭便车，因为这里的团队会有效地自我管理。①

薪酬制度，协调个人利益与整体利益

在任何工作场所，团队成员都非常重视薪酬体系的运作方式。不管一个组织如何表达它的价值观和目标，薪酬制度就是一种对这些目标和价值观的"身体力行"。没有什么比感知到薪酬体系中的不公平和暗箱操纵能更快地让激励因素瓦解了。如果一个组织高谈阔论崇高的目标、模范的客户服务和其他伟大的理想，但它的薪酬体系与这些理想背道而驰，它想要成功根本不可能。

---

① 想更多地了解有关团队管理方面的内容，推荐阅读由湛庐文化策划、四川人民出版社出版的"天才团队"系列：《如何领导天才团队》《如何创建天才团队》《如何成为创意组织》。——编者注

全食超市采取了一些相当有效的薪酬政策。也许最激进的办法是保持全面的薪酬透明度，在公司工作的每个人都能知道其他人的报酬。这种透明度是全食文化的一个重要组成部分，它确保了薪酬制度是公平的。因为它是透明的，团队成员可以反馈他们认为不公平的信息，给公司一个改变和发展的机会。

有些薪酬形式有助于加强团队性质和凝聚力。全食超市采用一种"收益分享协议"的方式。当一个团队的生产率提高时，团队中的每个人都能分享奖金，奖金按个人工作时间长短的比例支付。通过把个人利益和整体利益协调一致，从而使团队成员从内部就紧密地团结在一起。根据全食的经验，这类团队的薪酬制度并不会削弱内在动机，因为作为成功的常胜团队中的一员是有内在的回报的。

全食高管团队（7位高管）中的每个人的薪酬、奖金和股票期权都是一样的。在这个团队中大家都同心同德、肝胆相照，我们希望这一点能够继续下去。你可以说一些领导者比另外一些价值更高一些，但在薪酬方面的一点小小的差异，时间久了，就会引起嫉妒并且侵蚀人们之间的信任。全食的领导者也有强烈的使命感，取代了用金钱来证明自我价值的需要。

内部和外部公平

全食超市制定了一项政策，规定所有成员的现金报酬总额，包括奖金，上限不能超过所有团队成员平均工资的19倍。在类似规模的上市公司中，这一比例，包括股权奖励和其他激励措施，可能高达四五百倍。[10]

这样做的第一个理由是，在制定薪酬的时候，全食会考虑内部公平（薪酬制度在内部感觉是公平的）和外部公平（任何特定职位的薪酬跟外部相比具有市场竞争力)。大多数公司在制定高管薪酬的时候主要考虑的是外部公平性。如果企业发现竞争对手付给其首席执行官或首席财务官的报酬达到某个数字,就认为自己应该支付的薪酬必须是可比的或者更高。很少有公司满足于平均水平,许多公司都在力争达到75%甚至更高。这就造成了近几十年来高管薪酬迅速上升的齿轮效应。

如果外部公平不能跟内部公平相调和,它会产生一个在内部被认为是不公平的体制,这将是一个巨大的消极因素。在全食超市,工资上限政策已经存在大约25年(比例逐渐提高到目前的19∶1的水平,以相对外部市场有合理的竞争力),而且薪酬方面的不足从未使公司失去任何一名想留住的高管。

第二个理由是,我们希望领导者更关心公司的目标和员工,而不是仅仅关心权力或个人财富。公司的高级管理人员得到了丰厚的薪酬,但以他们的能力,显然可以挣到更多。如果他们只想最大限度地获得个人薪酬回报,那么在其他地方肯定会比在全食超市赚得更多。事实上,他们中的许多人经常收到薪酬相当丰厚的入职邀请。但全食的高管认为,与公司内的其他人相比,他们在全食超市的报酬是合理和公平的。虽然大多数人不会拒绝公司给他们更多(人性如此),但是用任何合理的标准判断,他们都是富有的,可以过上他们想要的生活。

第三个理由是,这会吸引来有更高情商和心灵富足的人。在某种程度上,人们拥有的金钱足已使自己获得一种财务上的安全感,过上舒适、新潮的生活,并且能够满足生活中的大部分追求。其实,能够说出"我已经足够了"是一种情感和精神成熟的标志。正所谓过犹不及,实际上,想要的太多其实是一种病。[11]

平等的福利

大多数公司在福利方面都有一个鲜明的等级制度。高管得到了很多普通员工无法享受的特殊津贴。他们有更吸引人的退休金计划和更好的医疗保险，可以乘坐头等舱或私人飞机，住更豪华的酒店，有税务顾问，类似的福利不一而足。在全食超市，从首席执行官到底层团队成员的每个人都有同样的福利。唯一的区别是根据在公司的服务时间长短而定，一个人在公司任职的时间越长，他的带薪假期越长，公司对医疗保险费和公司资助的医疗报销账户的分担比例也就越大。一位为公司工作了几年的出纳员享有与公司的两位首席执行官同样的福利。这种政策在公司宣布之后，作用非常强大，在整个组织内创造了同心同德的认同感。有时，我们不得不抵制某些高管因为自己在公司身处高位，就想得到比普通员工更好的福利。最终，这些领导者为了追求更好的待遇离开了公司，在任何情况下，我们都乐见他们另谋高就。这样我们就可以用更多有能力的、与公司的文化更加协调的人填补这些空缺。在全食超市，这个问题是不容商榷的。

在全食超市，团队成员每三年就可以对他们想要的福利进行投票表决。我们开始这种做法是因为团队成员经常询问新的福利，比如宠物保险！我们意识到，公司是没有足够的智慧去弄明白人们最需要的福利的。所以我们决定让员工自己来决定，每三年就会公开所有的福利选项并进行投票。领导层决定总收入中有多少比例会用在公司福利上，然后为每个潜在的福利分配成本。团队成员对这些福利排出优先级并投票给他们最想要的福利。这一过程会挑出反映公司大多数团队成员的需求的福利。团队成员经常选择的一些福利政策在领导层看来不是什么好决定。例如，他们取消了为员工的社区服务时间支付报酬的福利，转而选择有更多的带薪休假。

团队成员的健康和保健

为团队成员提供医疗保健已经成为一个真正的挑战，尤其是在成本不断上涨的美国。这里有一个生动的统计数字：1965年左右，美国人将可支配收入的16%用于食品，5%用于医疗保健；2010年，他们在医疗保健方面的花费是17%，食品方面是7%。[12] 然而，良心企业在为员工提供健康保险方面从来不吝啬。很多公司把健康保险计划也扩展到了兼职团队成员，只要此人每周的工作小时数超过某个门槛就可以享受。其中一个这样做的公司就是乔氏超市。前任总裁道格·劳奇说："当员工来工作的时候，他们的忧虑、疾病、焦虑和悲伤都会跟着一起来，而这些东西顾客都能感受到。对我们来说，这是一个双赢——公司为团队成员的福利埋单，团队成员是感恩的，而且更快乐；当他们更快乐，顾客会感受到那种快乐，也就更愿意多光顾你的店。"[13]

大多数公司想到健康保险的时候，考虑更多的是相应的成本。但是，健康保险不应该仅仅包含成本，它更能帮助人们过上健康、充满活力、充实的生活。全食超市创造了一种创新的健康保健和健身计划，这对公司士气产生了巨大的影响。作为一个自我保险的公司，我们在2011财年花了2亿美元用于团队成员的健康保健。我们一直在寻找更好的方法，既能够为团队成员提供很好的福利，同时也能控制成本。这可不是一项容易的任务，因为美国的医疗保健费用在最近几十年里上涨速度令人咋舌。全食的健康保险计划是基于两个彼此配合的项目：一个是为灾难性需求支付的高免赔额医疗计划，一个是个人健康账户（由公司提供医疗报销账户或应对日常需要的健康储蓄账户）。我们采取的是自我保险的方式，因此对医疗保健成本更谨慎。我们总是向团队成员解释，是公司本身，而不是外部保险公司，在支付他们的医疗赔付。

除了创新的健康保险计划之外，全食超市现在也非常重视改善团队成员的健康和福利。这是一个体现六赢策略的很好例子，充分利用了利益相关者之间的相互依存关系。我们知道，当团队成员身体健康，他们就有更多的精力来工作，更好地为顾客服务，而且公司只需要花费更少的钱在他们的医疗保健上。因此，这对团队成员、客户、投资者和其他利益相关者来说都是共赢。

为了帮助改善团队成员的身心健康，全食超市根据每个团队成员的健康程度提供了两个计划。第一个计划被称为健康折扣奖励计划。该计划是在所有员工都有的20%标准折扣之外提供额外的门店折扣。额外的折扣是基于达到一定生物统计指标，比如胆固醇水平、身体质量指数、身高和腰围比例、血压，以及无尼古丁。每年我们会把一个移动实验室带到门店和其他场地。公司支付自愿测试的费用，每人约78美元，每个团队成员的得分决定了他可以获得的额外门店折扣的水平。额外的折扣有四个等级，从22%到30%不等：铜卡、银卡、金卡和白金卡。在全食的企业文化中，团队成员提升到更高的等级是一件值得骄傲的事情。这样做的结果是，人们越来越注意自己的饮食，而且越来越注重锻炼，很多人为此戒烟（吸烟者没有资格享受更高的折扣）。在推出这个计划的第二年，我们看到符合某种奖励折扣的团队成员人数增加了近20%。这还只是在早期，迄今所取得的进展让我们备受鼓舞。

第二个计划被称为全面健康沉浸计划。我们为最不健康和那些生病风险最高的团队成员，比如患有肥胖症、心脏病或糖尿病、胆固醇、高血压的人，提供一个让他们自愿参与的机会。这些人都是积极上进的人，但是常常对各种各样的食物上瘾，而且他们也想变得更健康。我们的目标是帮助他们获得对生活的控制，也许是他们人生中第一次能够控制自己的生活。他们中的许多人对能给自己的健康带来持久的改变这件事情已经绝望了。由公司统一付费（每人超过3 000美元），这些团队成员有机会参加为期一周的医学监督项目，接受健康饮食和健康生活的强化教育。在那个星期，肥胖的人平均减掉了 4.5 千克，总胆固醇下降了 40%，甚至更多，血压下降了 30%。那一周的食物是新鲜而健康的，他们觉得吃得很饱，而且味道很好。在 7 天里看到了这么多的进展，他们意识到自己实际上有能力为余生控制健康。这个计划给他们带来了极大的快乐，因为他们不再认为自己注定就是一个胖子或者病人。

这个计划的效果是惊人的。我们根本没有想到大家能这么快取得这么大的进步！头两年大约有 1 300 人体验了这个计划。十几个人在不到一年的时间总共减去了 45 千克。心脏病和糖尿病得到了控制。医生说 II 型糖尿病是不能治愈的。这种病可能无法通过药物来治愈，但是通过饮食和生活方式的改变，绝对可以治愈。事实上，治愈的速度很快。在 30～90 天内，患者就可以停止服用胰岛素，逆转 II 型糖尿病（在接受过这类营养治疗培训的医生的监督下）。在大多数情况下，这需要彻底改变饮食方式，主要以有机食品、健康植物、高密度营养食物、健康脂肪为主。愿意改变生活方式的团队成员在健康方面取得了惊人的进步，而且这种进步相当迅速。

良心企业创造了充满使命感的工作环境，鼓励团队成员学习和成长。它们理解建立充分授权而又高度协作的自我管理团队的重要性。良心企业围绕着内在的激励因素如目标和关爱建立自己的组织，并且创造使团队成员能够自主实现茁壮成长的工作环境。这些福利是所有利益相关者共享的，包括投资者。在下一章，我们将讨论负责任地、有意识地对待投资者的重要性。

07

第三类利益相关者，投资人

你要吸引与你的目标一致、理解你关于利益相关者的哲学的投资者。这样当公司碰到困难时，他们就不会强迫你放弃自己的哲学。

CONSCIOUS
CAPITALISM
LIBERATING THE HEROIC
SPIRIT OF BUSINESS

金融资本（投资于公司的资金）在市场经济中起着不可或缺的作用。为了使市场经济成功地发展，金融利益相关者必须变得更有觉悟，并与他们的崇高目标重新连接起来。

重新发现资本的目的

真正的投资者给自己的工作赋予了重要的目标，并且和被投资者共同为社会创造巨大价值。银行和其他投资者提供的债务资本（必须偿还利息的贷款）是必不可少的，因为它有助于企业在不稀释所有权的情况下成长。由风险投资提供的股权资本（通过资金投入在公司换取一定比例的股权），对于年轻、创新但是高风险的企业成长来说极其宝贵。同样地，私募股权资本和公募股权资本对于更大和更成熟的企业也一样重要。没有这些资金，大多数公司根本无法充分发挥潜力，企业想保持创新和增长，并且为股东创造价值，将会变得更为困难。

投资人没有因为他们做的好事而得到足够多的赞扬，相反，因为投资人在社会上的身份标签就是利润随时挂在嘴边且以此为傲，这往往损害了他们的集体声誉。当投资人把自己描绘成金钱至上的时候,刚好陷入了批评者的陷阱中。在那些批评者眼中,企业就是唯利是图,接踵而来的就是舆论对公司贪婪和自私的指责。

贪婪、金钱和利润已经成为企业的夸张画像,不幸的是,在涉及市场经济的金融部分,这是准确的。与其他任何经济部门相比,华尔街的显著特征就是短期财富的创造以及高得难以置信的薪酬水平,这种薪酬水平高到难以用公平获得或者理所应当来辩护。2008—2009年金融危机显示出,华尔街产生的巨大财富原来是来自短期投机、交易和赌博,而不是真正的投资,这些活动产生的收益由投机者和交易员装入个人腰包,但损失却由政府和纳税人来埋单。华尔街利润至上和股东价值最大化的哲学,与人们工作和生活息息相关的实体经济脱节。令人遗憾的是,这种哲学给企业和市场经济蒙上了污名。

华尔街的价值观和哲学似乎已经成为一种癌细胞,侵蚀着更广大的商业体系的健康。2008年的经济危机强迫政府以前所未有的方式救助那些"大而不倒"的金融机构。不仅有数百亿美元的纳税人的钱用于拯救挥霍无度的华尔街银行以及政府资助的公司如房利美(Fannie Mae)和房地美(Freddie Mac),而且美联储已连续几年保持人为的低利率,以便让这批金融机构因为利差而获得几乎无风险的高额利润,这些就是权贵与资本合谋的主要例子。[1]

企业有责任为投资人赚钱

企业在接受了投资人的资本之时,就负有道德和信托的责任来为投资人赚钱。企业应该努力培养和投资人之间基于相互尊重和信任的关系,正如它们与客户、团队成员和供应商之间的关系一样。许多企业把股东价值最大化挂在嘴上，但是实际行动中它们好像对投资人并没有特殊的义务。一个企业不能把投资者视为是理所当然的，正如不能把客户也视为是理所当然的一样。你可以想想，如果你是从父母或亲朋好友那里获得投资，你会怎么对待他们。

尊重投资者并对投资者保持透明，伯克希尔–哈撒韦公司的沃伦·巴菲特在这方面树立了一个很好的榜样。巴菲特比我们所知的任何商业领导者做得都好，他把投资者视为真正的利益相关者和合作伙伴，与投资者建立了长期的关系，一直对投资人保持透明，在做投资决定时会明确告知投资人伯克希尔–哈撒韦准备去做什么。巴菲特一直勤奋地工作，把公司的商业和投资理念传达给投资者。事实上，他通过著名的年度《致股东的一封信》，至少帮助培养了两代的长期价值投资者。凭借其公开和长期的方式，巴菲特几十年来创造了惊人的股东价值，在1965年到2010年间，他的年复合收益增长率为20.2%，而标准普尔500指数才增长了9.4%。这45年间的总收益是令人难以置信的39 419%，而标准普尔500指数的同期增长只有5 699%。[2]

企业会严格筛选团队成员和供应商，同样地，在选择投资者时也应该如此。对于像全食超市这样的上市公司，人们可以自由买卖公司的股票。但是如果你始终如一地谈论你是谁，你的价值观是什么，你的商业哲学、目标和战略是什么，就会吸引并构建一帮与你的商业哲学和愿景相一致的股东和其他投资者。你想要吸引的投资者与你的目标一致，理解你关于利益相关者的哲学，当公司碰到困难时，这些利益相关者就不会强迫你放弃自己的哲学。换句话说，你想要的投资者对待你的方式就是托马斯·罗·普莱斯（Thomas Rowe Price）在经济大萧条时期对待全食超市的方式。

亚马逊的杰夫·贝佐斯这样描述他对投资者的看法："投资界有一个伟大的巴菲特主义。你可以举办一场摇滚音乐会，那可能很成功，你也可以举办一场芭蕾舞会,那也可能很成功,但千万不要举办摇滚音乐会却把它当作芭蕾舞会来宣传。如果你对外界讲得很清楚,你采取的是一种长期的做法,那么人们可以进行自我选择。"³ 正如巴菲特所说,你会得到你应得的投资者。

投资者和投机者

理想的情况下,投资者应该对公司有长期的承诺。但是在美国,投资者平均持股时间多年来一直在稳步下降。在20世纪40年代,平均持股时间大约有12年,到了20世纪60年代下降到大约8年,现在一年都不到。⁴ 这和其他国家的趋势相似。如今,多数投资者是带着退出策略来进行投资的。"退出策略"这个词的风行,是因为风险资本家和私募股权投资者在投资公司的时候,同时会制定何时以何种方式让投资增值退出的策略。我们认为这种带着预先确定的退出策略的投资是相当有害的。⁵ 我们不会跟丈夫、妻子、孩子或亲密朋友制定退出策略,不会跟客户、团队成员、供应商或所居住的社区制定退出策略。为什么投资者应该有退出策略?当然,在以自愿交换为基础的市场经济中,投资者在感到公司不再创造价值时可以自由退出。但最理想的情况是,投资者应该在他们看重的公司投资很长时间,甚至也许应该没有固定的期限。

投资顾问公司彩衣傻瓜的创始人汤姆·加德纳(Tom Gardner)和戴维·加德纳(David Gardner)强烈认为:

> "长期投资"从字面上说就是一个赘述,因为这本来就是"投资"这个词的意思。"短期投资"从字面上看就是矛盾的。短期投资的同义词"交易",已成为很多人的关注重点。如果你想成为一个长期投资者,就必须确保所投资的公司坚持的原则以及获得的回报跟

公司长期优秀的业绩相关。投资会损失是因为开始担心一家伟大公司的短期业绩波动,而不是因为在低点买进一家公司的股票,并成为这家公司几十年的合作伙伴。[6]

公司应该明确区分那些只是把短期赌注压在股票上的人和那些真正长期投资的人,因为后者希望看到公司随着时间的推移而发展和繁荣。你应该对长期投资者承担比短期投机者更高的责任,就像在你的个人生活中,你对待朋友和家人与对待陌生人的方式是不同的。

全食超市至少在每季度公布财报后都会与长期持有公司股票的投资者交流,以确保他们了解公司的发展目标、发展战略以及正在努力获取的成果,尽可能对投资者保持透明。全食超市在1992年首次公开募股,多年来一直为投资者创造大量的价值。经过拆股调整后,股票价格从2.17美元稳步上涨至2005年年底的79美元。然而,从2007年开始,业务增长开始逐步放缓,然后在2008—2009年金融危机到来时开始断崖式下跌。在2008年秋季,同店销售额开始下降,公司历史上第一次出现这样的状况。25年来,全食经历了各种经济环境的考验,同店销售平均增长率一直保持在8%左右。然而,2008年的经济衰退不同于公司曾经经历的任何挑战。三年之内,股票价格从79美元下降到8美元。对于公司来说,经历这个过程既奇妙又可怕。这就像生活在一个慢动作发生的地震当中,又仿佛被激流冲离了海岸,卷到了大海的深处,但是我们不知道它何时会停止,或者应该做些什么来找到安全的水域。

然而,公司的基本面并没有发生什么实质变化。令人欣慰的是,我们的一些长期投资者表现出很好的耐心,并对公司的状况表示理解。事实上,因为公司股票价格下降,这些长期投资者增加了投资。普莱斯多年来一直是全食最大的股东之一。我们定期和他开会讨论公司正在发生什么。普莱斯一再告诉我们，他们的基金确实相信全食超市和它的长期潜力。借用他们的话说："别灰心。别做那些以后会让你后悔的事情。我们相信如果你们的工作继续做到位，最终经济衰退会有结束的时候，股票价格也将会反弹。"果然不出所料，在写这本书的时候公司股票又开始反弹了，每股价格强劲反弹并超过了 95 美元。对我们来说，这代表着一种公众公司与投资者应该努力构建的关系——基于相互尊重、透明、诚实、支持、耐心和信任的关系。

普莱斯投资于全食超市，因为他希望公司长期增长。我们之间形成了一种双方都孜孜以求的长期关系。当然，一个公司也应该诚实正直地对待投机者；投资者也有相应的权利，他们通过交易创造了流动性，从而为市场创造了价值。但是试图与一个志不同道不合的人建立关系是浪费时间。这种看法无论在个人关系还是商业关系中都是对的。

比尔·乔治在担任美敦力首席执行官的十年期间，创造股东价值的纪录非同寻常，他在投资者管理应该注意的事项方面有强有力的观点："我相信要为股东提供最好的服务，你应该听取长期股东的意见。倾听创始人、所有者和那些真正致力于建设公司的人的意见，而不是那些希望想挣快钱的短期交易者。"[7]

分析师和他们的模型

华尔街的公司，如高盛、摩根大通公司和花旗集团对几乎所有大型上市公司进行了研究。他们的分析师非常注重定量分析，主要是通过财务模型来深入研究公司。然而，这些模型无论多么复杂，都无法完全弄明白被研究公司的复杂战略、机遇和挑战。但由于这些是仅有的工具，所以分析师常常非常依赖这些工具。对于分析师来说，模型往往比模型代表的实际业务更真实！

利用财务模型，许多分析师会根据公司的财务表现和前景，对每一家公司进行季度评级。他们会根据财务模型的分析结果对公司重新估值。这样的做法造成了一些不健康的后果，导致许多上市公司的首席执行官开始以提供华尔街和金融分析师预期的财务结果为目标来管理公司。这种方法可能在短期内有效，但从长远来看，可能会使公司偏离为所有利益相关者创造长期价值的目标。公司在压力之下可能会努力提升下一季度财务报表中的数字，从而使它们在分析师的财务模型中看起来很漂亮，并因此获得优秀评级，最终提振股价。但这些评级并不总能反映出公司最佳的长期战略定位，这些模型也会给公司施加压力使其归于平庸，即以和竞争对手一样的方式经营公司。

这里有一个例子说明追求从金融分析师那里获得好的短期评级对良心企业来说多么危险。每个季度，分析师都会预测公司的毛利润率（即销售收入减去货物成本再除以销售收入）。他们还经常问公司准备如何提高毛利率，好像毛利率本身就应该是某种目标。在分析师眼中，如果一家公司的毛利率高于预期，那就是好事，公司也会得到更高的评级。问题是如何提高毛利率有很多选择，公司可以通过裁员、削减工资或福利、提高价格或压榨供应商来提高其整体毛利率，但这些举动可能会疏远团队成员、客户和供应商，从而产生负面的长期后果。

在战略上，一家公司产生的毛利率取决于市场竞争的激烈程度、顾客愿意支付的价格、公司认为最佳的价格加成和合适的销售组合等。影响毛利率的因素是微妙的和多方面的，而分析师的模型却相对简单。一个优秀的企业高管会结合复杂而相互关联的系统来考虑所有这些因素，而分析师则以更加线性和机械的方式看待这些因素。

考虑一下劳动力成本。毫无疑问，提高劳动生产率通常是一个很好的努力目标，因为它能给所有的利益相关者，包括团队成员，增加价值。但是公司也可以通过不支付团队成员工资、减少工作时间或减少总人数来暂时降低劳动力成本和提高利润。但随后公司员工的离职率可能会上升，从而导致培训成本上升，士气低落，客户服务质量下降，团队成员能力下降。因此削减劳动力成本并不一定是件好事。分析师们可能喜欢短期结果，写出热情洋溢的报告，并给出"购买"建议。但如果不仔细考虑这些可能带来的长期后果，这些行动很可能会损害公司的竞争力，削弱其未来盈利的能力。

我们在全食超市认识到，最好的策略就是要知道投资界用来评判公司的模型，但绝不要只是为了在这些模型上取得好的评级来管理公司。我们的目标是从公司整体的角度考虑优化长期价值创造，而且不想在这个目标上妥协。

股票期权和投资人

有些公司由于存在股票期权博弈，从而被引诱去管理短期财务目标。股票期权的主要问题是集中度和兑现时间问题。在大多数上市公司中，数百万美元价值的股票期权只会授予几位高管，而且在几年内就会到期。在一般的上市公司中，75%的股票期权授予前五名高管。[8]当高管被授予股票期权且这些期权可以以巨额利润出售时，他们就会有强烈的动机去推动股票价格在短期内上涨。当巨额报酬与短期或中期激励相连接，就会导致首席执行官做出不符合所有利益相关者的长远利益的决策。我们不认为股票期权应该被取消，但董事会成员需要敏锐地意识到股票期权集中在少数高管手中的危险性。[9]

股票期权如果被滥用，可能会相当危险，但是如果将其作为整体薪酬方案中的一个有用工具，则可能很有价值。在全食超市，股票期权分配比较广泛,93% 都给了非高管。全食超市的每个人都有资格获得股票期权,所以当公司获得成长,为所有利益相关者创造更多价值的时候,每个人都能分享到一部分。在全食超市,没有高管会被授予大量的股票期权;典型的高管期权是每年授予 2 000 ~ 6 000 股,所以短期内增加股票价格对高管的激励作用并不大。

上市公司的良知

我们经常听到的一个断言是,只有在公司比较小规模的时候或者是私有的情况下,才能以有良知的方式管理公司,但一旦它成为一家大型上市公司,要做到有良知,就算不是不可能,也很难。这显然是一个谬论。我们已经列举了好几个有良知的上市公司的例子。全食超市、西南航空公司、谷歌、帕尼罗面包公司、好市多、诺德斯特龙百货、UPS 公司等,它们都是按照本书中提出的原则来管理公司的。一家大型上市公司没有任何理由不能变得更有良知,或者说不能用同样有良知的方式来管理公司。正如著名环境科学家卢安武(Amory Lovins)所说,"如果什么东西存在,它必然是可能的"。[10]

这种误解是基于这样一种普遍的理念,即大公司都致力于利润和股东价值的最大化,而且法律的立场是反对任何试图改变这一点的人。许多大型上市公司对自己的责任也持这种狭隘的观点,其后果体现在这些令人不安的观察结果中:只有约 19% 的美国人对大公司有信心,而 64% 的人相信小公司。[11]

有些人认为,改变这种状况的唯一办法是改变《公司法》,这样上市公司就可以摆脱利润最大化、股东价值最大化的法定受托义务。[12] 这种观点反映了一种心态:利益相关者之间的权衡取舍是不可避免的。它未能认识到公司本质上就是一个整体,所有利益相关者都是相互依存的,优化长期利润和长期股东价值的最佳路径，同时也能为其他利益相关者创造价值。

只要目光长远，致力于为所有利益相关者创造价值，传说中存在于投资者和其他利益相关者之间的冲突和权衡取舍就会消失。让公司为利益相关者而不仅仅是投资者创造价值，这不需要修改任何法律。每一个上市公司都可以马上用更有良知的方式运作公司。这个问题的本质是提高公司领导层的意识，并且唤起公司变革的意愿。

并不是说这很容易。大公司必须克服许多惯性，打破几十年遗留下来的思维定式。但是阻止改变的障碍并不在法律方面，而是公司过去运营中形成的过时的思维模式。

太多对市场经济的仇恨其实是来自权贵和资本合谋创造的扭曲。在整个经济中，没有行业比金融行业更能体现出权贵与资本的明显合谋，也没有部门比金融部门更迫切地需要提升觉悟，更需要找回公司崇高的目标，更需要理解对利益相关者创造价值的重要性。金融部门追逐短期利润和个人薪酬最大化，同时忽视所有其他利益相关者的哲学，已经被证明是失败的，而且对所有人都产生了极其有害的后果。

然而，事情并非一定要如此。投资人能在整个美国社会创造巨大价值。事实上，在美国的历史上，已经这样做到过。华尔街和所有金融投资者都需要一起来重新发现它们的崇高目标，并开始负责任地为所有利益相关者服务。未来世界的繁荣取决于此。

08

第四类利益相关者，供应商

强大的供应商是一个有强大竞争力的公司不可分割的基础，绝不能把供应商当成是理所当然的。每个公司都应该努力与供应商建立良好的关系，使自己成为供应商喜欢的客户。

CONSCIOUS
CAPITALISM
LIBERATING THE HEROIC
SPIRIT OF BUSINESS

如果没有强大的供应商网络，任何企业都不可能成功。全食超市有几万家供应商，其中大部分供应食品。在门店所在的每一个社区，我们都会采购大量的本地食品，这也是公司供应商数量众多的原因之一。供应商还包括房东、电话服务提供商、电力设施公司、垃圾回收公司，以及需要向其购买商品和服务的任何人。有人甚至认为团队成员和投资者应该归为供应商类别，因为他们为公司提供劳动力和资本。不过，我们最好把团队成员和投资者作为重要利益相关者单独归类。

强大的供应商，公司保持竞争优势的关键

没有一家企业无所不能，所以聪明的企业将关注的重点放在擅长的事情上，剩下的就交给供应商和其他合作伙伴。[1] 全食超市擅长做优质天然以及有机食品的零售业务，创造出美妙的购物环境，并为顾客提供良好的服务。但全食在产品创新方面不是很擅长，而且显然也不擅长农业或制造业。这些都不是全食的核心竞争力，所以我们需要一个强大的、创新的供应商网络来帮助公司开发和供应顾客想要购买的产品。

如果没有跟供应商网络建立良好的合作伙伴关系，企业在竞争中就会比较脆弱。全食超市之所以如此成功的原因之一是一直坚持发展与供应商的合作伙伴关系，这使我们能够为顾客提供许多其他人无法供应的产品。供应商具备高度的创新能力，不断提高产品质量，不断丰富可供顾客的选择。

将当地作为食品来源地在 2005 年左右开始流行，这个趋势演变是一个很好的例子。在短短的几年内，本地的食物在食品店和餐馆大幅度增长。全食超市与数千家新兴公司合作，以满足顾客对这些产品的爆发式需求。现在我们看到竞争对手如西夫韦超市（Safeway）、沃尔玛超市和克罗格超市（Kroger）开始跟上这波趋势。然而，我们建立了一个广泛而高度分散的本地供应商网络，而且起步很早，这让我们在这一领域保持了领先优势。

为了建立企业的竞争优势，使企业获得长期成功，拥有强大的供应商并与他们保持健康的关系至关重要。现在公司给客户提供的价值中，平均高达 70%～80% 是由供应商提供的。[2] 许多公司今天为顾客提供了范围广泛的产品和服务，但是对自己的附加价值并不比以前大，更多依靠供应商。因此，它们的竞争优势在很大程度上取决于供应商的质量和能力。

能力弱的供应商会导致公司相对薄弱。强大的供应商是一个有强大竞争力的公司不可分割的基础，绝不能把供应商视作是理所当然的。

把供应商当成客户

尽管供应商非常重要，但在大多数企业中，供应商仍然是主要利益相关者中最容易被忽视的。每一个成功的企业都知道顾客和投资者的价值；越来越多的人看到团队成员是多么重要；越来越多的企业开始努力对社区和环境承担社会责任。但在大多数情况下，供应商仍然被认为是理所当然的，并没有得到和其他利益相关者同样的礼遇和尊重。

全食超市提供了一个很好的例子，说明企业为什么容易忽视或者片面了解供应商的价值。在理论上，我们总是把供应商视为重要的利益相关者，但在实践中有时会忽略他们。2007年，全食把一些供应商聚集在一起，一名供应商说："我们不觉得全食对我们和其他利益相关者一视同仁，你们的核心价值观或目标声明对供应商只字未提。"听到这些让我们很惊讶，但事实证明这位供应商说的是正确的。尽管全食以作为一个良心企业而自豪，但在对待供应商方面的确是一个盲点。在这个领域，我们显然没有足够的觉悟。必须马上纠正这个错误。改正错误之后，我们清楚地阐明了公司的第六个核心价值观：与供应商建立双赢的伙伴关系。我们明确了核心价值观并孜孜不倦地在公司践行，在过去几年极大地改善了与供应商的关系。

一个好的供应商可以有选择地与客户做生意。任何不善待供应商的企业，也就是不把供应商作为真正的双赢合作伙伴的企业，都不会赢得供应商的忠诚。好的供应商一有机会就会把更多的业务转到更好的客户身上，减少或停止与滥用供应商的客户的业务往来。

每个公司都应该努力与供应商建立良好的关系，使自己成为供应商中受欢迎的客户。大多数公司都希望成为《财富》杂志评选的"百家最佳雇主"之一，都希望以卓越的财务回报，或以为客户提供最高水平的服务闻名于世。企业也应该尽力搞好与供应商的关系，这样才会得到最好的供应商的支持，同时也让公司更具竞争力。要做到这一点，就需要把供应商当作自己的客户一样看待。这意味着要公平地对待供应商，了解他们的需求，确保他们在与你做生意时能够获利，并寻找办法来加强与他们之间的长久关系。

与供应商建立伙伴关系

企业跟供应商的合作可以采用交易模式或关系模式。那些在交易模式下运作的企业在每一个场合都寻求对自己最有利的条件,然而,这样会牺牲许多双方采用长期双赢关系时能够获取的利益。良心企业寻求与供应商之间真诚而互惠互利的持久关系,带来的好处包括长期来看更低的成本、更高的质量、更适应公司的要求、在逆境中更大的韧性、双方风险的降低,以及更多的创新机会。通过与供应商建立更好的关系,企业可以为自身、供应商和其他利益相关者创造更多的价值。

全食超市保持跟顾客的日常直接沟通,可以直接把顾客的意见反馈给供应商网络,比如顾客对产品喜欢或者不喜欢的地方在哪里,产品定价是不是太高了,以及产品的差异化什么时候有价值、什么时候没有价值。同时,供应商也在不断创新,创造新产品和改进现有产品。我们的合作伙伴关系促成了双赢的互利关系,全食超市得到了蓬勃发展,同时也让顾客得到了满足,让数以万计的供应商得到了发展。

所有的供应商都有价值,但有的供应商更关键,应该被视为合作伙伴。当供应商对于建立企业的竞争优势至关重要时,企业应努力使供应商更强大、更有活力。在建立一个供应商网络时,要问这样一个问题:"哪个供应商给公司带来了竞争优势?哪些关系对公司的成功是最关键的?公司怎样才能跟供应商成为更好的伙伴?公司怎样才能创造更多的信任?公司怎样才能更透明?供应商是否认可公司建立一个长期关系的承诺?"

即使你认为与供应商的关系目前对于公司还不是很关键,但是未来必然会如此。例如,从本地的公用事业服务公司购买电力看似是一个常规的交易,但事实上,这可以成为一个有价值的关系。全食超市深化了和一些电力供应商的关系，原因是采用了各种绿色能源技术，如燃料电池、太阳能和风能。全食有些门店现在主要靠燃料电池供电，这主要通过与公用事业服务公司和其他能源供应商的伙伴关系来实现。

如何对待供应商

合作的思维方式与把供应商作为对立面的普遍观点形成了鲜明的对比，在人们的普遍认知中，公司应该把供应商作为对立面，并且以尽量低的价格从供应商那里榨取尽可能多的价值。每一方都试图从对方那里获取更多。谈判就是力量的角逐，就像拔河比赛，强势的一方最终获得更多利益份额。这种思维方式是有害的，对双方及其他利益相关者的福祉都带来了威胁。企业需要与供应商合作并通力协作，为顾客创造价值。与供应商之间良好的沟通、充分信任，以及和供应商共同创新，能为顾客创造卓越的价值，并在市场中获得竞争优势。

在与供应商的合作过程中，不少公司都有过惨痛的经历，还有很多公司因为糟糕的供应商关系面临灭顶之灾。如果供应商被挤压并且被迫给出的折扣超出了他们的财务消化能力，或者是公允的水平，他们短期内没有其他选择，只能勉强同意，但这将严重削弱对彼此的信任。随着时间的推移，供应商可能试图通过降低质量、减少服务或削减安全系数来收回利润，而这一切都会损害客户的业务。

最为人熟知的与供应商关系的负面例子就是通用汽车和供应商在1992—1993年间的关系。在那段时间，通用汽车的采购由洛佩兹（José Ignacio Lopez de Arriortua）负责。洛佩兹对待供应商的方式被认为是反常规而且冷酷的。当通用汽车正在拼命努力实现利润目标时，洛佩兹单方面决定削减对供应商的付款，并且告知供应商，如果不接受降价，通用汽车将不再与他们做生意。在短期内，大多数供应商别无选择，因为通用汽车占其总销售额的很大一部分，如果立即退出这一业务，将给他们带来毁灭性打击。洛佩兹这记狠招在短期内为通用汽车节省了约 40 亿美元，提升了洛佩兹在公司和行业中的地位（华尔街金融分析师也很喜欢）。然而，通用汽车的供应商非常痛恨这种对待供应商的方式。在随后的几年中，部分最好的供应商开始脱离通用汽车的业务，转而专注于更好的客户。最终的结果是，通用汽车失去了许多汽车行业最好的供应商，只剩下那些低价格、低质量而且几乎没有任何创新的供应商。

很不幸的是，这种杀鸡取卵的做法太普遍了。洛佩兹甚至被尊为行业英雄，大众汽车和通用汽车为了让洛佩兹加盟，甚至爆发了一场竞价大战。

全食超市联合天然食品伙伴

培养和加强与最具创新性的供应商的关系，通过他们提供最重要的服务和产品，对于建立公司的竞争优势和持续性成功至关重要。全食超市最重要的供应商是上市公司美国天然食品公司（United Natural Food, Inc., 简称 UNFI），约占全食总采购额的 30%。全食超市也是 UNFI 的最大客户，占其净销售额的 36%。UNFI 同时也为全食超市的自有品牌提供仓储和分销服务。多年来，全食一直稳步加深与 UNFI 的关系，与其签订了 10 年期的合同，但实际上每 5 年就谈判一份新合同。全食这样做是为了长久维持与合作伙伴高度信任的伙伴关系，让 UNFI 相信我们不是在试图利用他们。

坦诚地说，在相当长的一段时间内，全食和 UNFI 的关系并不是很健康，直到双方都承诺成为全面的合作伙伴，才扭转了这种不健康的状况。投资界总是神经兮兮，担心全食超市作为 UNFI 最大的客户，可以在任何时候决定自行配送并让 UNFI 出局。这样的事情如果发生，对于 UNFI 的生意和股票价格都将造成很大的伤害。令人遗憾的是，有一段时间，为了得到更好的折扣，我们常常暗示会这么做。这种不信任和恐惧破坏了双赢的伙伴精神。实际上，发展更丰富、更协同、更高信任度的关系对于 UNFI 和全食超市都非常有利。这会带给 UNFI 确定性和安全感，其最大的客户完全致力于双方的伙伴关系，而且改进后的关系让我们能把更多的配送业务交给 UNFI，从而增强了我们在市场中的竞争优势。

与供应商实现双赢的六种做法

企业有很多机会可以和供应商产生双赢的结果。下面是一些良心企业的做法。

做法 1，发现价值创造的机会

企业应该不断寻找创造性的方法以建立与供应商的互利关系。例如，容器商店集团研究了它的供应商的业务，发现许多供应商进入淡季时，机器会闲置，工人会被解雇。于是容器商店集团就在供应商淡季期间下大量订单。这对于容器商店集团来说成本不高，但对供应商的业务却有显著的积极影响。

做法 2，按时付款

供应商最大的抱怨之一是客户不按时付款。具有讽刺意味的是，客户的规模越大，这一问题越突出。这种常见但不公平的做法在整个供应链中造成了连环的现金流问题，因为被欠款的供应商往往无法及时付款给自己的供应商。良心企业能做到总是按时或提前付款。零售商因为业务有很高的流动性，跟供应商相比有很大的灵活性。小型的制造商经常发现，他们销售得越多，现金流状况就越糟糕。

韩国浦项钢铁公司是《财富》杂志评选出的全世界最受尊敬的钢铁公司，也是全球第四大钢铁制造商。[3] 浦项与所有的利益相关者有着良好的关系，但值得特别注意的是它对供应商的政策导向。浦项在2004年规定公司不仅要按时支付所有供应商的费用，而且要在三天内支付现金。这样做的目的是让合作伙伴保持财务的灵活性，使他们能够按时付款给自己的供应商，从而提高整个业务体系的健康水平。[4]

做法3，公平对待供应商

公平是与所有利益相关者，特别是供应商打交道的一个核心品质。戈尔公司（W.L. Gore & Associates）的首席执行官泰瑞·凯莉（Terri Kelly）说："我们不会无情地压榨供应商的每一分钱，然后再转到下一个供应商，那种做法对公司非常有破坏性。无论是对供应商还是对顾客，在我们的价值体系中，对所有人都要公平。归根到底，我们的信誉至关重要。"[5]

做法4，帮助供应商生存和发展

良心企业经常帮助供应商渡过困难时期。REI的首席执行官萨莉·朱厄尔这样介绍公司的哲学："有些供应商规模很小，我们的业务占到他们生意的很大一部分。在经济低迷的时期，银行不支持他们，而他们确实需要现金流才能生存，因此我们会预付货款，然后将产品存放在我们的仓库里。在这么做的时候我们压根没有想过，'这是不是一个能活下来的公司？这是不是一个对我们的顾客很关键的供应商？他们生产的产品长期来看真的会大卖吗？'我们这么做并非对自己不负责任，而是尽量带着对别人的关心。"[6]

良心企业会投资于供应商，帮助供应商成长。容器商店集团有时会为其供应商购买机器来制造其销售的产品。浦项制铁为供应商提供有重点的长期支持，旨在帮助供应商成为世界水准的公司。浦项制铁成立了一个双赢成长局，指派了23名成员负责监督和协调相关活动，开展了大约67个支持供应商的项目，包括技术援助、低息融资以及人力资源协助。

浦项制铁也有合作伙伴认证计划，对于在技术领先、成本效益、按期交货和持续改进方面符合标准的供应商给予认证。获得认证的合作伙伴将会得到合同的优惠，豁免保证金，被邀请参观海外钢铁公司，并有机会参加浦项制铁的高层管理教育项目。

在全食超市，我们非常高兴看到很多供应商从一家夫妻店起步，逐步发展成为一个大公司。他们的发展很大程度上是因为与全食超市的合作伙伴关系。通常来说，全食超市是他们最大的客户，也是他们最需要的重要客户。我们的许多供应商刚开始的梦想是进入一个门店，然后是几个门店，最终进入整个全食超市，从而成长为一个全国性的公司，跟我们在全国范围甚至世界范围开展业务。诚实茶业（Honest Tea）就是一个很好的例子，它是一家有机瓶装茶公司，1998年开始在全食的华盛顿特区门店销售。该公司的茶产品在这些门店非常成功，并迅速扩展到中大西洋地区的门店。短短几年，诚实茶业的产品进入了全食的所有门店。由于诚实茶业在全食超市的成功，我们的许多竞争对手也开始在他们的门店销售诚实茶业的产品。2008年可口可乐公司以4 300万美元的价格购买了诚实茶叶40%的股权，并开始通过可口可乐的分销网络在全美范围内推广诚实茶业的产品。

做法5，共享财富

浦项制铁在2004年为其一级供应商制订了利益共享计划，这在韩国首开先河。自那时以来，459个供应商合作伙伴分享了大约7 000万美元——他们的几百个创新所创造的新增利润。2010年12月，浦项制铁把这个计划扩展到了二级到四级的合作伙伴。

做法6，在困难期共同成长

在企业都处于好年景的时候，打造双赢的关系更容易一些。当经济低迷时，会出现意想不到的竞争者或者其他一些不幸的事件，导致生意下降。这时对伙伴关系的考验就会真正出现。当企业比较困难的时候，许多企业开始对供应商严苛起来。然而这样做贻害无穷，这种试图将自己的困难转嫁给供应商网络的做法有失公平。这会削弱和损害双方的关系，破坏企业的竞争定位。那些有伙伴意识和协作态度的企业，即使在困难的时候也会按照有觉悟的方式与供应商网络合作，以保持竞争力，并且与供应商共度时艰。

伴随着艰难日子一起到来的也有一线光明：这是一个通过减少浪费和冗余来提高业务效率的机会。企业可以与供应商共同合作，共同检查："哪些额外的成本没有真正为我们中的任何一方或者最终客户创造价值？"过好年景的时候可以按部就班："如果没坏，就不要修。"然而在经济低迷时期，就会出状况。不过经济衰退提供了改进做事方式的机会，因为那时人们不太会抗拒改变和改进。在困难时期形成的精简而高效的商业模式，在经济复苏的时候会带来更强劲的现金流和利润。

霍华德·舒尔茨（Howard Schultz）在2008年初重回星巴克后，发现公司在繁荣时期已经变得相当低效："我们在2008年减少了5.8亿美元的成本，其中大约90%过去一直存在。这些成本没有一丁点儿是为顾客产生的，而且多年来一直存在。为什么非要有一场危机才能让我们有勇气这么做呢？"[7]

良心企业改变了与供应商的关系参数，这些变化会在整个供应链中产生连锁反应。企业应该鼓励供应商也采取类似的方法与他们自己的供应商建立良好的关系。同样，那些供应商看到与良心企业打造双赢关系带来的好处后，应该把这一理念带给自己的其他客户，并且教育他们。以此类推，这种处理客户与供应商关系的有良知的做法，应该广为推广，最终给所有关联公司及其利益相关者带来好处。

09

第五类利益相关者，社区

社区是企业的一个重要的利益相关者，企业要用有觉悟的思考方式来看待社区，并且用经过深思熟虑的行动来创造额外的价值，帮助社区克服社会和环境挑战。

CONSCIOUS
CAPITALISM
LIBERATING THE HEROIC
SPIRIT OF BUSINESS

企业有社会责任吗？对良心企业来说，这是一个奇怪的问题，因为答案显而易见：企业需要承担社会责任。社区利益相关者是一个良心企业的核心组成部分之一。企业存在于当地社区、国家社区、全球社区以及有共同利益的虚拟社区中。无法想象一个良心企业会将自己与人类社会的其他部分割裂开来。

太多人把社会责任等同于慈善事业，慈善事业实际上只是企业社会责任的一小部分。如果一个企业对其投资者、员工、顾客、供应商和环境负责，但拒绝向慈善组织捐款，忽视了重要的社区群体，这样的企业往往会被视为吝啬的企业。但事实上，这些企业仍然通过为其他利益相关者创造价值，从而也为这个世界创造价值。相反，一个企业可能对社区乐善好施，但如果它制造劣质或有害的产品，剥削员工，欺骗供应商，对环境造成重大损害，很难把这样的企业称为有道德或有社会责任的企业。

参与慈善行动，支持企业所在的社区

虽然日常的商业交易为社区创造了重要的社会价值，但大多数良心企业不会止步于此。良心企业认为社区是一个重要的利益相关者，值得用有良知的思考方式来看待，并且用经过深思熟虑的行动来创造额外的价值，帮助社区克服社会和环境挑战。事实上，对许多良心企业来说，这本身就是它们目标的一部分。它们捐出时间、金钱和独特的能力，以多种方式支持所在的社区。

有些人认为这种类型的慈善行为是对投资者的盗窃。他们说："如果你觉得应该对别人无私，那你应该用自己的钱，而不是用并不属于你的公司资产去实践这种利他主义。"对于这种观点，最著名的阐述是米尔顿·弗里德曼在1970年发表的文章《公司的社会责任就是增加利润》："公司有一个而且是唯一一个社会责任，就是去利用自己的资源参与到游戏规则允许的、能够带来利润增长的经营活动中，也就是说，参与到没有欺骗或欺诈的、开放且自由的竞争中。"[1]

乍一看，这个观点是合理的。公司资产确实属于投资者，管理层的职责就是负责任地管理这些资产。在我们看来，这种说法没有错，只不过比较短视。这是因为当管理层明智地参与公司慈善事业时，这完全是一件好事，而且也能为投资者和其他利益相关者带来长远利益。

"慈善事业是从投资者身上盗窃"的论点，是假设投资者与其他利益相关者，包括社区利益相关者之间存在着内在的冲突和权衡取舍。然而，情况并非必然如此。如果企业的慈善事业没有为投资者创造任何价值，投资者当然有权反对不负责任的使用企业资源的方法。管理层必须对企业的经营结果负责，并要负责任地使用企业的资源。

当然，对企业的慈善行为也应该有限制。全食超市长期以来一直有向非营利组织捐赠5%～10%利润的政策。但是会有人问，如果捐出10%的利润很好,那么捐出 20% 不是更好吗?为什么不为了社会的改善而捐赠 100% 的利润呢?很明显,捐赠超过了一定限度之后,过分的慈善会把公司搞垮。一个公司对所在社区的责任感并不意味着它对投资者和其他利益相关者没有强制责任。企业必须优化所有利益相关者的价值。

企业的慈善行为最终需要投资者的批准而获得合法性。聪明的企业所做的慈善将有利于企业、各个利益相关者和整个社会。企业做慈善如果做得足够有智慧,乍看之下似乎是盗窃,但事实上完全相反。

企业公民

"公民身份"是一个恰当的比喻,用来形容企业在社会中扮演的合适角色。良心企业在社区中表现得就像一个负责任的公民。这意味着企业将会帮助解决本地的、国家的,甚至是全球不同的社区所面临的一些问题。大多数企业都有一定的基础设施建设能力和智力资本,可以利用这些资源帮助所在的社区。良心企业经常与所在行业的非营利组织,特别是从事与其核心业务有关的非营利组织合作,鼓励员工参与社区活动。

这种自愿的责任感可能会被误解和滥用。企业存在的目的不是成为社会活动家或者政府的仆人、工具。有些人希望企业就像被皮带牵着的狗一样,唯政府马首是瞻,这是非常陈腐的做法。

做一个好公民并打造企业和社区之间的健康关系,这是一种六赢的方式。因为,如果一个企业用适当的方式履行公民义务,就会为社区创造价值,然后这种价值就能够获得顾客、团队成员、供应商和投资者的支持,而且他们也能从中受益。这种方式能够让企业欣欣向荣。

企业参与社区的方式方法十分重要。一些企业要求团队成员周末参与服务项目来回馈社区。这种做法可能并不恰当，因为许多团队成员并不认为他们从社区拿了什么需要回报的东西，并且对要求放弃自己正当的周末时间而颇有怨言。当企业用这样的方式去服务社区，参与率会很低。但如果能够改变两个条件，效果就会大大好转。第一，社区服务应该在工作日进行，这样公司将贡献团队成员的工作时间，团队成员也将努力为社区做出贡献。第二，计划应该来自真正的、持续的、共同的关注点，而不是自上而下地命令团队成员。否则，这项社区服务会让人觉得有点做作和自私，让人认为设计这些慈善计划只不过是为了让公司看起来更好，而不是真正为满足社区的需要而服务。[2]

良心企业典范

良心企业如何回应悲剧

在印度享有盛誉的塔塔集团有 144 年的历史，也是世界上最受赞赏和最有良知的公司之一，它在 80 多个国家拥有 100 多家分公司，2010—2011 年的总收入达 840 亿美元，全球员工超过 425 000 人。

对一个人或一家公司的真正考验不是在顺风顺水的时候，而是体现在危难时刻。2008 年 11 月，孟买发生了一起恐怖袭击，造成 164 人死亡，至少 308 人受伤。在这个事件中，塔塔集团的标志性建筑，位于孟买南部的泰姬玛哈酒店是恐怖袭击的主要目标。尽管有 11 名酒店员工被杀害，但是更多的员工帮助约 1 500 名客人逃过了一劫。在整个袭击的过程中，没有一个酒店员工放弃职责。许多人一次又一次把客人引导到安全地带，直至自己被恐怖分子开枪击中。有些人甚至站在客人面前挡住子弹。

酒店的总经理卡拉姆比尔·辛格·康（Karambir Singh Kang）是体现泰姬玛哈团队成员的奉献精神最有力的例证。他和家人一起住在这个酒店的公寓里。在恐怖袭击中，辛格·康冷静地指挥数百名被困客人进行撤离。塔塔集团首席执行官拉坦·塔塔（Ratan Tata）后来告诉美国有线电视新闻网："在酒店的一场火灾中，辛格·康失去了他的妻子和两个儿子。我走到他面前，告诉他我是多么难过，他说，'先生，我们会战胜这些困难。我们要把泰姬玛哈酒店修整到原来的样子。我们要和你站在一起。我们不会让这一事件把我们击垮。'"事实上，为了表示对恐怖袭击的抗议，酒店在袭击发生后仅仅21天就重新开业，尽管其中2/3的设施损坏严重。虽然又花了两年的时间这家酒店才把其余部分修复并重新开放，但在此期间没有一个团队成员被解雇。

拉坦·塔塔和公司其他高级管理者出席了11名受害员工的葬礼，并探望了80个受伤或死亡员工的家庭。在20天内，塔塔集团建立了一个新的信托基金，向受伤者和遇难者家属提供援助。塔塔集团建立了一个精神康复中心，与塔塔社会科学研究院合作，向需要帮助的人提供咨询。他们的脚步跨出了这个中心，向孟买南部社区的团队成员和其他人提供食品、水、医疗卫生、急救和咨询服务。

公司为每一位受影响的团队成员指派一名导师，建立一对一的联系，以确保受害人得到所需的所有帮助。对于单独居住在市区的团队成员，公司会把他们的家庭成员用飞机从外地接到孟买，并可以在塔塔集团所属的总统酒店居住长达三周。

塔塔集团向每一名遇难员工家属提供了抚恤金，金额从80 000美元到187 000美元不等。此外，塔塔集团还做了以下工作：

- 保证将遇难员工的住宅提供给其家庭居住。
- 无论金额多少，免除所有的贷款和预借款。
- 承诺按照员工生前最后的工资终身支付。
- 承担遇难员工子女直至大学阶段的教育费用。
- 为所有被赡养人的余生提供全部的医疗健康保险。
- 为每个人提供终身顾问。

塔塔甚至向在酒店附近和几公里外的火车站的遇难者家属提供救济和援助。对塔塔来说，这些人是邻居，公司有责任帮助他们。对这些和塔塔毫无关系的铁路雇员、警务人员、街头小贩和行人，公司向他们每月提供10 000卢比（约200美元）的援助，为期6个月。一名街头小贩的4岁孙女在袭击中被4颗子弹击中。她后来从政府医院转院到孟买医院。塔塔家族在她的治疗上花了几十万卢比。甚至连竞争酒店的员工也得到了塔塔家族的照顾。

当公司的人力资源主管向拉坦·塔塔汇报这个计划时，拉坦·塔塔的反应不是："这要多少钱？我们能负担得起吗？我们是不是开了一个坏的先例？"相反，他问道："我们做得足够了吗？我们还能做什么？"塔塔知道他们需要花几百万美元重建酒店。他们怎么能不进一步帮助人们重建自己的生活，尤其是那些为了让客人幸存而牺牲了自己生命的人？

你如何建立一种团队成员愿意牺牲自己的生命来照顾客人的文化？它肯定不是作为雇员手册中的要求或期望写下来的。正如辛格·康所说："泰姬玛哈酒店的每一个团队成员都感觉是他们自己的家遭到了攻击。当你家遭到攻击时，你会怎么做？无论谁在家里，你都会保卫你的家。我们都坚信的家庭价值观念也是塔塔公司文化的一部分。塔塔集团真正表现出这是一个有灵魂的组织。有机会为这个组织工作令我深感自豪。"

本地公民

为一份有价值的事业写一张支票是成为一个好公民的一种方式,但还有更多的创新方式。全食超市非常认真地对待本地和全球公民责任。每家门店每年会在当地举办三四个"百分之五日",即把总销售额的5%(不仅仅是利润)捐赠给当地的非营利组织。团队成员和当地门店领导决定在社区内支持哪些非营利组织。在开展"百分之五日"活动的时候,全食超市要求所支持的非营利组织鼓励它们的成员在活动当天到超市购买东西,因为那一天5%的销售额将会回馈给非营利组织。这就创造了双赢的局面——全食超市支持非营利组织,反过来它们又支持了全食超市。

这项"百分之五日"活动让全食超市与非营利组织的成员建立了友好的关系。他们可能是第一次来到全食的门店,但一旦喜欢上这里,未来就会定期光顾全食超市。

这种慈善战略为多方利益相关者创造了价值。团队成员喜欢它,因为他们可以贡献自己的努力,并能看到立竿见影的效果,同时也不必放弃自己的时间和金钱。由于团队成员参与选择当地门店所支持的非营利组织,他们也从中获得了满足感。非营利组织的通常做法是在门店里支起桌子,有兴趣的顾客可以与非营利组织的人接触。这对顾客可能是一个双赢,因为他们可能会发现一个自己以前不知道的很棒的社区非营利组织,并因此决定参与其中。来自顾客、团队成员和当地社区的善意也会带来销售额和利润的增长,从而长远来看能为投资者创造价值。

全球公民

在全食超市,我们觉得对世界上所有有合作的社区都应该负有责任。为此，我们创建了两个雄心勃勃的全球性非营利组织：2005年创立的全地球基金会和2011年创立的全儿童基金会（Whole Kids Foundation）。

我们已经得出结论，通过小额贷款项目来减轻贫困，是全食超市支持合作社区最好的办法。最初，我们仅与穆罕默德·尤努斯的开创性小额信贷机构格莱珉信托公司合作。现在全地球基金会与多个在社区提供小额信贷的地方性组织合作。我们进行了深入的研究和尽职的调查，寻找最符合全食价值观的合作伙伴，目前在50多个国家，提供了超过3 500万美元的资本，为超过20万个小额贷款提供资金，平均首次贷款额约为133美元，其中92%的贷款都给到了妇女。这些钱会反向循环，一次又一次地贷出去，然后永久留在这些社区。这些贷款永远不会给全地球基金会带来回报。考虑到偿还贷款的乘数效应和基金会给当地的合作伙伴的资金杠杆带来的额外资金，现在的贷款总额已经超过了1.3亿美元。在短短的7年中，全食已经在多个国家帮助超过120万名穷人改善了他们的生活。我们目前和91个国家有商业往来，其中79个国家有资格参加我们的小额贷款计划。最终，随着全食超市的扩大，我们的商业网络也会扩大，希望有一天能在世界上每个国家都有小额信贷产业贷款。[3]

以有良知的方式做慈善

全地球基金会是一个很好的例子，说明有良知的慈善事业能为投资者带来利益。在提升组织士气方面，也许全食超市历史上所做的一切都比不上这个基金会带来的效果：我们的员工对公司帮助消除贫穷所做的事情感到非常兴奋和自豪。这是慈善事业的典范，为我们的每一个主要利益相关者创造了价值。

全食每年会举办一次"繁荣活动",持续6周,给顾客提供机会,向全地球基金会进行捐赠,以资助小额信用贷款。我们在门店发放宣传册、张贴海报进行宣传。顾客的支持是惊人的。2012年,"繁荣活动"在6周内筹得560万美元。许多了解到全地球基金会正在做的事情的顾客对此感到兴奋。我们的门店甚至在一个地区和整个公司发起比赛,看谁能筹集最多的资金。

员工也很喜欢。我们创建了一个计划,团队成员现在可以去危地马拉、印度、肯尼亚、秘鲁、加纳和巴西6个国家做小额信贷,自愿做2～4周的贷款工作。这些工作人员已经成为公司的微型"和平工作队"(Peace Corps)。公司为他们支付住宿费、餐费和交通费用,他们贡献自己的时间。大多数团队成员都20岁出头,没有经历过全球旅行,也很少看到严重的贫困。但他们是理想主义者,想改变现状。这样的旅行通常是一次转型的经历。当他们回来的时候,就会成为其他团队成员的项目大使。这种影响是巨大的。团队成员对全食超市的崇高目标感到非常自豪。他们觉得公司言出必行,是真心想为这个世界带来一些改变。这个计划不仅对那些被挑选去这个特殊旅行的成员,而且对公司所有的团队成员都产生了积极的影响。这增强了大家的敬业精神,赋予了大家正能量,让大家知道这是一家正在给世界带来积极影响的公司,他们自己就是这个公司的一分子。这个计划非常成功,推动了公司目标的演变。我们现在认为全食超市的一个更高的目标是帮助消除贫穷。5年前我们并不这么认为,但是这个计划改变了我们的想法,扩大了我们的视野。

全食的供应商也因为这个计划而获益。在某些特定的品类中,供应商会彼此竞争以成为供应商联盟的成员,这意味着他们将事先承诺向全地球基金会捐赠一定数量的资金。作为交换,全食在门店里给予他们特别的待遇,为他们的产品开辟一个显著的专门区域,并给予更好的货架位置。全食在每个品类中只会为一个供应商设置专区。这对供应商来说是一个重大的胜利,因为这会促进他们销售额的增加，他们的产品也会被介绍给新顾客。这也是全地球基金会的胜利，因为基金会得到了更多的捐款。此外，供应商的团队成员也可以参加全食的志愿者计划，所以他们也变得更加投入。

这一切对投资者有什么好处呢？这些计划使我们跟其他利益相关者之间产生巨大的善意，也产生了明显的积极公关效应，使更多的社区对全食超市产生了更大的好感。量化这些产出很困难，但估算下来，全食超市投入到这个计划的资金给投资者产生了可能高达 10 倍的回报，包括商业信誉、积极的公关效应、品牌知名度的提升和更高的团队士气，从而带来更高的销售额、利润和公司市值。

当然，以这样有良知的方式做慈善，全食并非独一无二。例如，IBM 推出了自己的和平工作队，即一项名为"企业服务队"（Corporate Service Corps）的计划，将 IBM 公司的志愿者派到发展中国家，运用公司的技术和商业技能去推动当地的社会和经济发展。该计划是 IBM 全球公民组合计划的一部分。IBM 将"企业服务队"作为培养领导者的途径，同时帮助解决重要的社会经济问题。IBM 在宣布该计划 3 周内收到了 5 000 份申请，并挑选了 100 名顶尖的团队成员到加纳、菲律宾和罗马尼亚等国家工作。入选的团队成员来自 33 个国家，在 IBM 平均拥有 10 年的工作经验。

IBM 负责企业公民和企业事务的副总裁斯坦利·里图（Stanley Litow）认为，该计划产生了"三重效益"：通过解决社区存在的现实问题使得社区受益，通过给个人提供领导力培训和发展的示范让个人受益，并且有助于为公司培养新一代的领导者从而使公司受益。[4]

全食超市创建了一个令人振奋的基金会：全儿童基金会。这是公司目标演变的又一个很好的例子。当我们开始深入到健康饮食活动中时，经常被问道:"你们对学生的营养做了些什么?我们的孩子吃的食物那么糟糕,对此全食超市应该做点什么呢?"我们的第一反应是:"为什么大家认为这是我们的责任?我们已经做得够多了。"但是我们的顾客和团队成员指出了让我们进一步深入思考并做出更多贡献的机会。他们不断地追问:"你们能参与到这件事情中来吗?"最后,我们意识到必须听从利益相关者的建议,于是创建了全儿童基金会。

全儿童基金会的活动随着时间的推移而演变,但这个非营利组织的最初重点是支持学校为学生提供更有营养的食物。我们的做法是建设沙拉吧、发放学校菜园补助以及培训教师关于健康饮食的知识。全儿童基金会及其合作伙伴已经资助了全美1 000多个沙拉吧和数百个学校菜园。我们的目标是为美国的所有有这个愿望的学校提供一个沙拉吧,并与这些学校的供应链合作,增加对学生的新鲜蔬果的供应量。不幸的是,大多数学校并没有给学生提供新鲜的东西,供应的东西几乎都是冷冻的,也可能是罐装或者盒装的。孩子们最需要的水果和蔬菜,在学校目前的体系中却没有供应,现有的供应体系在很大程度上是由奶制品、肉类和加工食品产业等特殊利益集团把持。这就是典型的权贵与资本合谋,公司利用政府的力量,以儿童的健康和福祉为代价,来提升自己的商业利益。学校必须改变采购惯例,用新鲜食品代替那些罐装和盒装食物。我们正在与感兴趣的学校合作进行食谱开发,以更大程度地利用本地产品的优势,将学校与更多的新鲜食品供应商联系起来。

我们正在承担的另一项责任是为教师和学生提供营养培训,为学校制订培训计划和培训课程,教授健康饮食的原则。全儿童基金会也正在与"让我们行动"(Let's Move)组织合作,这是美国前第一夫人米歇尔·奥巴马(Michelle Obama)发起的着手解决儿童肥胖症的流行问题的计划。我们将与其他非营利组织和政府合作,努力提高学校的营养质量,加强营养教育。

非营利性组织的盟友

非营利组织在社会中发挥着重要作用,解决了那些企业无法盈利、政府不能胜任的领域中存在的问题。政府行动太慢、太政治化;企业也不能有效地满足社会的某些需求,因为那不能创造一个可接受的投资回报。

非营利组织是由使命驱动的,因此它们对于良心企业中"目标"部分的理解非常清楚。它们和其他企业一样有利益相关者,但它们的目标不是让投资者寻求资金回报,而是让捐赠者从捐赠中获得精神回报,这种回报通常用实现非营利组织使命的进展程度来定义。

令人遗憾的是,许多非营利组织在运作过程中心态不好,造成了运行效率低下,让事情停滞不前,收效甚微。绝大多数非营利组织都依赖商业部门或公民的捐赠才能生存下来,换言之,它们靠自己无法实现可持续发展。良心企业可以帮助非营利组织解决可持续性这个挑战。

错误的墙

许多人认为,非营利组织与政府和企业的目标之间存在着实质性的道德差异。在他们的心目中,有一堵隐形的墙将这些主体分隔开。这些人认为,非营利组织和政府的目的是致力于公共利益,由于这些实体不以赚钱为目标,因此是无私的,是善良的。而企业则被视为是坏的,因为企业被认为是受自私和贪婪所驱动,唯利是图。事实上,对于大多数企业,尤其是良心企业来说,这种描述是不确切的。

非营利组织和良心企业在许多方面都有相似之处:它们都是基于自愿的、非强制性的交换;它们都有崇高的目标,都为所有的利益相关者服务;它们的领导层也有很高的觉悟。良心企业和良心非营利组织都为它们的利益相关者创造价值，因此横亘在它们中间的那堵墙应该被拆除。二者需要合作，共同创造一个繁荣昌盛的世界。

天然伙伴

企业是非营利组织的天然盟友，两者应该携手合作。良心企业在寻求更有效的方法以服务社区利益相关者。良心非营利组织可以利用这种愿望来帮助实现它们自己的社区服务目标。在一个典型的伙伴关系中，企业提供资金、专业技能和智力资本，而非营利组织提供目标、充满热情的工作人员和广阔的人际关系网。这种伙伴关系对于非营利组织和企业来说都是一个双赢的局面，因为它们更高效地为二者共同努力服务的社区创造更大的价值。

例如，全地球基金会与世界各地的数十家非营利组织合作，更有效地发放小额信贷，这些非营利组织拥有相关基础设施，并且有崇高的目标和为此奉献的团队。全食超市为它们提供所需要的资金，以便它们更有效地完成自己的使命。全地球基金会只与那些价值观和目标与全食相一致，而且在其所属领域很高效、很专业的非营利性组织合作。这个精挑细选的过程让全食跟一些国际非营利组织建立了有效的伙伴关系，这些非营利组织正随着全地球基金会的发展而扩展到世界各地。全食与这些非营利组织的伙伴关系就像全食与供应商的伙伴关系。通过协同合作，全食为所有参与活动的组织以及数百万穷人创造的整体价值都得到了大大的提升。

一个致力于社区利益相关者的良心企业创建自己的非营利组织和基金会，并将其业务技能应用于非营利组织，这是自然而然的事情。除了全地球基金会和全儿童基金会，全食还成立了动物爱心基金会，该基金会后来发展成一个名为"全球动物伙伴关系"（Global Animal Partnership）的非营利组织，致力于改善家畜福利。我们将在下一章进一步讨论这个非营利组织。

税收，企业支持社区的重要方式

企业支持社区的一种方式是向政府缴纳许多不同类型的税收。企业承担的税收比任何人知道的都要大得多。美国不仅在全世界拥有最高的、超过39%的企业税收（州和联邦合并），同时企业也负担很多税种，如财产税、雇主税、特许经营权和各种工商税。[5]

在2011财年，全食超市的税后利润为3.43亿美元，但缴纳给各个税收辖区的总税收有8.25亿美元。[6]全食缴纳的税收大约是花在慈善事业上的费用（3 400万美元）的24倍，约净利润的10%，比被允许保留的利润高一倍。如果我们负担的营业税降低，那么其他利益相关者能够获得的就会更多，比如顾客得到的价格会更低，团队成员的工资和福利会提高，投资者的净利润也会更高，而且我们能够为非营利组织提供的资金支持也会相应增加。

企业为社会创造价值

企业追求的目标是利润，而非营利组织和政府追求的是社会福利。与非营利组织或政府相比，很长时间以来，企业一直被认为不那么高尚。这个谬论需要被彻底粉碎。企业为所有的利益相关者创造了巨大的价值，自然也为社会创造了巨大的价值。

作为一个整体来看，企业是世界上伟大的价值创造者，其贡献远远超过了非营利组织和政府部门的总和。非营利组织和政府都依赖企业创造的繁荣和财富，因为企业是所有税收和捐赠的最终来源。

塔塔集团这个非凡的良心企业，其历史比我们所知道的任何企业都要更悠久。从144年前开始，塔塔就一直致力于社区和国家建设。它的企业宗旨是："塔塔集团致力于改善所服务的社区的生活质量。这样做是为了争取获得在所经营业务领域的全球领导地位和全球竞争力。我们回报社会的做法让我们获得了消费者、员工、股东和社区的信任。我们通过经营业务的方式，致力于保护这一受到广泛信任的领导传统。"[7]

塔塔集团不是家族私有的，其母公司2/3的股份由慈善信托基金会所持有。通过这些基金会，塔塔在印度经营两家最大的癌症医院，其中一半的病人得到免费治疗。印度科技学院、塔塔基础研究院和塔塔社会科学研究院都是由这些信托基金资助的。社会责任是塔塔集团DNA的一部分，并非事后的思考或噱头。这已经作为一个原则深深植根于塔塔文化中，没有被当作一个额外的负担，而是做生意必要的成本。[8]

正如泰姬玛哈酒店经理卡拉姆比尔·辛格·康所说："你不会在世界富豪名单中找到塔塔领导者的名字。我们没有一个人名列福布斯富豪榜。我们的领导者不是为自己而存在，而是为社会、为服务的社区而存在。塔塔的创始人贾姆谢特吉·塔塔（Jamshedji Tata）是一个真正的爱国者，坚定为国家建设做贡献。无论是钢铁、水力发电、民用航空还是火车，他都要投资，以构建国家的骨架和基础，让国家屹立其上。"[9]

塔塔经营哲学的前提是企业只有在社会资本的基础上才能蓬勃发展。执行董事R.戈帕拉克里希南（R. Gopalakrishnan）说："我们首先从意识和行为上就把自己作为公民，而不是作为企业。我们的企业信条是，在自由企业中，社区不仅仅是企业的另一个利益相关者，而且是企业存在的根本目标。"[10]

10

第六类利益相关者，环境

环境是唯一沉默的利益相关者。当企业把环境作为一个主要的利益相关者的时候，就必须对自己造成的环境影响负全部责任，并开始设计创新的方法来减轻对环境造成的负担。

CONSCIOUS
CAPITALISM
LIBERATING THE HEROIC
SPIRIT OF BUSINESS

良心企业大都用充满关爱的、创造性的、战略性的思维看待环境。它们认为环境是企业的关键利益相关者之一，并给予其同样的尊重和关注。

环境是唯一沉默的利益相关者。顾客可以自己说话，团队成员、供应商、投资者和社区也可以说话，但谁来代表环境发声呢？通常来讲，仅仅依靠自我选择产生的环保积极分子往往会带有自己的偏见和过滤器，可能无法准确地表达出环境最迫切的诉求。

对于一些公司，如巴塔哥尼亚，环境或地球是终极利益相关者。环境是企业崇高目标的有机组成部分。为了保护环境，巴塔哥尼亚在产品的整个生命周期，包括从构思概念到最终废物处理的整个过程，都关注环境问题。公司的首席执行官凯西·希恩说："我们需要为自己生产的每一件产品负全部责任。我们会提供产品维修服务，回收并且再利用它们，帮助人们在不需要的时候转卖掉它们。我们在努力保护产品中包含的所有能源，而不是把它们扔到垃圾填埋场。"[1]

毫无疑问，我们今天面临着严重的环境问题。虽然有些是自然现象，但大多数是过去 200 年中的快速工业增长和我们获得的更大的社会繁荣所带来的意想不到的后果。这些因素包括淡水短缺和污染、能源的不确定性、渔业枯竭、森林滥伐和气候变化。

人类面临的环境挑战

21世纪的环境挑战与我们在100多年前面临的环境挑战完全不同。但实际上，特别是对于生活在发达经济体中的人们来说，环境在某些方面已经有所改善。人类已经开发出更好的生产能源和处理废物的方法。在电和汽车发明出来之前，多数大城市到处散发着恶臭，烟雾弥漫，肮脏不堪，煤灰满地。街道上到处都是马粪，人类的排泄物随处可见，处处可闻。在大多数地方，公共用水的干净程度令人怀疑。森林被不断砍伐以作为燃料，或者被改造成为农田。鲸脂是油灯燃料的主要来源，因此鲸鱼被捕杀到濒临灭绝。幸运的是，人们很快发现了如何把石油作为能源，此后不久，电灯和内燃机发明了出来。街道变得更加干净，家园和建筑物变得更加健康和舒适。

我们今天面临的挑战极其不同。在1800年，地球上的人口数量不到10亿，每人每年平均生产和消费的产品和服务约为650美元。[2]就算按照这个数字去满足人类在衣食住行各方面所需要的物质，似乎还是超过了地球可以轻松支持的数量。今天世界上有超过70亿人，每人每年生产和消费价值约8000美元的商品和服务（按照1990年的美元国际单位计算）。[3]总计大约是每年56万亿美元的经济活动，和1800年约6500亿美元相比，增加了86倍！

让我们展望未来50年。如果按照联合国的预测，全球人均GDP年增长3%，假设那时地球上有96亿人口，按照1990年的美元单位计算的话，经济活动总量将超过300万亿美元一年。[4]如果再展望未来100年，假设人口稳定在100亿人左右（正如许多人口统计学家所预计的），到2110年全球的 GDP 将超过 1 500 万亿美元，或者说是今天的 27 倍。[5] 如果人类继续按照过去的方式工作和生活，无法想象我们的星球如何支持这么多的生产和消费。

当然，我们不会继续以同样的方式工作和生活，因为人类能够找到解决旧问题的新方法。为了解决今后几百年人类共同面临的众多环境挑战，我们需要比过去更加富有创造性和创新精神。这意味着我们必须更好地创造大规模发挥人类聪明才智的条件。

企业要对其环境影响负责

我们都是环境的一部分。我们生活在环境中，环境和我们彼此相互影响。一个人在活着的几乎每个时刻，环境都在通过他呼吸的空气、喝的水和吃的食物影响他。我们对环境的诸多影响不会消失，它们会延续到未来。如果我们污染了空气和水，那就必须呼吸被污染的空气，饮用被污染的饮用水。如果我们滥伐地球上的森林，那将给子孙后代以及那些和我们共享地球的所有物种带来毁灭性的影响。

企业必须对自己造成的环境影响负全部责任，并开始设计创新的方法来减轻对环境造成的负担。当我们把环境作为一个主要的利益相关者的时候，就会像对待其他利益相关者一样，努力去寻找六赢的解决方案。这种专注于发展六赢策略的心态必不可少，而且不能像某些人一样，把企业的环境责任和管理看作某种负担或牺牲。企业对其他利益相关者不应该有权衡取舍，良心企业在环境方面也应该拒绝权衡取舍的做法。良心企业会寻求减少对环境的影响的方法，同时努力提升与顾客的关系，提高团队成员的士气，降低经营成本。所有这些努力对于投资者来说都很了不起。这里有两个简单的例子：

如果企业变得更加节能，企业就能够省钱；企业为了降低产生的废物数量，就会在包装和一次性产品上花更少的钱。这两种做法都对企业有利，对环境有利，对所有其他利益相关者也有利。

对待环境的有良知的方式

在承认环境是主要利益相关者之后，第一步就是要更加意识到人类对环境的全面影响，并对自己的行动负责。这是有良知的一个基本特征。如果我们意识到我们行动的所有后果，却无视这些消极的影响，或者继续辩称这是在创造其他价值时产生的不可避免的副作用，都是不可接受的。

在地球上发生的大部分环境危害并不是故意造成的。大多数时候，批评家们把发生的一切描述成了一个道德故事，在这个故事中，邪恶贪婪的企业心怀恶意，处心积虑破坏环境。这在99.99%的情形下都是不真实的。这样看待问题的方式不仅是错误的、不公平的，而且适得其反。与之相反，我们必须看到，大多数环境危害都是出发点很好的行动产生的意想不到的后果。这些活动包括为顾客创造所需的商品和服务，为团队成员提供工作机会，向供应商购买所需的原材料，等等。

我们需要创造性地、综合地处理关键的环境问题。全球变暖或气候变化已经引起广泛关注。整体来讲，我们近年来过度关注气候变化问题，而忽略了其他重要的环境挑战，比如淡水供应、空气清洁、海产品的可持续性、饲养动物对生态环境的影响、滥伐森林和土地荒漠化。

全食超市的环境保护实践

全食超市参与了一些重要的环境倡议,包括支持更可持续的农业形式,如有机农产品和本地农产品;从根本上努力减少能源足迹;倡导绿色建筑;以及在门店中提倡零排放。我们没有足够的篇幅详细讨论全食超市参与的所有环保活动,所以我们着重讲述三个最重要的方面:更可持续的畜牧生产、动物福利和海产品的可持续性。

可持续的畜牧生产

地球面临的许多最严重的环境问题与全球畜牧生产密切相关。2006年,联合国粮食及农业组织(FAO)发布了关于这些问题所带来影响的长篇报告,题为《畜牧业的巨大阴影》(*Livestock's Long Shadow*)。这份报告记录了一些让人震惊的统计数字:

- 整个地球陆地面积的30%被用于动物生产。
- 所有收获的谷物中33%用于饲养牲畜。
- 所有收获的大豆中70%用于饲养牲畜。
- 70%被砍伐的亚马孙雨林用于放牧。
- 美国33%的水污染是因为畜牧业生产造成的。
- 18%的温室气体来自畜牧业生产,超过所有运输方式产生的排放的总和(14%)。[6]

其他研究还发现,饲养作为人类食物的动物消耗了美国所有用水量的一半还要多。生产1磅肉需要大约2 400加仑的水,但生产1磅小麦只需要25加仑。[7]美国人平均每年消耗273磅肉。① 在美国,作为食品的动物产生的粪

---

① 1磅≈0.5千克,1加仑≈4升。——编者注

便数量是人类产生的粪便量的 130 倍以上。[8] 自 1980 年以来，全球生猪和家禽生产已经翻了 4 倍，牛、绵羊和山羊的生产已经增加了一倍。联合国粮食及农业组织预测，到 2050 年畜牧业生产将再次翻倍。[9]

此外，有清晰的数据记录显示对动物产品的大量消费让人类健康付出了代价。这些数据显示，大量消费动物食品与肥胖症、糖尿病、心脏病和癌症存在高度的相关关系。[10] 全食超市正在做一些事情，试图减轻重度肉食对环境和人类健康造成的高度影响。

- 全食正在教育顾客和团队成员，让他们了解以植物和有机食品为主的饮食结构在健康方面的优势。虽然全食并不直接提倡素食，但鼓励每个人吃更少的动物食品，吃更多的全植物食物，并专注于蔬菜、水果、全谷类食品、豆类、坚果和果实。研究表明，主要吃全植物食物可以预防和逆转许多由生活方式造成的致命的疾病。
- 全食不断地开发在非工厂条件下饲养的动物性食物来源，特别是 100% 喂草的牛肉、羊肉，以及牧场饲养的猪肉和家禽。我们相信，以这些方式饲养的动物造成的环境破坏要小得多，而且对人类健康也有利。
- 全食已经把改善动物福利状况列为高优先级的工作。

动物福利

全食超市特别关注牲畜的养殖方式。世界上的牲畜数量远远多于人口数量，而且是多出几个数量级。每年仅在美国就大约有 100 亿只陆地动物（其中 90 亿是鸡）和大约 510 亿只海洋动物被作为食物宰杀。在世界范围内，每年有近 600 亿只陆地动物被作为食物宰杀。[11] 绝大多数这些动物都没有机会过上最简单、最基本的好日子，就是那种任何人都可以客观描述出来的好日子。牲畜被视为肉和奶的制造机器，而不是与人类共享地球的有知觉的生物。工厂化农业的整个重点一直是降低成本和提高生产率。除非动物福利会以某种方式影响到生产力，否则动物的福利就会完全被人忽视。

全食超市认为这是一个严重的伦理和环境问题。我们拒绝出售拴鼻饲养的小牛肉、取自强制喂养的鹅身上的鹅肝、使用妊娠箱饲养的猪肉，以及笼养鸡生产的鸡蛋。全食超市坚决致力于创建替代工厂化农场牲畜饲养的方法。过去几年，经过大量的研究，我们针对集中饲养动物制定了一系列的动物福利分级评定标准，并且成立了全球动物伙伴关系组织来监督这个认证。整个认证有6个级别，从第一级（没有箱子，没有笼子），到第五级以上（动物福利是首要问题，不允许对动物造成身体伤害，动物的一生都在同一个农场度过，并在农场被屠宰）。

全食已经创建了一个体系，触发上游产业竞相改善动物福利，这就是一个六赢战略的好例子。供应商希望获得更好的评级，因为这会带来正面的产品宣传、品牌的提升以及潜在的更高产品价格。供应商天生具有竞争性，他们希望获得最好的评级，并因此努力改善在动物福利方面的做法。这对顾客也是有益的，顾客知道和普通超市相比，自己买到的动物产品来源于在更安全、更健康、更人道条件下所饲养的动物。这对动物也有好处，因为它们得到了善待，过上了压力较低并且健康的生活。投资者也能从中受益，因为全食提供的肉类产品有更好的差异性，进而提高了竞争优势。团队成员对公司改善动物福利的承诺也感觉很好。

海产品的可持续性

全食超市还认为，海产品的可持续性是一个严重的环境问题。许多主要的海产品捕捞已经超过了可持续的程度。全食正在与海洋管理委员会（Marine Stewardship Council，简称MSC）合作，购买被证明是可持续的海产品（也就是说这些产品来自以可持续方式进行捕捞的渔场）。我们还与蒙特雷湾水族馆（Monterey Bay Aquarium，简称 MBA）和蓝色海洋研究所（Blue Ocean Institute，简称 BOI）合作，以提高顾客、团队成员以及媒体的意识，掌握方法分辨哪些物种是最不可持续的。全食销售的所有海产品都会打上 MBA 和 BOI 的标签以及 MSC 的评级，使用基于可持续发展程度的颜色编码系统。2012 年，全食在门店内淘汰了所有的红色品种（表明可持续性低到了危险的边缘）。

有趣的是，在开始关注海产品的可持续性之后，我们能够较快地找到几个可持续的替代品。这验证了"人们往往能够发现或创造出想要得到的东西"这一准则。大西洋鳕鱼就是一个很好的例子，在前哥伦布时期它曾经是数量丰富的物种。美国的新英格兰地区和加拿大东部渔业主要依靠鳕鱼。但是鳕鱼储备在过去 400 年的时间内下降了 95%，现在按照 MBA 和 BOI 的标准，鳕鱼已经被认定是一个红色种类。[12] 这对全食的门店，尤其是波士顿地区的门店来说是一个很大的挑战。新英格兰人吃鳕鱼的习惯已经有数百年，他们对此已经习以为常。在从门店中淘汰了所有的红色评级的物种之后，全食的采购和海产品小组齐心协力寻找可持续的鳕鱼渔场。令人高兴的是，至少有一个渔场正在得到 MSC 认证。未来，随着对可持续问题的觉悟的提升，我们将会看到更多以可持续方式管理的渔场。

其他企业的环境保护实践

企业在推动解决许多环境问题方面发挥了主要作用。事实上，除非企业充分致力于通过创新来解决环境问题，大多数环境挑战都难以解决。不久前，大企业还被环保运动视为头号敌人，如今，在政府和社会无法取得很大进展的时候，许多大企业反而成了代表希望的灯塔。随着企业变得更加有良知，这种演变趋势会进一步加速。相信随着时间的推移，人类将开始恢复地球作为自然栖息地的生命力。

以下是一些企业正在推进创新举措的例子，它们展示了前进的道路，并激励其他人跟随它们前进。

3M 公司

3M 公司长期以来一直是降低企业对环境影响的先锋。过去，3M 公司旗下的许多企业生产的产品对环境是有害的。为了积极主动地应对这一挑战，3M 公司在 1975 年推出了污染防治支出计划，即广为人知的 3P 计划。该计划的目的是在产品设计和制造过程中防止污染，远远走在了时代前面。3M 公司估算，3P 计划预防了 140 万吨的污染，为公司节省了近 14 亿美元。3M 公司采取的措施有产品重新设计、工艺修改、设备再设计、废料的回收和再利用等。公司团队成员自愿参与 3P 计划并且在 35 年内完成了 8 100 个项目。该计划赢得了许多奖项，尽管不同国家的防污染法规有差异，这个计划还是在世界范围内得到了支持。有趣的是，3M 公司发现，3P 计划产生的新工艺往往能创造出更多的创新产品。例如，在 3M 公司位于明尼苏达的亚历山大工厂采用了一种新的制造砂轮衬垫的工艺，提高了产品性能，减少了空气排放和成本。环境友好的产品处理起来也更容易，成本也更低廉。[13]

UPS 公司

UPS 公司长期以来一直高度重视对环境的影响，并通过领先的可持续性做法获得了许多商业利益。UPS 公司不断地采用最先进的技术，利用所有可用的技术使其运营更高效。在 2010 年，UPS 公司利用远程信息技术和 GPS 技术，使投递的包裹比前一年增加了 350 000 个，而每天行驶的里程却减少了 85 000 公里。其著名的"不左转"政策减少了事故风险和交通延误，同时每年减少了 3 000 万公里的行驶里程。UPS 公司还与客户合作缩减产品的包装尺寸，小包装盒意味着更少的不可持续包装填充材料和更少的运输行程。[14]

浦项制铁

韩国钢铁制造商浦项制铁自成立以来一直致力于最大限度地减少对环境的影响。它们在位于浦项的钢铁厂内种植了 200 多万棵树，让那里的空气质量和工厂建成前一样优良。工厂的主要入口处张贴着令人鼓舞的标志："资源是有限的，创造力是无限的。"

对于像浦项制铁这样在生产过程中使用大量能源并产生大量二氧化碳的公司来说，低碳、绿色增长是巨大的挑战。浦项制铁一直试图把这种潜在的威胁转换成为机会，公开致力于成为"全球绿色增长的领导者"，大力在全世界推动碳战略管理。[15] 值得注意的是，浦项制铁已经开发出一种新的钢铁生产过程，称为"熔融还原炼铁"（FINEX）技术。与传统的高炉相比，这项技术减少了超过 95% 的污染物排放（如二氧化硫和二氧化氮），降低了 15% 的成本（包括更低的能耗）。值得称赞的是，该公司宣布将向竞争对手发放技术许可，这样整个钢铁工业就可以减少污染，提高能源效率。

沃尔玛

环境方面最令人鼓舞的进展之一来自沃尔玛。最初人们认为这仅仅是一种使公司免受环境保护者批评的做法，但是现在这种做法已经具备更广泛的意义。沃尔玛采用了许多举措，不仅对环境产生了积极影响，而且还节省了巨额资金，在某些情况下也创造了新的收入。沃尔玛比大多数大公司更早就意识到，一个强大的企业有优势采取措施来增强环境的可持续性——那些不依赖政府补贴或其他奖励计划的可持续性措施。沃尔玛利用其庞大的规模和实力不仅改变了自己的做法，而且改变了其供应商和许多竞争对手的做法。[16]

以下是沃尔玛采取的一些措施：

- 自 2005 年以来，沃尔玛的碳足迹减少了 10% 以上，卡车车队的碳排放量也大幅度下降。主要通过安装节能照明和制冷设备，使用更好的燃料，优化卡车的使用效率，以及规划更好的运输路线。
- 在中国和美国，沃尔玛已经帮助供应商将碳排放和能源成本降低了 20%～60%。
- 通过实施减少包装这一重大举措，在运输和材料成本上节省了数亿美元。沃尔玛计划继续缩减其产品的包装，并且让大多数包装可回收利用，这些努力预计将节省 34 亿美元。例如，沃尔玛要求其洗衣粉供应商缩小洗涤剂瓶的尺寸，节省了大量的水、塑料、纸板和柴油燃料。
- 沃尔玛设定了一个雄心勃勃的目标，将送至垃圾填埋场的废弃物减少到零，在试点项目中，已经将其在加利福尼亚产生的垃圾减少了 81%。沃尔玛正在为以前被送往垃圾填埋场的废弃物寻找新用途，例如将塑料废料转化成狗床，把食物垃圾制成复合肥料。现在沃尔玛每年能从以前花钱扔掉的废弃物中赚取大约 1 亿美元。

企业一定能找到环境问题解决方案

当然，还有很多严重的环境挑战正在等着我们。这些挑战让人倍感压力，这样庞大的、日益增加的人口给地球造成的后果实在是太可怕，我们中的许多人都不用说如何去扭转环境的质量，对于是否能够终止这种环境质量不断恶化的进程就已经感到悲观失望。

然而，同样也有理由保持乐观。大多数人不知道，在过去100年中，人类在改善环境方面取得了相当大的进展。今天美国的空气比100年前，甚至30年前要干净得多。在过去30年中，由于明智的政府政策，洛杉矶的空气质量有了显著的改善。政府制定了政策法规，强制要求汽车使用尾气催化转化器，逐步淘汰了含铅汽油，这些举措消除了汽车尾气的污染。因为空气属于每个人，处理这样的产权问题是政府理所应当的职责。

因此，我们能够取得进展。事实上，在最近几年我们已经取得了进展。许多读者会记得20世纪七八十年代严重的酸雨现象。发电厂排放的二氧化硫与大气中的其他气体相结合，产生比正常情况下酸性更强的雨。许多植物和鱼类开始死亡，人们担心酸雨会破坏全世界的生态系统。为了解决这一问题，美国通过了一项建立二氧化硫交易体系的法律。尽管许多公司和环保人士提出抗议，但该制度建立了以市场为基础的机制，有效地和其他激励机制协调一致。每家公司都获得一定程度的污染"权利"以支持其经营。超过这个限度，公司就得为此缴纳罚款。如果公司安装了防污设备（称为洗涤塔）减少排放量，还可以向那些在设备方面没有投资的公司出售闲置污染权。随着更多的公司开始安装洗涤塔，由此产生的规模经济导致洗涤塔成本不断下降，引导越来越多的公司开始安装该设备，形成了良性循环。最终，洗涤塔的成本仅为预期的1/10！二氧化硫的排放量减少了一半以上，被酸雨破坏的生态系统得到了很好的恢复。[18]

还有美国森林资源的再生。美国大部分的森林砍伐发生在18世纪和19世纪，那时拓荒者们砍光了森林以开垦农场。在1920年到1990年间，美国的森林覆盖率保持稳定。自那时以来，森林覆盖率稳步上升，每年约有80万公顷的土地被归还森林。现在美国森林中产出的木材比50年前增加了

40%多。由于森林覆盖率的增加，一些科学家估计，美国现在的碳排放吸收量和排放量一致。[19]

当然，全球范围内的森林滥伐仍然是一个大问题。然而，美国的经验表明可以为这个问题找到有效的解决方案。全世界的经验是，随着国家变得更加富裕，环境条件就能得到改善。这种模式显示，当人均收入在2 000美元到8 000美元之间时，经济增长对环境不利，但超过了这一临界点，经济发展对于环境就会变得有益。这是因为生活水平较高的人期望并要求一个更清洁的环境，只要有这个目标，通常都能够达到。[20]

用对环境的关爱替代对环境的恐惧

一些环保人士拒绝承认企业对环境的积极影响。他们坚定地固守生态环境面临世界末日的信念，不愿意打开思想，改变观点。许多人还认为，恐惧是最有效的动力，并且认为要让人们保持恐惧，以防止自满。然而，恐惧也会让创造力短路，阻碍创新及问题的解决。当我们依赖恐惧时，最终会导致在情感上退缩并且情绪失调。这种情况已经在许多环境问题上发生了。

从长远来看，与对所有利益相关者一样，公司必须出于对环境的爱护和关怀来处理环境问题。如果是出于恐惧，我们可做的事情很少。与持续的恐惧和内疚相比，关怀和爱护是解决环境问题的更好策略。

我们将以解决其他挑战的方式来解决所面临的环境挑战：提高觉悟、鼓励创造性和创新、认可和奖励高尚的行为。其中，政府的作用至关重要。政府必须制定健全的、经过科学验证的环境法规，并确保不能以牺牲更多有良知和有责任心的公司为代价来成全不讲道德原则的公司。我们需要建立一个社会免疫系统来隔离和排斥对待环境有害的、不可持续的做法。

我们有能力扭转这个星球上面临的环境问题。让我们停止绝望和相互指责，行动起来，以一种有良知和关爱的方式对待我们共同的星球。

11

第七类利益相关者，外围的利益相关者

竞争对手、激进主义者、批评者、工会、媒体和政府是企业外围的利益相关者。当利益相关者之间存在冲突时，如果我们能用有创造性、有建设性的方式应对，它将是积极变革的重要触发器。

CONSCIOUS
CAPITALISM
LIBERATING THE HEROIC
SPIRIT OF BUSINESS

企业的所有利益相关者都很重要，但有些人对企业的成功比其他人更为关键。一个公司如何设定利益相关者的优先级取决于公司的类型。一个公司的主要利益相关者对于另外一个公司来说可能是次要的利益相关者。最重要的利益相关者，即我们所称的主要或内圈的利益相关者，其主要的特征是愿意与本组织进行自愿而且互惠的交流。

因此，顾客、团队成员、投资者、供应商、社区和环境通常被认为是主要的利益相关者。可以说有一点是可能产生争议的，即环境并不是"自愿"交换的，因此不应该被包括在内圈。然而，因为环境对所有人都有着明确的重要性，我们依然将环境保留在内圈。竞争对手、激进主义者、批评者、工会、媒体和政府也应被视为利益相关者，因为它们会对企业产生影响，也可能影响内圈的利益相关者。由于它们不经常与本组织进行自愿的、互惠互利的交换，我们把它们描述为外围的利益相关者。对于一些企业来说，工会和政府可能被视为主要的利益相关者，并且归为内圈利益相关者。

竞争对手

大多数企业并不把竞争对手作为利益相关者，而是当作市场中该被粉碎的敌人。在考虑竞争对手时，企业通常使用战争来比喻。但是，把竞争对手作为追求卓越的同盟者，才是更具建设性的思考方式。优秀的竞争者能够帮助公司改善和发展，因为他们为利益相关者提供了替代选择方案。竞争者可以使企业摆脱自满情绪，避免做出差劲的行为。竞争对手的创造和创新活动，能让企业想出自己可能没有想到的想法、战略、产品和服务。

这种建设性的观点是基于从竞争对手身上能学到什么。我们可能会从强有力的竞争对手身上学到很多东西，竞争对手同样也可以这么做。大多数公司倾向于对竞争对手持批评态度，专门盯着对手做得不好的地方。毫无疑问，许多竞争对手所做的事情比较愚蠢或战略上不明智。但当企业对竞争对手采取批评态度时，企业的领导者就会变得傲慢自满。带着这样故步自封的思考方式，他们就不可能学到任何东西。

对待竞争者更好的态度是关注他们做得正确的地方，做得比自己好的地方。这需要特别高的情商、自我意识，并且能谦逊地认识到，如果竞争对手真的优秀，那么它们可以教会我们，帮助我们的组织变得更好。

每一个优秀的企业都是通过自己的创新和创造性的模仿来改进的。这是一个聪明的公司的做法。在全食超市，当竞争者比我们做得更好时，实际上会让我们变得兴奋起来。我们并不认为承认竞争对手在某些方面比我们优秀会是一个威胁，我们反而把这当作一个改进的机会。我们喜欢进入竞争对手的门店，看看他们做得特别好的地方。我们常常能够吸收竞争对手的创新，并比他们更快地进行大面积推广。这是因为我们发展了一种强大的组织能力去吸收新想法，进一步发展并改善这些想法，然后在公司范围内迅速推广。

这个想法来源于哪里并不重要，它可以来自团队成员、顾客、供应商或竞争对手。

山姆·沃尔顿（Sam Walton）是沃尔玛的创始人，他被广为称道的做法是经常走访竞争对手，了解对手做得好的地方，并且利用他们发现的东西来改进沃尔玛。沃尔顿会要求沃尔玛的经理去走访其他的商店，直到发现了一件竞争对手做得更好的事情后才回来。沃尔顿在自传中写道，他在凯马特公司的门店花的时间可能比那家公司的首席执行官还要多。[1] 相反，凯马特公司从来没有用相同的方式向沃尔玛学习，这也就是为什么沃尔玛如此成功而凯马特公司却黯然消失。

竞争对手具备帮助我们学习和成长的潜力，这是他们被视为利益相关者的主要原因。从这个意义上说，竞争对手和我们一样，我们的生意对他们也有利害关系。就像在同一联赛中的运动队一样，我们互相促进，发挥潜力。如果我们和对手将彼此视为学习和成长的机会，那么这将造就双赢，两家公司都可以像他们的顾客和其他利益相关者一样从中获益。

如果竞争对手在更广泛的目标上与我们存在一致性，那么他们也可以成为我们同一旅程的同路人。我们经常被问到沃尔玛进入有机食品行业后对全食的影响。一方面，这当然使全食的业务发展更加困难。沃尔玛是一个强大的竞争者。该公司不仅迫使我们变得更好，而且要更快地创新，让我们自己实现差异化，开发出沃尔玛不会出售的产品，我们必须以使我们蓬勃发展的方式保持不断的进步。

从另一方面来看，沃尔玛进入有机食品业务可以被视为对全食目标的验证。事实上，沃尔玛帮助全食更好地实现了这一目标。全食更高的目标包括推广可持续农业以及让健康食品成为人们饮食的重要组成部分。如果 25 年前有人告诉我们沃尔玛有一天会出售有机食品，我们是不会相信的。沃尔玛正在这样做，这证明了全食和有机品类已经有了长足的发展，而且也宣告全食已经成功地打入了主流。从这个角度看，沃尔玛拥抱有机食品对全食和全世界都是大事。

激进主义者和批评者

激进主义者和批评者也可以被看作企业的竞争对手，他们用不同的想法和价值观跟企业进行竞争。我们要承认他们看到了企业不了解或看不到的事情，这是一种清醒地看待激进主义者和批评者的方法。他们提供了另一种方式来看待企业。你不必接受这些想法，事实上，如果他们的想法明显是错误的、不切实际的，或者违背你的崇高目标，你可以完全否定他们。但是，就像与竞争对手和其他利益相关者的接触一样，与激进主义者的接触也很重要。他们也为企业提供了学习和成长的潜在机会。正如艾德·弗里曼所说，"每个激进主义者的背后都有一个新的商业理念"。

我们并不是说与持敌对态度的激进主义者和批评者接触是一件有趣的事，听凭对你毫不关心的人来苛责你肯定是不愉快的。他们可能不喜欢你，对你也没有任何关爱的想法，他们甚至会认为你是邪恶的坏蛋。然而，他们往往也具备一些有价值的洞察，可以帮助你的企业取得进步。

2003年动物权利保护者出现在全食超市年会并提出抗议，试图迫使我们停止销售一个供应商的鸭肉。他们分发的一些小册子在我们看来包含一些不准确的信息，他们向任何愿意倾听的人诋毁全食。起初，我们对他们在那里搞事很生气，毕竟这是我们与股东的年度会议，这些激进主义者试图绑架这个会议。这些人并不关心全食超市。他们可能买了一两股股票作为进入年度会议的入场券,但他们到来有自己的意图。他们试图恐吓和胁迫我们,没有人喜欢这样。

尽管如此,作为首席执行官,会议结束之后我跟其中的一个激进主义者劳伦·奥尼拉斯(Lauren Ornelas)展开了对话。当时,我相信全食超市拥有在美国任何食品零售商中最好的动物福利标准。我们的对话在接下来的几个月里继续以电子邮件的方式进行。劳伦告诉我,她可以看到我良好的用心和理想主义,但她也说我在动物福利方面非常无知。她让我去多学一些:"你需要更好地了解情况。你是一家大公司的首席执行官,坦率地说,你并不知道你自己在说什么。"我十分错愕,她的话相当刺耳。但我还是接受了她的挑战。那年夏天,我自学了十几本关于畜牧业和动物福利的书。到夏天结束时,我意识到劳伦是完全正确的,并认识到我过去的确很无知。我被我所学的东西吓了一跳,开始清楚地认识到,她对肉类工业所做的许多指控都是准确的。因为这个经验,我改变了自己的饮食习惯,成为一个素食主义者。但我也希望全食超市开始和这些动物福利积极分子共同携手,这样他们就能帮助我们改善我们的福利标准。我觉得全食有责任把工作做得更好,挖掘那些更好地照顾动物的供应商。

正如前面所描述的那样,这是全食有意识地朝着更关注动物福利方向发展的开始。全食超市已经通过全球动物伙伴关系组织接受了动物福利评估计划,我们的客户也接受了同样的计划,竞争对手也有兴趣与全球动物伙伴关系组织开展业务。我们正在目睹可能的饲养动物福利计划开始启动。如果激进分子当时不来我们的年会,让他们自己变成令人讨厌的人,与我们当面对峙,或者如果我们当时请求警方把他们当作麻烦制造者而拉走,那么这些事情是不会发生的。相反,通过主动、公开的方式与他们接触,全食逐渐完善起来。在过程中,我们学到了,也成长了,结果是全食变成了一家更好的公司。

工会

工会是一类有趣的利益相关者。在美国，与激进主义者一样，企业和工会之间的敌对关系由来已久。长期来看，这些冲突对企业的所有利益相关者，包括工会和他们所代表的团队成员都非常有害。企业如果要实现彻底的蓬勃发展，必须形成六赢的合作伙伴关系，为所有利益相关者创造价值。这需要企业和工会的领导者变得更加自觉，并且拥有合作精神和伙伴意识。

美国工会在19世纪初至19世纪中叶开始发展起来，以应对工业革命初期经常出现的恶劣的工作条件。当时工人没有什么权利，企业主也不愿意给工人任何权利。早期工会活动在劳方和资方都涉及大量的暴力。最终，工厂化生产的发展带来的大规模混乱以及工作中的不平衡，让工会应运而生，因为工会能够通过谈判取得更好的薪酬和工作条件。

毫无疑问，工会的出现主要是因为企业没有把工人当作人来关心。工人经常被视为一个工业机器上的齿轮，极少有企业重视工人的福利和幸福。

随着工厂系统在19世纪和20世纪中叶的发展，工会的力量变得强大起来。到20世纪中叶，美国的工业部基本上都组织了工会。私营部门的工会成员在1945年达到顶峰，为36%，但此后下降到仅有6.9%。[2] 联邦雇员以前是不能参加工会组织的，直到肯尼迪总统在1962年发布了一项行政命令，允许公共部门的雇员组成工会维护自身权益。此后，公共工会大幅增长，现在占所有公共部门雇员的36%。[3] 有一些强有力的论据证明，公共工会正在极大地增加政府的成本，并威胁到许多地方、州和联邦政府的长期偿债能力。[4]

全食超市拥有超过6.7万名员工，但没有人组织工会，尽管事实上公司的工会化程度非常高。从某种意义上说，工会与公司竞争的是团队成员的思想和心灵。我们的信念是，如果一个公司关心团队成员，为他们创造价值，并把他们作为关键利益相关者对待，在这方面工作做到位，公司就可以成功地避免工会化。良心企业知道，善待自己的员工是正确的行事方式，不需要任何人强迫就能做到。如果一个公司带着利益相关者的理念运营，如果团队成员被视为重要的利益相关者，他们在工作中得到丰厚的薪酬、获得快乐并茁壮成长，那么他们根本就不需要工会。

那些已经有工会的公司应该努力与工会有建设性的接触，而不是视工会为对手。企业应该承认工会是本组织的利益相关者，并且和其他利益相关者一视同仁，寻求双赢的结果。西南航空公司是一个很好的例子，它与工会建立了积极的、双赢的关系。西南航空公司的经验表明，企业有可能与工会合作，以提高生产力和效率，同时工会及其成员也能蓬勃发展。我们请教西南航空公司前首席执行官赫布·凯莱赫是如何和工会保持了十几年的亲密关系，他的回答简单而有力："我只是把他们作为人来对待。"西南航空公司的前总裁科琳·巴瑞特（Colleen Barrett）说："每个人都想获得一些尊重。"她告诉我们，当工会和管理层之间有会议时，所有的参与者都混坐在一起，而不是分别坐在两侧。一个观察者根本就看不出谁是管理层的一员，谁代表了工会。[5]

良心企业典范

麦迪逊门店的故事

全食超市曾经与工会有过很不幸的、几乎完全是对抗性的经历。我们现在为公司对团队成员的承诺和关心感到自豪，大多数员工都感到相当的幸福和满足。而几年前，工会长期组织抗议人群（都不是工会成员）在几家门店前试图阻止顾客进来购物，这个活动长达18个月。他们还资助了许多针对全食的有组织的攻击，并且无数次试图诋毁全食的声誉和品牌。

2002年全食超市在威斯康星的麦迪逊门店的团队成员以微弱多数票决定成立工会，这件事情我们后来发现是一个有意的安排。几位工会组织者为了组织工会而获得了在门店的就业机会，他们大多数在工会成立后不久就辞职了。工会组织者对全食的团队成员做出了很多承诺，只要门店成功组织工会，他们会为团队成员争取更多的权利，包括提高工资、增加休假时间、提高在门店的折扣、增加健康保险、放开着装要求等。工会不切实际的承诺在工会组织活动开始的时候很普遍，而由于美国国家劳动关系委员会的严格规定，现在存在的许多限制使得企业几乎不可能有效地应对这些承诺。具有讽刺意味的是，一旦工会组织活动开始，而且美国国家劳动关系委员会接到该通知，企业就不得做出任何关于工作报酬或工作条件的承诺。

工会组织运动对我个人来说是一个巨大的警醒。我的反应是："哇，这怎么可能呢？"很明显，全食在确保团队成员幸福方面做得不够好。如果我们做到位了，工会就不可能如此强硬。所以我当仁不让地决定亲自去找出哪里出了问题，我们该如何改进。在接下来的12个月里，我走遍全美，走访了每一个门店，与团队成员进行一对一的讨论和小组会议。我在那里倾听和学习，了解全食超市应该如何成为一个更好的公司和一个更好的工作场所，什么样的领导者才能帮助团队更好地完成工作。这是一个令人着迷的经历，我学到了很多东西。例如，我了解到公司需要大大改善健康保险。最终，过去的健康计划大幅度转型成今天的新体制，并且我们还做了其他一些改进。

因为我们做出的回应，麦迪逊工会选举的最终结果是帮助全食超市成为一个更好的公司。工会对团队成员的心灵与思想的争夺，实际上在帮助公司以积极的方式进步。有趣的是，工会并没有兑现对麦迪逊门店团队成员的任何承诺。当我们在全食其他门店做出了很多改进的时候，工会不让我们在麦迪逊门店做任何改进。麦迪逊门店的团队成员非常清楚其他门店正在发生的改变：医疗福利得到改善，带薪休假增加，工资上升。因为在完全谈判之前工会不允许调整，麦迪逊门店就不能得到这些改善。由于工会的僵化，麦迪逊门店的团队成员很快就意识到他们不想要或者不需要一个工会了。在工会成立 12 个月后，团队成员传签了一份请愿书，取消了工会。事实上，从来没有一个工会合同在麦迪逊门店或全食超市的其他门店里生效过。

媒体

媒体也应该被视为一个利益相关者，企业也应该管理与媒体的关系。了解媒体需要什么以及如何建设性地与媒体互动，对于企业很重要。这可能会带来协同效应，为媒体和企业都创造价值。

媒体往往热衷报道三个 C：Controversy（争论）、Conflict（冲突）和 Change（变化）。媒体有时会刻意让事情看起来有争议，并且捕风捉影地寻找冲突。新闻界的同仁总是热衷报道变化，无论是积极的还是消极的变化。

传统媒体自身需要进步，并且需要变得更有良知。这意味着媒体也需要重新发现其崇高的目的。对于新闻媒体来说，其崇高的目标应该是追求和传播真实的东西。一个好的调查记者应该充满激情，去发掘真相，并把真相揭示出来。很多人失去了对媒体的信任，是因为他们认为媒体对读者不诚实。相反，媒体更感兴趣的事情是去编造一个故事，或忙于娱乐新闻，或者追求轰动效应以吸引更多的受众。

在某种程度上，媒体已经被后现代主义哲学所腐蚀，在那个哲学中没有客观真理，只有依赖于语境和观点的主观解释。从这个角度来看，所有的解释都被认为是同样有效的，一个人的意识形态变成了观察现实的主导棱镜。于是，人们扭曲事物，使之符合自己的意识形态偏见，而不是让自己的信仰和意识形态进步，以符合证据和事实。如果媒体重新致力于客观真理的追求，即使现实中不同的背景和观点永远存在，媒体也可以重新获得公众的信任，并且在社会中发挥更有益的作用。

当媒体作用得到良好发挥的时候，就会让包括企业在内的所有社会机构都变得更好，因为它促进了更高层次的公开性、透明度和问责制。当然，媒体经常做得太过，许多企业领导者都感受过夸大其词、失之偏颇以及别有用心的报道带来的冲击。但总的来说，毫无疑问，拥有自由的媒体会带来巨大的社会效益。

传统上，大众媒体如报纸、电视、电台等，扮演的都是中间人的角色，它们负责把有关企业的事件向外界解读。除了通过媒体的解读或者通过昂贵的广告之外，企业没有直接的途径与许多利益相关者直接联系。这使得企业既依赖于媒体，也容易被媒体在报道事件中的各种解读、编造和信息过滤所伤害。现在，通过Facebook、Twitter、YouTube等社交媒体以及企业网站，企业可以直接与利益相关者进行深入接触，而不再需要传统媒体充当中间人。社交媒体创造了一场革命，因为它允许企业可以与它们的关键利益相关者有更直接和更持续的联系，这场革命的力量非凡。全食超市有一个专门的沟通团队，专注于媒体（主要是公共关系）、社交媒体、店内沟通和社区参与。当然，我们仍然与传统媒体互动，但越来越把社交媒体看作与利益相关者进行建设性合作的最重要途径。许多企业将巨额预算用于信息完全可控的广告上，传播的信息完全符合公司要求，但它无法赢得媒体或第三方记者、作家和博主讲述企业故事的那种信任度，而这种方式恰恰是全食超市每天都在推动并且取得了巨大成果的方式。

政府

政府是所有企业的重要利益相关者，也是一些企业的主要利益相关者。例如，对于医疗保健和公用事业部门的企业来说，政府无处不在，必须被视为主要的利益相关者；对于与国防相关的企业来说，政府是客户，而且显然是最重要的利益相关者。

毫无疑问，政府在社会中扮演着重要的角色，主要问题是这个角色应该有多重要。政府什么时候会从帮助企业演变到独断专横，然后伤害企业？在一些行业，如医疗保健和教育领域，政府现在非常强大，占主导地位，以至于企业家精神和创新正在被削弱。除了政府的角色应该大还是应该小的问题之外，真正重要的是政府是否有良知，是在创造价值还是毁灭价值。[6]

在商业领域，政府的责任是成为一个公正的仲裁人：建立公正的产权制度，确保企业遵守规则，公平地运用规则，以确保公平竞争。有些规章是好的，是必要的，是为了造就一个更好的社会，但许多规章是有害的，会适得其反。根据美国小企业管理局（Small Business Administration，简称SBA）的统计，美国的合规总费用约为每年1.75万亿美元，几乎是2009年的个人所得税的两倍。[7] 法规的负担不相称地落在小企业身上。SBA的研究表明，团队成员少于20名成员的公司负担的人均合规费用现在是10 585美元，比大公司的成本高出36%。[8]

虽然有些法规为公共卫生和环境创造了重要的保障，但有太多法规只是保护现有的商业利益，削弱了企业家精神。特别是在教育、卫生保健、能源领域，许多政府法规成了阻碍企业家革新和经济重振的关键原因。

目前，美国每年都会新增数千法规，但几乎没有一个法规取消。其实只要一个简单的改革就会带来巨大的改变,即要求所有联邦法规都有"日落条款"(sunset provision)。也就是说,除非有一个独立的强制性的成本效益分析证明法规创造的社会利益大于其造成的损害,否则这些法规应该在 10 年后自动终止。

在一个竞争激烈的市场中,不管一个企业变得多大,它都无法获得对顾客、团队成员或其他利益相关者的强制性权力。企业能做的就是为每个利益相关者提供选择的菜单,每个利益相关者都有选择的自由。但在社会机构中,唯独政府拥有强制的权力,这使它格外强大,而且具有潜在的威胁性。当政府具备建设性的时候,就是良好而健康的。但是当政府腐败或变得过于强大时,就会变得相当危险。

在许多国家,政府确实是通过特殊利益集团的游说力量而腐化的。一些企业、工会和政府结成了不健康的联盟,其中少数人的狭隘利益凌驾于多数人的福祉之上。这些利益集团最终扭曲了制度,以牺牲集体利益为代价,依靠政府的强制权力来保护和捍卫其根深蒂固的地位。

政府监管机构通常来自它们负责监管的行业。这些机构的工作人员知道,当他们离开政府时,可以在自己曾经监管的行业内获得一份利润丰厚的聘书。在这种情况下,监管条例往往是为了使行业或行业中的某些公司受益,而不是为公众利益服务。[9]

社会中有无数的例子,有良好关系的人得到了特殊帮助。当人们看到这种现象的时候,通常会责备企业的腐败行为。但政府同样难辞其咎。这种权贵与资本的合谋是市场经济最大的危险。在新兴经济体中这样的危险尤其严重。但这是一个无处不在的问题,正在成为美国的一个严重问题,成为谴责市场经济的理由。但权贵与资本合谋并不是市场经济,而是对市场经济的扭曲。

好政府是绝对必要的,这是一个底线。如果政府过于腐败,就不可能有一个自由的企业制度和健康的市场经济。我们需要法治,但法规和税收必须公平地适用于所有人。法规制度和税收的制定必须优先考虑社会的整体福利,以维护共同利益为指导原则,同时也维护个人的自由。

我们看待竞争对手、激进主义者和工会的方式中存在着共同的主题。如果不用建设性的方式处理利益冲突,任何一个利益相关者都会跟企业加深敌对关系。只有在应对方式不正确的情况下,冲突才是个坏事。如果没有任何冲突,也就不会有太多的变化。如果我们用创造性的和建设性的方式应对冲突,它将是积极变革的重要触发器。艾德·弗里曼指出,当利益相关者之间存在冲突时,这是一个商机。

开创性的管理思想家玛丽·帕克·福莱特(Mary Parker Follett)写道,对待冲突有三种可能的反应:一是由冲突的强势一方支配;二是妥协,大家各自退让一半,但谁都不快乐;三是整合,跳出僵局,创建一个对各方有效而且无须妥协的解决方案。整合对双方都比较好,甚至可能是最优选择方案。这是我们必须努力争取的,也是接下来要着重讨论的内容。

12

利益相关者的相互依存性

企业远远大于单个利益相关者的总和。正是不同利益相关者之间的相互关系、相互连接、共享的目标和共享的价值观,推动不同类型的利益相关者共同创造、共同进步。

CONSCIOUS
CAPITALISM
LIBERATING THE HEROIC
SPIRIT OF BUSINESS

美敦力前首席执行官比尔·乔治现在是哈佛商学院的领导力教授,他深知企业利益相关者之间的相互依存性,并用良性循环来解释这个概念。这个循环始于企业的目标和价值观,它们旨在吸引和激励合适的团队成员。优秀的团队将带来创新和卓越的客户服务,从而提高市场份额并带来更高的收入和利润,最终产生更高的股东价值。正如乔治所说:"这是一个强化的良性循环。如果反过来从股东价值开始,你就无法到达那里。如果你从公司必须满足证券分析师和热钱股东的主张开始,那么最终会毁掉公司。你会损害创新和卓越的客户服务,打击员工的积极性,最终毁掉你创建的所有股东价值。这就是通用汽车、家得宝、西尔斯百货、柯达、摩托罗拉以及许多曾经伟大的公司所经历的事情。"[1]

超越分离思维

了解利益相关者之间的关系,是管理和领导力中最具挑战性但也最重要的一个概念。企业中各利益相关者之间的冲突有时是不可避免的,这是因为每个利益相关者总是想要更多。然而,大多数人都是用分离观点来看待利益相关者,缺乏进一步的思考。他们认为利益相关者之间是相互独立的,每一个利益主体都只是在追求自身利益。

这种分离观点是还原论的一种形式，忽略了利益相关者与企业之间以及利益相关者彼此之间的相互关系。对于一个复杂的、不断进化和自适应的组织，忽略整个系统，仅仅分析局部，是无法充分理解这个组织的。企业远远大于单个利益相关者的总和。正是不同利益相关者之间的相互关系、相互连接、共享的目标和价值观，推动不同类型的利益相关者共同创造、共同进步。这就好像连接砖头的砂浆其实与砖头同等重要。当我们充分理解正在运行中的更大格局的商业体系时，认识到其中的相互依存关系、相互合作以及互惠互利的机会，就会发现这个场景很美好，而且令人惊叹。

艾德·弗里曼建议，把利益相关者的利益有机地协调在一起，就像音乐演奏和艺术创作一样。在大多数人接受的教育中，都习惯用大脑中的分析部件来思考问题，也就是把事情分成若干部分并分析其中的每一个部分。这样的分析智能显然是有价值的，并在许多方面发挥了良好的作用，特别是在科学和技术方面。然而，当我们试图了解利益相关者时，分析智能就存在局限性。分析性的思维倾向于把利益相关者看作以自利动机为主的独立实体，因此这些实体之间可能有频繁的冲突，当这些自我利益出现分歧时，只能做出权衡取舍。这种分析方式让我们很难看到复杂的整体图景，正如常言所说，只见树木不见森林。为了了解利益相关者的关系，需要一种额外的智能：系统智能（systems intelligence）。

人所具有的分析和逻辑智能是人类的伟大优势，而且经过了几千年的进化才形成这个能力。即使到了今天，每个人也都必须努力培养自己的思考能力。这是逻辑和理性的基础，它催生了启蒙运动和科学的进步。然而，一个整体的系统智能，或者是肯·威尔伯（Ken Wilber）所说的"整体意识"与唐·贝克（Don Beck）和克里斯·科万（Chris Cowan）所说的"第二层意识"，体现了我们在个人和整体意识方面的进步。[2] 在 21 世纪，这种思维能力变得越来越重要，我们需要鼓励并教育人们培养这种能力。如果没有整体的系统智能思考能力，我们在本书中讨论的大部分内容对很多人来说都没有意义。他们看到的都是利益相关者之间的割裂与冲突，看不到因为成功的整合能力带来的团结与和谐。

医学专业的学生学习解剖学时，会拿尸体去解剖。他们研究肝脏、心脏、血管、大脑以及身体的各个组成部分，并且学会了识别和记住身体的不同部位。尽管他们能够想象这些部分是如何在一个活生生的生命中运转的，但无法通过尸体看到各个部分之间活生生的关系。当然，这就是研究一具尸体的目的，他们试图通过把身体看作由独立部件组成的机器来理解人的身体。这是必要的，但还不够充分。人体由 100 万亿个相互协作的活细胞组成。不同的细胞有不同的功能，有些细胞比另外一些有更专业的功能。细胞之间有错综复杂的相互依存关系，对于我们，理解这些关系至关重要。

许多人认为医学模式偏离轨道的原因之一就是它把身体当作一个由各种部件组成的机器，就好像是一辆汽车。我们把食物当作让我们前进的燃料，而不是维持我们的活力、健康和生活的基本营养来源。生病了，就关注身体"失灵"的部件，通过吃药来修复故障。如果这不起作用（通常是这样），就通过手术来补充或替换部件，如支架、心脏起搏器、肾移植、膝关节或髋关节置换。医学现在就像一个非常昂贵的汽车修理店，提供急救、药品、医疗器械和外科手术，治标不治本。相反，医学应该基于对最佳健康状况的研究，以此出发，教育人们如何通过更好的饮食、健康的生活方式、运动、休息、积极的态度等，过上健康的生活。对于一个组织来说，同样的思考方式也适用。

发现隐藏的整合性

如果我们只是简单地把人体分割成各个部位进行分析，就无法真正理解健康或生命。同样地，只有具备系统思维能力，能够理解企业与利益相关者之间的相互依存关系，以及利益相关者之间的相互依存关系，我们才能很好地理解良心企业。

做到这一点的第一个障碍是权衡取舍的心态，这就是分析思维的一部分。本书中最重要的观点之一就是：如果你总在寻求权衡和取舍，那么你总是可以做到。对于这点我们确信无疑。人类有强烈的确认偏差。[3] 如果我们期望看到什么，很可能就会看到那些东西。即使有些潜在的权衡取舍实际上是子虚乌有的东西，我们的分析头脑也总能算出这些东西，并且臆想出潜在的冲突。

幸运的是，当我们努力去寻找协同效应时，这种情况也会发生：如果想找到协同效应，我们就可能找到它们。但许多人根本无法理解系统和相互依赖关系的本质，因为在他们的意识中还没有培养出这样的技能。这就好像对着一个太平洋岛民解释什么是雪，那些岛民不具备必要的经验来理解什么是雪。

当然，要同时满足所有利益相关者的需要和他们的关注点绝非易事，但从根本上讲这是必要的。要做到这点，我们考虑问题的重点是创造价值而不是拆分价值。我们不应该问自己如何在利益相关者之间合理地分配责任和利益，而是如何为所有的人创造尽量多的价值。[4] 我们需要从做大蛋糕的角度思考问题，而不是仅仅考虑如何公平地切分这块蛋糕。

三种常见的利益相关者之癌

回到生物学的话题上,我们发现癌是一个有效的比喻,可以帮助我们理解许多公司的利益相关者出了什么问题。人体大约有 100 万亿个细胞,相互作用以维持生命、生长和繁殖。人的健康的基础是细胞间必不可少的、和谐的相互依存关系,癌则是对这种关系的阻断。一个癌变的肿瘤开始是因为一些细胞突变并开始分裂和生长,忽视了机体免疫系统的警告信号。这些警告信号提示这些细胞不应该以这种方式生长,这种生长将对更大的生物系统有害。如果有一个健康的免疫系统,就能够消灭这些变异和叛逆的细胞,或者让它们再生,这样身体就能恢复健康。然而,如果由于遗传、不健康的饮食、烟草、药物、酒精、毒素、压力或消极的精神态度等因素,免疫系统被削弱,癌细胞就可能成功地抵抗身体的保护机制并继续生长。这种情况下,除非免疫系统的弱点被逆转,否则癌细胞将继续生长和扩散,最终杀死宿主,也包括癌自己。

癌是公司内部和公司与其利益相关者之间缺乏合作的隐喻。如果我们看不到公司内部的相互依存关系,如果我们不能建立与所有主要的利益相关者之间的六赢关系,那么就会有一个利益相关者变得过于主导,并成为潜在的癌,威胁整个系统的健康。在任何相互依赖的体系中,不断地在一个群体和另一个群体之间做利益交换是极为有害的。这样做的公司将会衰落并最终灭亡。任何利益相关者寻求自身利益最大化而不关心更大的系统中其他相互依存的利益相关者,最终会损害和威胁整个组织。如果一个利益相关者群体变得过于主导、过于自私,就像癌一样,它最终会破坏宿主的机体并在过程中毁灭自己。这可能发生在任何利益相关者群体中,但是有三种最常见的利益相关者之癌,涉及投资者、高级管理人员和团队成员。

第一种利益相关者之癌就是广泛鼓吹股东价值和利润最大化。当投资者被看作唯一重要的利益相关者，投资者和其他利益相关者的相互依存关系以及内在价值都被否定，公司就会处于高风险的状态，诱发和培养出一种癌，可能在某一天毁掉公司。这种狭隘地看待利益相关者的想法在一定程度上会引发金融危机。许多金融机构只注重最大限度地利用短期利润，而不关心对其他利益相关者和更大范围的社会可能产生的有害影响。它们的管理团队不会去寻找更大的商业系统的共同利益。最终，那些短视的以及短期利润最大化的策略爆炸了，不仅损害了自己的公司（虽然一些公司由于政府的特殊优待而死里逃生），而且几乎拖垮了整个美国经济。

第二种利益相关者之癌是高级管理团队，他们试图在没有创造相应价值的情况下最大限度地提高自己的报酬。在很多情况下，高管们给自己开的工资过高，很少关注内部公平或与整体绩效的关系。在一些公司，高管薪酬非常高，以至于对利润产生重大影响。在许多情况下，这种癌是由于过度的短期股票期权授予造成的。由于股票期权价值的巨大诱惑，高管们常常做出牺牲长期竞争力以最大限度地实现短期利润的决策。他们破坏了利益相关者与公司的六赢关系，单方面改变交易条件，比如提高产品价格，削减工资、福利或就业岗位，或者压榨供应商以获取超额的折扣。这些可以在短期内提高利润、股票价格和管理层报酬，但是代价是公司长期的成功和盈利能力。不愉快的利益相关者很快会远离公司，公司的生存能力开始被削弱。

第三种利益相关者之癌是团队成员。团队成员对于每一个公司的成功至关重要。然而，他们有时会变得自私，破坏所属的整个商业体系。一些不受市场纪律约束的组织会滋生出权利文化。尤其是当一些强大的工会追求自己的短期利益、忽视其他利益相关者的集体利益的时候，这样的情况屡见不鲜。在美国，过于强大的工会已经破坏了汽车、钢铁以及航空业的长期竞争力（当然要把管理失败排除在外）。

《相互依存宣言》与"追寻未来"活动

1985年,全食超市最初的创始人在一次冲突之后起草了独特的《相互依存宣言》。[5]这场冲突导致了一位创始人的离职,公司也因此分裂成了两个阵营。我们聘请了一位外部顾问克里斯·希特(Chris Hitt,后来加入了全食),他带着我们一起完成了愿景和价值观的澄清过程。这个工作帮助我们明确了过去5年中所维护的价值观,换句话说,他让我们把价值观从无意识变得更加有意识。希特是第一位把利益相关者之间的相互依存关系的性质讲清楚的人,他帮助全食领导者和其他人看到了这样的相互依存关系。此后,全食起草了这份宣言。当时有60个团队成员(是1985年员工总数的10%)参与了这个过程。我们一起决定了我们真正关心什么,并有意识地定义了指导公司经营的价值观。在1985年,这份宣言成了全食的"基本法",成了全食发展壮大的指导性文件。这份宣言在随后的几年中进行了更新。宣言中的思想现在根深蒂固地植入到了全食的DNA里。

我们在本书中谈论的许多价值观其实已经存在于大多数公司中,但是这些公司并没有完全意识到这些价值观。通过让人们更加有意识地了解这些价值观,我们可以铺设一条通向建立一个良心企业的大道。通过为人们塑造完成这个工作所需要的话语体系和工作框架,我们能够让人们的创造力以建设性的方式发挥出来。

全食超市在1988年进行了第一次主题为"追寻未来"的活动,此后每隔5年就进行一次。[6]这个影响力巨大的活动通常每次持续3天左右。在每一次相聚中,我们召集100至125人,包括顾客、团队成员、供应商、投资者、董事会成员以及高层领导者。在每一次"追寻未来"活动中,大家都畅想希望公司如何发展,所有利益相关者的集体梦想是什么。所有参与者都会带来自己的独特观点。通过把整个体系整合起来,我们可以在短时间内取得非凡的进展。如果只是局限于领导层参与，我们就必须猜测每个利益相关者最看重什么，而猜测有时是错误的。当每个利益相关者群体的代表都聚在一起的时候，就没有必要去猜测。

当然，在场的人只代表了所有利益相关者的思想和愿望的一个横截面。我们只能邀请十几名顾客参加这个活动，他们不能为全食的两千多万名顾客代言。同样地，我们只能邀请数量有限的团队成员、供应商和投资者参加会议。但他们仍然提供了明确的和有价值的视角。他们以自己独特的方式评判全食超市，以不同的眼光看待公司，生动地传达出他们对整个集团的看法。他们也可以超越狭隘的身份，培养出对组织真正的拥有感和认同感。

当我们把整个体系整合在一起时，观察其中的相互作用是一个引人入胜的过程。在起草《相互依存宣言》3年之后，我们进行了第一次"追寻未来"活动。这个过程的力量非常强大，我们决定每隔几年重复一次。每隔5年就有足够的时间来提出一个令人信服的指导愿景，而且时间足够长，可以让愿景有机会得以实现和完善。我们的愿景在过去24年中一直不断演进，目睹这一切的发生让人备受鼓舞。回顾过去，我们可以看到全食超市在多大程度上成功地实现了"追寻未来"活动中所描述的愿景。

在本书中，也许没有比这更重要的真理：我们能够畅想出愿景，并且能够把这些愿景创造出来变成现实。为了一起携手创造未来，我们应该有觉悟地、协作地、负责任地行动起来。至善、至真、至美和至勇，是可以体现在我们集体创造梦想的力量中的。

所有者、投资者与法律控制权

为所有相互依存的利益相关者优化价值，并不意味着投资者在法律层面上对公司的控制权的丧失。所有者和投资者必须依法控制公司，以防止公司被管理层和其他利益相关者用来谋求私利。这是因为所有者和投资者是最后才能得到回报。顾客第一个得到回报，他们进入超市，找到并购买想要的产品或服务，并且很快就得到这些产品或服务，而且他们通常是在得到产品或服务之后才付款。团队成员为公司提供了服务，会定期获得报酬。供应商按照预先商定的条件和时间付款。政府按月或季度收税。在其他人收到产品物、服务、工资或账款之后，公司所有者和投资者才能够得到报酬，他们有权保留剩余的利润。因为投资者是最后才得到回报的，因此他们必须对公司拥有法律和信托层面的控制，防止管理层或其他利益相关者欺骗他们。投资者通常要求把这些条件作为投入资本的必要条件。

由于股东拥有公司，但是最后才能从公司剩余的利润中得到回报，因此他们必须拥有最终的决定权，通过董事会来最终决定公司管理层的组成。如果他们对公司的表现不满意，就需要拥有解雇管理层的最终权利。没有这种权利，股东不可避免地会被管理层或其他利益相关者利用。

在本书的第四部分，我们将讨论良心企业的第三个原则：良心领导者。

Conscious Capitalism

Liberating the Heroic
Spirit of Business

第四部分

创造共同价值的关键原则三,
聘用愿意为企业和利益相关者服务的领导者

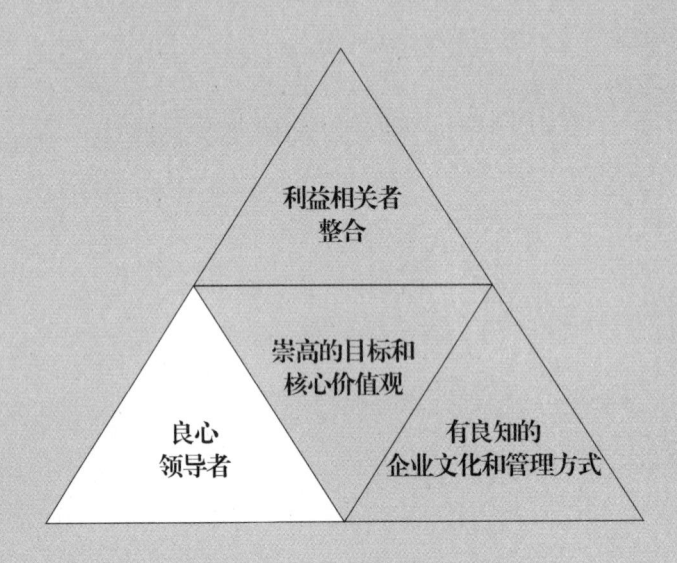

```
           利益相关者
              整合

                崇高的目标和
     良心        核心价值观       有良知的
    领导者                      企业文化和管理方式
```

导读　　我们最近看到的最有效和最有力的目标陈述来自皮沃特领导力公司："更好的领导者＝更好的世界"[1]，领导力非常重要，而且其重要的原因比组织绩效重要的原因更广泛。领导者的素质影响着人们的生活质量。每一位优秀的领导者都会以不同的方式，为了把世界变得更好而做出贡献，哪怕每次就改变一天，改变一个生命，改变一个企业。

　　　　有良知的领导力也许是良心企业中最重要的因素。如果缺失了有良知的领导力，其他的东西都无济于事。最优秀、最有良知的企业，如果聘用或者提拔了错误的领导者，也会误入歧途，甚至被摧毁。

从军队领导、雇佣兵领导到传道式领导

随着集体觉悟的不断提高,我们对是什么构成了强大领导力的理解发生了变化。领导者和所有人一样,都是因为权力、金钱和目标的组合而被激励。

从历史的视角看,企业这一组织是以军队为蓝本建立起来的。军队中的指挥和控制式的领导文化也成为企业文化的一部分。企业所吸引的人,他们的动机主要是有机会行使很大的权力。套用军队的模式来看,商业也被视为战争,而"最好的战士造就最好的领导者"这个神话被广泛地接受。商业中大量借用了军队的用语和隐喻,比如战略和战术决策,也广泛使用一些军事化的表达方式,比如达到最后期限、参与前线、集结部队、与参谋人员合作、占领市场份额等。[2]

当许多大企业聘请了强有力的领导者之后,企业的运营就越来越像是为管理者服务而不是为股东服务。这也就引发了争取股东权益运动,其中一个后果就是开始对首席执行官在提升股票价格方面的业绩给予重奖。首席执行官们的薪酬从比较合理的变成了天价,加大量股票期权。背后的理由是通过提高公司的股票价格,让经理人个人变得富有,如此极大地激励他们。这样就从军队风格的领导者变成了"雇佣兵领导者",这样的领导者都是通过数字来管理公司,常常把公司看成是抽象的东西。他们往往对特定的事业没有什么激情,也不一定喜欢追求自己行使的权力。他们是被雇用的枪,似乎有能力刺激公司的业绩到更高的水平,从而扩大他们的市场价值。然而,因为这样的领导者其个人财富与股价挂钩,他们常常以短视的行为来运营公司,往往忽视股东以外的利益相关者的利益,采取的行动长期来看对企业十分有害。他们的领导方式重点是让员工顺从,然而这种方式往往无法激发团队成员的广泛参与和工作热情。

良心企业通常都是由情感上和精神上都比较成熟的领导者来领导。这种良心领导者的主要动机是为企业及其利益相关者服务,而不是追求权力或个人财富。他们培养、激发、指导和激励员工,并以身作则。他们不像军队领导者或者雇佣兵领导者,而是传道式的领导者。他们体现了圣雄甘地的名言:"欲变世界,先变其身。"

良心领导者是坚强的个体，他们具有非凡的道德勇气，能够经受来自以传统、狭隘的方式看待企业的人的不断审视和批评。最重要的是，良心领导者视自己为公司的受托人，为子孙后代培育和保护公司，而不是为了自己或当前利益相关者的短期利益而利用公司。

女性化价值观的兴起

几千年来，人类社会和大多数社会机构的运转在很大程度上都具有侵略性、野心、竞争和左脑支配的"雄性"特征。政治和企业世界也体现出了这些特点，并且也要求成功的领导者做到这些。

然而，我们现在看到的是正在显著提升的对"女性化"价值观的认同，包括关怀、同情、合作，以及更多的右脑特质。这些变化预示着这些价值观正在我们的工作和生活中和谐交融在一起。良心企业肯定包含了男性和女性两种特质，无论企业是由男性还是女性主导的。

当今世界各地的女性比以前有更多的渠道获得教育和就业机会。在美国，女性工作人数已超过男性。女性获得高等教育的机会急剧增加。一个世纪以前，只有不到 20% 的大学生是女性。如今在美国，女性在大学本科生中占了将近 60%，在研究生中占了 70%。这些数字与许多国家的情况相似。平均来说，女性在学业上表现得更好。因此，大多数白领职业很快就会被女性所主宰，包括法律、医学和教育等领域。

此外，今天登顶权力之巅的女性与早期的女性有所不同。几十年前，在男性占主导地位的世界里，那些在国家或企业中登上顶峰的女性是比男性更坚强的人。以色列首位女总理梅厄夫人、印度首位女总理英迪拉·甘地和英国首位女首相撒切尔夫人就是典型的女强人。众所周知，撒切尔夫人以"铁娘子"的称号闻名全球。据说英迪拉·甘地是她自己内阁中唯一的"男人"。今天的女性领导者似乎对自己的女性气质感到很自然，也认可并尊重自己带有关爱和照顾的领导方式，以及从中所体现的智慧。施乐公司的首席执行官安妮·马尔卡希（Anne Mulcahy）、百事公司的首席执行官英德拉·努伊、戈尔公司的首席执行官泰瑞·凯莉、REI 公司的首席执行官萨莉·朱尔，这些女性领导者独特的领导风格体现了这种转变。

有趣的是，随着年龄的增长，许多男性在领导风格和人际关系方面也开始表现出更多的女性特质。这在一定程度上与荷尔蒙的变化有关，但也反映了生活经验的影响。许多女性在成熟后变得更加自信、独立、直率。综合看来，这些转变意味着女性化价值观在我们的文化中的地位不断上升，影响着所有主要的社会机构。

企业界出了一个有趣的二元论。在美国，女性拥有40%以上的私人公司，并开创了70%的新公司。[3] 在大型上市公司中，女性首席执行官和董事人数很少，许多女性认为担任高管是对家庭和女性化价值观的否定。在《财富》500强公司中，女性约占董事会席位的15%。在撰写本书时，《财富》500强公司中有18位女性首席执行官。这个比例只有3.6%，但这是从2000年只有3个女性首席执行官（0.6%）的状况演变过来的。有趣的是，盖洛普对社会制度的信心调查显示，其对小公司（其中女性席位很多）的信心较高，达到65%左右，高于对大公司19%的信心（其中女性席位很少）。

这些统计数字引发了一个有趣的问题：如果所谓的女性化价值观在过去占主导地位，近年发生的经济大事件会有什么不同的结果吗？或者正如国际货币基金组织总裁克里斯蒂娜·拉加德（Christine Lagarde）所说："如果雷曼兄弟公司是雷曼姐妹公司会发生什么情况呢？"

领导与管理

"领导"和"管理"不是同义词，领导主要是关于变革和转型，管理是关于效率和实施。领导者是高级建筑设计师、创建者以及系统的重构者，而管理者的任务是确保系统顺利地运行，并在出问题的时候采取纠正措施。领导者有一种与生俱来的系统敏感性，这使得他们能够了解一群人如何能够像一个系统一样行动，也能够了解如何改变系统，从而改变人的行为。

圣雄甘地的非暴力方式曾经遭遇一位历史学教授的挑战，这位教授援引他的"历史知识"，认为甘地的非暴力哲学永远不会有效。甘地回答说："先生，您的工作是教历史，而我的工作是创造历史。"[4] 管理者不会创造历史，良心领导者会创造历史。他们能够想象并创造出以前并不存在的东西，做到大多数人认为无法完成的事情。

我们并不是说企业需要更多的领导和更少的管理。这两者都需要，但要以正确的方法和相辅相成的方式。换言之，领导和管理方法需要协调一致。正如哈佛商学院的教授约翰·科特（John Kotter）所说："太多没有足够领导力的管理会导致太多的稳定性和向内聚焦。这最终会导致停滞、衰落，甚至可能导致组织的死亡。没有足够的管理，过多的领导力也很危险，企业会缺乏组织能力、运营纪律和效率，从而可能会变得非常危险。"[5]

在本书的这一部分，我们首先讨论良心领导者的素质，然后就如何成为一个良心领导者提出一些建议。然后在第五部分，我们将讨论有良知的企业文化以及让良心企业保持高水平运作所需要的管理理念和哲学。

13

领导者必备的素质

良心领导者生活在使命的召唤中,他们真正渴望与他人分享自己的激情。他们对工作非常敬业,工作给他们充电,赋予他们能量,而且不会让他们感觉自己被榨干。

CONSCIOUS
CAPITALISM
LIBERATING THE HEROIC
SPIRIT OF BUSINESS

良心领导者充分展示了模范人物身上让我们最仰慕的品质。在工作中，在服务、领导和塑造更美好的未来的机遇中，他们往往都能找到极大的快乐，发现其中的美丽。他们生活在使命的召唤中，真正渴望与他人分享自己的激情。他们对工作非常敬业，工作给他们充电，赋予他们能量，而且不会让他们感觉自己被榨干。

良心领导者普遍具有很高的分析智能、情感智能、心灵智能和系统智能。他们也偏向于服务型领导者，高度正直，并且拥有强大的关爱和关怀的能力。

没有一种适合所有人的领导模式。良心领导者有许多共同之处，但更多的是每个人所独有的。他们对自己内心深处的动机和信念有清晰而敏锐的意识。他们不会东施效颦。正如美敦力前首席执行官比尔·乔治所说的："伟大的领导力是真正的领导力。真实性不是一个特征，而是关乎你是谁。这意味着你要知道自己是谁，你的目的是什么。你的真北是你内心深处所坚信不疑的，真正定义你的那些东西——指引你人生的信仰、价值观、激情和生活准则。"[1]

情感智能、心灵智能与系统智能

近年来，得益于哈佛教授、发展心理学家罗伯特·凯根（Robert Kegan）和霍华德·加德纳（Howard Gardner）①的工作，我们能够开始以更丰富的方式理解人类的能力和潜力。凯根和加德纳的独立研究表明人类拥有比例不同的多种智能。² 大多数良心领导者都有很高的分析智能（智商测试所测到的结果）。这实际上是在大型的复杂组织中成为成功领导者的先决条件。但我们现在认识到，领导者仅仅有高智商，而没有高情感智能（EQ）、心灵智能（SQ）和系统智能（SYQ）是不够的，而且会给一个组织带来损害。错误的决策是基于短期的考虑，缺乏从全系统的角度考虑相互依存的利益相关者的长期利益。这种狭隘的高智商领导力只会让企业获得局部优化。对于 21 世纪复杂世界的领导者，至关重要的是管理好复杂的关系、利益相关者，保持对价值观和目标的热情和渴望。然而，仅仅拥有分析智能并不能让领导者有效处理这些问题。

不同类型的智能之间的一个重要区别是，一个人的智商在成年后就不会轻易改变，而情感智能、心灵智能和系统智能则可以在一生中得到发展和加强。

情感智能

情感智能综合了内省智能（自我认知）和人际关系智能（认知他人）。自我意识是情感智能的第一支柱。同理心，即感知和理解他人感受的能力是情感智能的第二支柱。高情商在所有的组织中越来越重要，因为社会日益复杂，利益相关者越发多样，处理这些问题需要有效的理解和沟通³。

---

① 想更多地了解心理学大师霍华德·加德纳的思想，推荐阅读由湛庐文化策划、浙江人民出版社出版的《多元智能新视野（纪念版）》和《智能的结构（经典版）》。——编者注

我们发现，对全食领导者来说，情感智能要比分析智能重要得多。全食的门店由自我管理的团队组成，专注于提供高水平的客户服务。我们无法接受那些分析能力极其优秀但是傲慢、麻木不仁、言行不得体的人。因此，在提拔领导者的时候，全食倾向于考虑高情感智能的人。第14章将更详细地讨论如何培养更高的情感智能。

心灵智能

良心领导者往往都有很高的心灵智能。丹娜·左哈（Danah Zohar）和伊恩·马歇尔（Ian Marshall）在其合著的《心灵资本》（*Spiritual Capital*）一书中把心灵智能定义为："心灵智能可以让我们获得最深层次的意义、价值观、目标和更高的动机。它是我们的道德智能，赋予我们天生辨别是非的能力。这是我们在生活中运用善、真、美、慈悲的智能。"[4] 在工作和生活中，心灵智能帮助我们发现自己更高的目标。拥有高心灵智能的良心领导者拥有令人瞩目的能力，帮助他们的组织与组织的崇高目标协调一致。他们还具有不可思议的洞察力，能在事情开始偏离轨道时感觉到。

星巴克的创始人霍华德·舒尔茨就是一个高心灵智能的领导者。在2008年，由于业务下滑，星巴克经历了一段非常艰难的时期，不得不关闭600家表现不佳的门店，削减1.2万个工作岗位，并注销了所关门店的3.4亿美元的资产。舒尔茨认为，星巴克已经偏离了崇高的目标，仅仅追逐业务增长和更高的财务回报，误入歧途。这件事发生在他辞去首席执行官几年之后。正如舒尔茨解释的那样，他决定重回星巴克担任首席执行官，目的是重新将公司与核心目标联系起来："从一开始我们就一直认为，我们能超越客户期望的唯一方法就是超越我们团队的期望。因此，考虑到外部的压力和灾难性的金融危机，现在是时候恢复与团队之间直接沟通的亲密关系，用核心目标激励组织，并要求团队了解那些利益攸关的事情是什么。"[5]

舒尔茨回归之后，星巴克重拾核心目标，此后公司经历了一个惊人的翻转：同店销售额从 2009 财年的 –6% 增长至 2011 年的 8%，净利润翻了 3 倍多；3 年来，公司股票价格从 7 美元上涨到 50 美元以上。

系统智能

良心领导者广泛拥有的另外一种重要智能是系统智能，这个概念在第 12 章已经介绍过。良心领导者是天生的系统思考者。他们可以看到更大的画面，并了解系统的不同组成部分随着时间的推移会如何相互关联。他们可以预见行动的短期和长期的后果。考虑到他们对系统的直觉理解，良心领导者是优秀的组织架构师。他们理解问题的根源以及与组织设计有关的问题，会设计根本性的解决方案，而不是头痛医头、脚痛医脚。

良心领导者也拥有系统的触角，他们能够感觉到所处系统的相互关联性和统一性，[6] 可以在第一时间避免很多问题的发生。中国古代名医扁鹊的故事很好地诠释了这个能力。扁鹊三兄弟都是医生。老大能够为病入膏肓的人实施让人瞠目结舌的手术，他治病救人的英雄行为广受赞颂。老二非常擅长抓住疾病的早期症状并治好疾病，被认为是善于治疗小病，在当地受人敬仰。老三扁鹊有能力在病人感到任何症状之前发现最早期的疾病线索并治愈"未病"，他当时很少受到赞赏，也几乎不为人所知，但他比更著名的两位哥哥挽救了更多的生命。[7]

许多商业和政治领导者在危机之中摇摆，多次让情况恶化直至达到危机点。然后他们才开始采取激烈的行动来解决问题，而这些措施往往没有效果。就像扁鹊，最好的领导者应该在第一时间阻止大多数问题的滋生。他们天才一样的做事方式可能不为人所知，甚至没有什么回报，但他们是最有效的领导者，具有敏锐发达的系统思维。

服务型领导者，体会帮助的快感

伟大的人道主义者、诺贝尔和平奖得主阿尔伯特·史怀哲（Albert Schweitzer）说："我不知道你的命运会是什么，但我知道一件事，你身边那些真正快乐的人是寻求并发现如何为别人服务的人。"良心领导者凭借其强大的分析智能、情感智能、心灵智能和系统智能，深刻地意识到服务在帮助组织实现其最高潜能方面的重要性。他们也知道帮助别人会带来更多的个人幸福。

这样的领导者会体会到"帮助者"的快感：当我们让别人快乐时，我们就会感到幸福。帮助别人，对于施予者和接受者，以及更大的社区来说，都创造了价值。服务型领导者培育出慷慨的高尚美德。他们信奉超越个人的价值观，诸如善良、正义、真理、爱、减轻痛苦、救赎或者启蒙他人——把人的觉悟提升到更高的层次。[8]

巴克敏斯特·富勒（Buckminster Fuller）的故事有力地诠释了服务型领导者的力量。富勒32岁时住在芝加哥的公租房，他的女儿那时刚死于小儿麻痹症和脊髓脑膜炎。富勒开始酗酒，患上慢性抑郁症，并且开始有自杀倾向。一天晚上，当他站在桥上决定是否要跳下去的时候，他问了自己一些关于生命意义的问题。有什么值得让自己活下去？在一道划过他心灵的闪电中，他找到了答案。他将开始一项"确定一个人能为改变世界和造福全人类做出多少贡献的实验"。[9]事实告诉我们，答案是"相当多"。在接下来的55年里，直到富勒去世，他获得了2 000多项发明专利，写了25本书，并成为有史以来最伟大的思想家、发明家和服务型领导者之一。富勒的游戏是做尽可能多的好事以造福世界，这是所有人都可以玩的游戏。服务型领导者教会我们如何能够正确地做到这一点。[10]

正直，只做符合价值观的事

良心领导者最重要的美德也许是正直。"诚实"经常被用作"正直"的同义词，但正直是一种更为全面的美德，因为诚实只是正直的一部分，正直超越了说真话。"正直"（integrity）和"整数"（integer）这个词有相同的词根，这意味着"整体性"。正直包括真实、公平、诚信、道德勇气，意味着只做符合我们价值观的事情以及正确的事情，不管出现什么情况，甚至是做这些事情可能产生巨大的个人成本。

我们未必需要只有英雄或圣人才有的高度的正直。正直在生活中既不常见，也不罕见。每个人都可以而且应该渴望拥有一颗正直之心，以统一他的价值观和美德，并在工作场所以及更大的社区范围内表达出来。那些达不到正直要求的人，"伪君子""机会主义者""好好先生（或好好女士）""道德的懦夫"，这些词是描述他们的恰如其分的词汇。[11]

拥有正直之心的著名历史人物有苏格拉底、亚伯拉罕·林肯、甘地、马丁·路德·金、曼德拉、亚历山大·索尔仁尼琴、玛格丽特·撒切尔。这些杰出的领导者，尤其是他们表现出的道德勇气，极大地鼓舞了我们去追求更高层次的正直。

爱与关怀，驱除组织中的恐惧

良心领导者具有强大的爱与关怀的能力。他们认识到把恐惧从组织中驱逐出去的重要性。当领导者把自己的智力与能力结合起来去关怀自己之外的事情，他们就拥有了真正的权力。马丁·路德·金对此的理解很清楚："确切地说，权力不过是达到目的的能力。这是社会、政治和经济变革所需要的力量。如果正确地使用权力，权力就没有什么错……最好的权力是实现正义要求的大爱，而最正义的权力就是纠正一切反对大爱的力量。"[12]

恐惧是爱的反面。一个充满恐惧的组织天生就缺乏真正的创造力和创新能力。处于恐惧中的人极度警觉、充满戒心、纯粹利己。我们将在第15章中进一步讨论爱与关怀。

良心领导者要做的四件事

良心领导者希望通过他们的组织对世界产生积极影响。他们在工作中深深地嵌入了共同目标的意识，使人们能够从工作中获得意义。他们帮助人们根据自身的特点，无论作为个人还是领导者，都能够得到成长和发展，而且他们会做出清晰和一致的道德选择。

带来正面的改变

"成功"有许多定义，狭义的定义如"获得财富、支持或显赫地位"。但良心领导者明白，随着我们的觉悟不断提高，"成功"的定义会发生变化。今天，人们越来越多地把对世界产生持久的积极影响定义为成功。

良心领导者充满了热情，希望用更显著的方式让世界变得更美好。他们肩负的责任不是维持现状，而是要做出积极的变化。他们想减轻人类的痛苦，帮助他人茁壮成长。当然，要达成这个目标，他们只能通过动员他人朝着同一个目标而努力。良心领导者很少强迫别人去做事情，他们会激发和激励他人去主动改变。

嵌入共同的目的

良心领导者是希望的兜售者和意义的创造者。他们不断地与同事讨论关于主体和目标的问题。他们的崇高目标深深地植入他们构建的组织的DNA中。正如加德纳的研究所显示的那样，只有当人们投入感情时，才能做出真正的改变。讲故事是在情感层面上打动人的最有力的方式，可以促使人们用不同的方式思考、感受和表现。加德纳发现，有效的领导者会讲述三种故事：我是谁，我们是谁，我们要去哪里。[13]

帮助人们成长和进步

人的旅程应该是不断成长并且不断发展的过程。除了生活，工作也为个人的发展提供了大好机会。有些人发现召唤他们、带给他们最大快乐的并不是有报酬的工作，而是他们在家里或在志愿者组织中的工作。

良心领导者尊重所有的人，不管这些人的地位或角色如何。印度的传奇商业领导者塔塔长期担任塔塔集团的首脑，他多次展现了这个素质。一些参与罢工的团队成员曾经在他的办公室外面示威，挥舞旗帜，高呼口号。塔塔看着外面，他首先看到的是鲜活的人，而不仅仅是正在抗议的劳工。他告诉人力资源经理："你看，他们有权示威，但他们不应该站在烈日下。你为什么不给他们一杯冷饮，让他们站在阴凉处呢？"[14]

良心领导者欣赏每个人身上的才华和天赋，而且努力发挥每个人的力量，把每个人放在一个能够成功的位置上，并且为组织带来贡献。印度管理学院科泽科德分院院长德巴希斯·查特吉（Debashis Chatterjee）说得很好："我们都有自己的能力和才华，但如果我们对一个人的要求不是他天生具有的素质，如果我们想让马去飞翔或者让鸟去奔跑，马和鸟都会因此而受到伤害……企业之所以能够成长，是因为人推动了企业的发展，而且人在企业中成长。"[15]

做出艰难的道德选择

领导者经常面对两难的境地。很多行动方案从特定角度看都有其合理性，但是他们必须在这些方案中做出选择。哈佛大学商业伦理领域的教授约瑟夫·巴达拉科（Joseph Badaracco）指出，许多伦理道德问题非常简单，因为它们涉及的东西有清晰的是非标准。领导者的真正考验是在正确之间做出选择。在正确的选择中进行权衡很困难，因为领导者肩负的责任会从不同的方向拉扯他们。[16] 在这种情况下，良心领导者会根据公司的目标和核心价值观行事，做出能够给所有的利益相关者带来最长期价值的选择。他们不会为了更低的价值牺牲更高的价值，而是寻求能同时实现多重价值的策略。

例如，在全食超市我们就面临一个道德的选择，我们向顾客承诺出售全系列的动物性食物，因为门店顾客中95%的人都吃这些食物，同时我们也承诺改善顾客的健康和寿命，希望改善动物福利。研究表明，摄入动物性食物获得的热量超过总热量的10%，就与肥胖症、心脏病、中风和癌症等疾病的增长密切相关。[17] 我们希望让顾客满意，带给顾客愉悦，为顾客提供营养，同时帮助顾客实现尽可能的健康。这是全食最重要的两个核心价值观。但怎样才能实现这两个重要又貌似自相矛盾的核心价值观？我们试着用两种方法来做到这一点。第一，我们让顾客了解以粗加工的植物性食物为主的饮食方式的重要性。这类型的食物最健康，理想情况下这类食物应该构成人体摄入总热量的90%或更多。第二，我们不断提高销售的动物食品的质量，改善动物的福利。例如，全食所有的门店现在都销售100%草饲牛肉和羊肉，这些肉类的饱和脂肪和总脂肪含量较低。我们销售的鸡肉、鸡蛋、猪肉和火鸡都源自牧场饲养的动物。此外，我们帮助顾客挑选汞含量低、Omega3必需脂肪酸含量高的海产品，如可持续捕捞的野生三文鱼。我们相信，让顾客了解以粗加工的植物性食物为主的食物结构的价值，与此同时，努力提升所销售的动物食品的健康度，这样的双重策略是一个双赢的方法。

魅力型领导者的陷阱

良心领导者未必要有特别的魅力。人类的意志力和感召力可以非常强大，但也可能是毁灭性的。当权力和美德在领导者身上没有共存的时候，就可能导致可怕的事情发生。纵观历史，尤其是在20世纪，从希特勒这样的领导者身上，都可以看到这一点。

良心领导者会利用"人性中的美好天使"，朝着共同的理想方向前进。他们有很大的决心，但是这种决心不是源于小我或自我满足。他们并不想把自己的个人意志强加给组织，而是寻求理解和服务于集体精神。

良心领导者往往安静而且脚踏实地，他们不是依靠个人魅力或者自己的个性来领导，而是用以身作则的方式来领导。他们致力于建立能够长期存在的伟大组织。与此形成鲜明对比的是，有魅力的领导者创建的组织往往依赖领导者自身，他们一旦离开，组织就开始分崩离析了。亚历山大大帝是世界上著名的魅力领袖之一，他在11年内征服了世界，但他的帝国在他死后不久就土崩瓦解了。这就是为什么一些领导力专家建议，考验一个领导者的有效性应该看他的继任者做得有多好。[18]

当然，一些良心领导者也很有魅力，但这不是必要条件。西南航空公司的领导者赫布·凯莱赫是过去半个世纪最有魅力的企业领导者之一。在凯莱赫之后的其他领导者都魅力稍逊，然而，西南航空公司却保持了其独特的文化和成功的纪录。凯莱赫建立了一个拥有坚如磐石的价值观以及持久使命感的伟大组织。在未来几十年中，我们可以预见这个公司将会继续保持其价值观和文化精髓。

所有的领导者，特别是极具魅力的领导者都容易陷入自恋的陷阱。对付这种倾向的最好方法是找到那些值得信任的顾问，比如教练、同事和朋友，他们有独立的视角，能给领导者们反馈他们需要听到的最直接的真相。

越来越重要的领导力

领导力很重要，在今天比以往任何时候都重要。但是旧的方式已经走到了尽头。21世纪的领导力必须建立在使命、爱心、关怀和同情心的基础上。有良知的领导力是完全人性化的领导力，它融合了男性特质和女性特质、感性内心和理性头脑、精神和灵魂，把西方的系统性和效率与东方的智慧和有效性结合在了一起。

几千年来，大多数人（多数是男性）成为领导者，是因为他们对权力的渴望或对财富的欲望。他们用恐惧、压迫和残忍来实现目标。但他们的成功必然是短暂的，因为他们当下的做法，会不断地为下一次动乱、下一次叛乱、下一个无情领导者的出现埋下种子。

当企业是由那些为他人和企业的崇高目标而奋斗的人所领导，当这些领导者是通过发展他人和激励他人的方式来领导企业，用作家弗雷德·考夫曼（Fred Kofman）那段引人共鸣的话说，这就会带来"平静和幸福的个人，相互尊重和团结的社区，以及达成使命的组织"。[19] 在下一章，我们将介绍一些具体的想法，展示个人如何成为一名良心领导者。

14

领导者的自我修炼

如果一个企业的领导者不能学习和成长，企业就不能获得真正的发展、学习和成长。只有领导者突破了自己的瓶颈，公司作为一个整体才可能发展和进步。

CONSCIOUS CAPITALISM LIBERATING THE HEROIC SPIRIT OF BUSINESS

如果一个企业的领导者，特别是首席执行官自己不能学习和成长，企业就不能获得真正的发展、学习和成长。如果企业的创始人在心理和精神上迟滞不前，企业在关键的组织发展方面就可能会受到阻碍。有些企业只有创始人离开，才能发展壮大。例如，在亨利·福特的领导下，福特汽车公司取得了巨大的成就，对世界产生了巨大的影响。但是到了最后，福特本人固执己见，拒绝调整自己的想法以适应市场环境的变化，对企业造成了实质性的伤害。在全食超市的历史上，有好多次公司都是因为我个人的发展滞后拖住了公司的整体发展，直到我自己突破了自己的瓶颈，公司作为一个整体才得到了发展和进步。

因为领导者经常会成为企业的天花板，妨碍企业去充分实现自己的潜力，因此对于领导者来说，保持学习和成长不仅仅会让领导者个人受益，而且企业内外所有与之紧密合作的人都会因此受益。这也是领导者持续学习的最好激励因素之一。

如果要成为一个良心领导者，那就必须有这样的志向。没有高度的主观意向，这是不会自然发生的。个人成长从来都不是一件容易的事，需要付出巨大的努力，通常都要经历一些痛苦，就像我们都会犯错误并从中吸取教训。

追随你的内心并发现你的人生目标

生命是短暂的，死亡是必然的。没有人能够活着离开世界。那么，我们应该怎样过我们的一生呢？答案是明确的：对自己承诺，去追随内心，去做人生中最热爱和最有意义的事情。

为了发现自己更高的人生目标，你要扪心自问自己最在乎什么。什么是你的热情所在，是你最深切的渴望？如果你能在世界上随心所欲地做任何事，你会怎么做？你的内心肯定知道这些问题的答案。当你读这些文字的时候，仿佛正在和自己轻声细语地对话，这会让你的思绪平静。倾听你内心的声音，并跟随它的指引。这种发自内心的交流可能如一段柔和的文字一样翩翩而来，也可能是一种让人心领神会的直觉，但内心对真相的把握很笃定。如果我们能培养足够的自我意识，使自己能够倾听内心的声音并有勇气去追随内心的召唤，那么我们的内心永远是我们最好的向导。

要做到倾听并跟随内心有两个重要的方面。第一，我们需要增强自我意识，从而知道什么时候我们是在真正跟随内心，什么时候迷失了方向。当我们真正跟随自己的内心（而不仅仅是大多数人在大多数时间所追寻的自尊心）时，我们就找到了人生中真正的激情。我们在做自己最爱的事情时，就会发现自己的活力、创造力、欢乐和人生的使命感都被提到了新的高度。在生命的流动中，我们能够更加感受到更多的生命活力。

如何知道自己已经不再追随内心的召唤了？当相反的情况发生时，即体验不到活力、缺乏创造力、没有使命感，而且感受不到快乐时。当这种情况发生时，解决方法很简单：请再次做出选择。重新建立和内心的连接。只要我们活着，这就永远不会太迟。我们每时每刻都可以自由地选择内心的道路，内心也从不会停止和自己的对话，敦促自己跟随内心的召唤。

第二，学会如何对付恐惧。恐惧使人们无法充分发挥生命的潜力。恐惧出现的方式有很多种，比如害怕被人嘲笑，害怕失败，害怕被拒绝，害怕自己不够好，有时甚至害怕自己潜在的伟大。不幸的是，没有人能为你克服恐惧，我们必须学会自己去控制它。

关于恐惧的最重要的洞见是：恐惧很少存在于当下，恐惧几乎总是关于未来，关于那些我们担心会发生的事情。当我们把注意力完全投入到当下的时候，恐惧就会大大减少或者消失。关于恐惧的第二个重要的洞见是：它几乎都来源于头脑中的臆想，很少存在于物质世界中。通过清楚地认识恐惧，并且有意识地切断给恐惧的想法供应额外的能量，其实可以化解头脑中的恐惧。我们应该利用恐惧产生的能量，把注意力集中在恐惧并不存在的当下。如果我们真的想摆脱恐惧，与自己的心灵和崇高的目标连接在一起，我们就必须学会对付恐惧的方法。其中，冥想能够让我们静下心来集中注意力，是一个能帮助我们克服恐惧的方法。

弗兰克·赫伯特（Frank Herbet）的科幻小说《沙丘》（*Dune*）中有几句话，很多人发现这在对付恐惧时很有用：

> 我不能恐惧。
> 恐惧是思想的杀手。
> 恐惧是导致彻底毁灭的小型死亡。
> 我将面对我的恐惧。
> 我会让它越过我，穿过我。
> 当它过去的时候，我将转动眼睛去看它行走的路径。
> 恐惧走过的地方一无所有。
> 只有我会留下。[1]

找到最想效仿的榜样

找到最钦佩和最想效仿的榜样,这是一条历经时间考验的成长之道。那些能体现我们内心最渴望的品质、理想和品德的人,很容易吸引我们。这些品质和美德其实就埋藏在我们心中,只是还没有得到充分的发展。

见贤思齐是一种健康的心态。这些贤者可以是朋友、父母、兄弟姐妹或老师;也可以是历史人物,如亚伯拉罕·林肯、马丁·路德·金或者甘地。我们可以仰慕并效仿从未谋面的当代人,如曼德拉或穆罕默德·尤努斯。我们甚至可以效仿那些生动体现出令人钦佩的美德的虚构人物,比如哈珀·李所著的《杀死一只知更鸟》中的阿提克斯·芬奇,或者J.K.罗琳所著的《哈利·波特》系列小说中的阿不思·邓布利多。

我们应该做出自觉的决定,并努力实践所钦佩的人的美德。我们可以问自己这样的问题:"沃伦·巴菲特在这种情况下会怎么做?"或者:"我父亲会怎么处理?"通过这样的提问,督促自己成长。这些问题的答案可能是:"他们会做一些审慎但乐于助人的事情;他们会做一些正直的事情;他们会选择做困难但正确的事情。"效仿这些榜样,我们会做出同样的选择。

教练和导师

一个好的教练或者导师具备帮助人转型的能力。从我25岁创办全食直到我快40岁,我父亲一直是我的导师。在大学里,我学过人文哲学、宗教、历史和文学,根本没有学过任何商业课程。所以当开始创办公司的时候,我几乎没有任何商业经验或商业知识。我很幸运,因为我父亲对生意很了解。他曾是莱斯大学的会计学教授,此后创办企业,并成为一家上市公司的首席执行官。他的指导，结合我所读的上百本商业方面的书籍，给我打下了必要的基础，并让我减少了犯错，同时快速从已经犯下的错误中吸取教训。如果没有父亲当我的教练和导师，我想我在创办企业方面不会取得成功。事实上，我必须承认我年轻的时候差点毁了全食超市。

不过发展到了一定的阶段，也有不得不让导师离开的时刻。在我的人生中，这事发生在我奔向 40 岁的时候。那时全食超市上市不久，而且我们做得非常成功。我父亲比我大 32 岁，他已经退休了，他的大部分财富都跟全食超市的股票息息相关。他不想失去我们已经得到的成果，于是变得越来越保守，这其实情有可原。他希望的领导方式与我认为合适的方式不同。他希望公司慢慢成长，别冒风险，而我则希望公司能够发展得更快。

当我意识到我不想或者不再需要父亲做我的教练或导师时，对我来说这意味着一个重要时刻的到来。我们在业务上的分歧开始影响了我们父子之间的亲密关系。我们经常争吵，尤其是在董事会上。鉴于我们的关系恶化，经过极度痛苦的几个月之后，我最后决定请他从全食超市董事会辞职。这对我来说是非常困难的决定，因为我非常爱他，我不想伤害他或伤害我们的关系。我走到他的办公室跟他说："爸爸，我 40 岁了。您对我商业上的指导该结束了。不管是好是坏，我现在都要走自己的路。我仍然希望您在我的生命中继续支持我，但我现在必须自己做出关于全食超市的重大决定，我不可能，也不会总是听从您的建议。"我告诉他，他可以作为公司的一位无报酬的顾问继续留任，关于一些重要的商业决策，我会继续征求他的意见，但他需要辞去董事会的职务。我感谢他为我所做的一切，并告诉他我是多么爱他。这个决定是我个人成长过程中的一次巨大飞跃，因为我开始脱离了我对父亲的感情依赖。这帮助我在新方向上加速了自己的成长。

我父亲最初还是受到了伤害。但不到一年，他告诉我，我做出的决定是正确的，而且我们还是和以往一样亲密。

人们通过培养更高的美德和积极的情感来发展自己的性格。爱、勇气、正直、慷慨、感恩、同情、宽恕和节制等，这些都是普遍的、永恒的，且有助于人们学习和成长的最重要美德。所有这些品质定义了一个好人和一个好的生活。这些美德很少会在生活中自动出现，我们必须有意识地在工作中从自身的内在出发，培养这些美德。

最终，正是我们渴望体现出的这些美德帮助自己达到了更高的水平。更关键的是，我们要努力体现出高尚的美德，并且每天都去实践这些美德。然而做到这一点并不容易，需要坚强的决心，始终如一，坚韧不拔和使命必达的精神。正如拉尔夫·沃尔多·爱默生所说："播种思想，收获行动；播种行动，收获习惯；播种习惯，收获性格；播种性格，收获命运。"

刻意通过意念来培养品格已不再是一种特别时髦的想法，尤其是倡导这个观点的励志书籍遭到了许多知识分子的嘲笑。自觉地自我提升在19世纪维多利亚时代非常流行，然而到了20世纪下半叶，由于许多心理学理论的发展削弱了自我责任的重要性，这种做法失去了知识分子的支持。这非常令人遗憾，因为通过实践更高的美德，有意识地培养自己的品格，仍然是推动个人成长的最有价值的策略之一。如果我们研究一些精心选择的励志书籍，可能会对许多人的成长起到催化作用。[2]

培养你的情商

苏格拉底所说的"认识你自己"是经受过时间考验的学习和成长方式。自我意识也是丹尼尔·戈尔曼（Daniel Goleman）在他那本影响深远的著作

《情商》（*Emotional Intelligence*）中指出的关键品质之一。情绪在某种程度上是心灵的窗户。人的内心中存在整个有待发现的宇宙。如果我们能够意识到自己的情绪并且理解为什么会体会到这些情绪，这可以让我们更加了解自己。随着时间的推移，随着自我意识的增长，在有情绪的时候我们可以反观自己。每当这时候，我们不妨多问问自己："为什么这会使我生气？""为什么我对此感到兴奋？""我为什么嫉妒那个人？""为什么我对此感到高兴？""我为什么要体验爱？"多问问这些问题，对我们的成长大有裨益。每种情绪都是一扇窗户，让我们了解我们是谁、我们在乎什么。

如果意识不到自己的感觉、价值观、抱负和理想，在生活中就会被冲动和欲望所驱使，浑然不知为什么会做现在的事情。培养自我意识是一个持续不断、终其一生的过程。

情绪源于我们对情景和事件的各种解读。我们常常没有意识到，其实很大程度上我们可以自由地用不同的方式解读这些情景和事件。例如，愤怒的情绪是基于我们认为自己在某种程度上蒙受委屈了，而且应该对那些让我们委屈的人进行相应的惩罚。然而，如果我们改变对那些让自己生气的事情的解读方式，很可能会发现自己的愤怒也就减少了。我们可能无法完全控制自己的情绪，但肯定能够更自觉地去对待情绪，对情绪负责，从情绪身上学习，并在适当的时候超越情绪，将觉悟提升到一个更高的水平。[3]

当我们越来越了解自己的情绪，就会认识到，很多情绪如嫉妒、怨恨、贪婪、痛苦、恶意、愤怒、仇恨，都会让生活沮丧和乏味，而且它们无法增进我们的幸福。虽然这些都是自然的人类情感，但是纠结其中无法让我们的生活更美好。另外，诸如爱、慷慨、感激、同情和宽恕等情感能让人心胸开阔，让人生更加充实，让生活更加丰富。我们需要有意识地培养让生活充实的情绪，当觉察到生活中的厌烦情绪时，要学会调节自己的情绪。这就是掌控自我和情商的精髓。①

要成为一个有意识的领导者，尤其需要培养同理心，一种去理解别人的感受能力。4 我们需要从自我为中心中跳出来。年轻的孩子们自然是非常自我的，但是随着不断地成长，会培养出对他人的移情和共情能力。我们开始不仅仅关心自己，也关爱家人和朋友，然后扩展到更大的社区。更进一步，几乎每个鲜活的个人都是我们可以在乎、同情、理解，甚至是关爱的对象。甚至我们可以走得更远，可以关爱动物，或者是任何生命，以及所有的存在。广泛而全面的关爱的潜力几乎是无限的，但这一切都始于同理心。

这种关爱的能力是从关爱自己开始的吗？这是个棘手的问题。通常来说的确如此，但近年来，人们过分强调自尊和关爱自己。我们确实要关爱自己，但是不能仅仅只有自己。太多的人止步于此，眼中只有自己。因此，美国现在已经成为一个相当自恋的社会。5 我们崇拜名人，数以百万人梦想为了出名而出名，而不是因为高水平的技能或成就而获得声名。显然，这不叫作有情商。事实上，这反映了情商的整体水平很低。我们不是在反对关爱自我，但这只是第一步。当我们培养出关爱与关怀的能力时，必须把它扩展到更大、更具包容性的圈子中去。

培养你的系统智能

为了更有效地理解所处的更广大的商业系统，正如本书前文提到过的，我们需要一个发达的系统智能。系统智能不是传统上人们所认识的、欣赏的、鼓励的或奖励的那种智能。然而在 21 世纪，随着组织变得越来越复杂，随

---

① 想要深入认识情绪，推荐阅读由湛庐文化策划、中国人民大学出版社出版的《积极情绪的力量》和浙江人民出版社出版的《消极情绪的力量》。——编者注

着世界变得越来越相互依赖，系统智能的价值和重要性怎么强调也不为过。

该如何培养自己的系统智能？首先，必须认识到，系统智能不同于分析智能，是对分析智能的补充。分析智能表现在有能力比较不同事物，把事物分解成不同的部分以便深入分析。分析智能是逻辑的基础。这显然是一个非常有用的工具，在教育系统中，至少在高等教育系统中发展得相当好。但正如前面提到的，其他类型的智能也很重要。

生态学是一个关于生物之间以及生物与环境之间关系的科学，研究这类体现系统原理的学科是一个培养系统智能的好方法。最重要的是，系统智能可以看到系统各个部分彼此的内在关系，看到事物的连接方式——不是把它们割裂开来看，而是去观察事物之间的相互关系。

从利益相关者系统的角度思考问题，这是在企业背景下培养系统智能的好方法。企业的利益相关者之间以及他们与企业之间都存在错综复杂的关系。良心领导者知道，每一个战略性的商业决策都必须考虑到这个决策会如何影响每一个主要利益相关者，能为他们创造什么价值。该决策会损害一个或多个主要利益相关者吗？需要做什么权衡取舍吗？有什么替代战略能够避免产生有害的权衡取舍？是否可以制定其他战略，为整个相互依存的商业系统创造更大的价值？

培养情绪智能和心灵智能的做法也可以帮助培养系统智能。让头脑放缓非常关键。快速运转和浮躁的头脑容易出故障，慢下来并且更专注的头脑能够更关注当下，观察到事物与事物之间的关系，进而看到更大的系统。

与做所有的事情一样，主观的意愿在培养系统智能中扮演着重要的角色。为了看到事物之间的关系，我们必须要有培养系统智能的渴望，必须允许并鼓励在头脑中发展系统智能，必须相信这是一个值得发展的方向，并且推动自己朝着这个方向发展。

进步到更高的阶段

良心领导者不会一成不变，因为人类本身就不会是一成不变的。人类是动态的，并且在不断进化。许多理论家和研究人员已经提出了强有力的证据，表明人类会向更高层次进化。发展心理学最重要的贡献之一就是表明，意识通常会经过几个明显不同的发展阶段，或者以波浪式的方式演进。在这里分享几个要点。

- 让·皮亚杰（Jean Piaget）的研究证明，我们的认知智能会像儿童一样经过独特的、普遍的和跨文化的阶段。[6] 在他的研究中，最高水平的认知或分析智能就是他所说的形式运算思维，或者说逻辑思维的能力。
- 亚伯拉罕·马斯洛（Abraham H. Maslow）对需求层次的研究表明，人往往会向更高的需求层次演进，从需求层级底层的生理需求发展到自我实现和超越自我的需求。[7] 良心企业能够满足所有利益相关者在不同层级的需求，包括自我实现的需求。
- 克莱尔·格雷夫斯（Clare Graves）与他的学生唐·贝克和克里斯·科万的研究证实，个人和文化都会按照以价值层次为基础的世界观向上发展。[8] 其理论假设有 8 个不同的价值观发展阶段或者波段。这些阶段可以应用于个人，也可以应用于整体的文化。在区分传统的、现代的、后现代的、第二层或整体的意识层次方面，该理论尤为重要。我们认为良心企业中阐述的愿景和价值观，与他们在《螺旋动力学》（*Spiral Dynamics*）一书中所描述的第二层迷因，以及肯·威尔伯在整体意识方面的研究一致。
- 劳伦斯·科尔伯格（Lawrence Kohlberg）和卡罗尔·吉利根（Carol

Gilligan）的研究表明，随着时间的推移，人们的伦理道德水平往往要经过几个层次或阶段，从第一阶段的"服从以避免惩罚"到最高阶段的"普遍正义与爱"。[9]

- 在埃瑞克·埃里克森（Erik Erikson）的基础上，简·卢文格（Jane Loevinger）的研究表明，长期来看，人的自我发展会处在不同的阶段。[10] 她从理论上说明自我的培养会经过9个层级，从初始的阶段进化到一个完全整合的高级阶段。良心领导者往往会处在卢文格所说的最高层级。

人们很难完全理解或欣赏比他们当前层次更高或更复杂的发展阶段。一般来说，从更低层次的角度仰视更高层次的事物意义不大，因此高层次的事物通常会被忽视、被驳回或被蔑视。由于我们目前的个人发展水平并没有达到人类发展的巅峰，因此我们的自尊很容易受到威胁。结果是，每个发展阶段往往都会发展出自己独特的正统性，或者阶段专制主义，让人们卡在某个层次无法自拔。

良心领导者会避免陷入任何僵化的正统意识形态之中。相反，他们努力以多种方式培养自己的高层次觉悟。我们在觉悟方面的个人进步不仅有益于自己，对于其他人以及整个组织的进步都大有裨益。

生命是关于学习和成长的

人类有可能会终身学习和成长。当我们停止学习和成长，会非常可悲，因为一旦停止学习和成长，我们就开始在生理上、心理上和精神上走向死亡。

我们在生命中总是面临着安全与成长之间的选择。人很容易陷入一成不变的状态，过着毫无挑战性、不断重复的枯燥生活，或者如梭罗所说，"生活在平静的绝望中"。数百万人就是这么生活的。但是，只要不断地学习和成长，这种平静的绝望永远不会发生。持续的学习和成长是最丰富的生活方式，因为它会产生更多的关爱、更好的友谊和更高的目标。有觉悟的领导者会做出有意识的决定，在一生中保持持续的学习和成长，挑战自己、超越自己，并且做出更多的事情。

为了学习和成长，一个人必须甘冒风险并愿意犯错误。不幸的是，许多人总是心怀戒备，以至于根本无法承认自己的错误，因而也无法成长。他们不惜一切代价捍卫自己的决定，攻击任何试图指出他们的错误或失败的人。但是，错误实际上是学习和成长的好机会。这么说并不意味着要去庆祝所犯的错误，而是尽快从错误中吸取教训，继续前进。如果不能从错误中吸取教训，就会不断地重复犯错，而且处理这些错误带来的后果会变得越来越困难。

成长为领导者的最有效的方法之一是向人际网络中的人学习，特别是那些与自己关系最密切的人，包括配偶或其他重要的人，如父母、孩子、朋友和同事。这些跟我们互动的每个人都是我们潜在的老师。只要我们的思想和心灵足够开放，他们就能帮助我们改变和进步。回想一下我们先前关于与批评者（如激进主义者）接触的论述，这些人给我们的世界观和商业实践带来了特别重大而积极的变化。

每个人都可以试试这个练习：把遇到的每一个人都看成是完全开悟的人，他们说的和做的，无论多么奇怪，多么严厉，甚至多么残酷，都是为了帮助我们成为一个更好的人。现在我们把与他人之间的每一次交流都视为学习和成长的新机会。如果我们遇到的每个人都成为努力帮助我们的老师，那么我们将以意想不到的方式加速个人的成长。这是一个有趣但有挑战性的练习，可以随时去做，唯一需要注意的是要有意识地去实践。当你认为自己遇见的人是有见识的人,就会发生很多有趣的事情:很多我们遇见的人就开始真的成了名副其实的开悟的人。他们实际上变得更加友善和温和。我们把他们当作开悟的人来对待,他们自己也会把自己调整到那种状态。在某种程度上,我们让他们成就了更开悟的自己。[11]

另外一种追求更高自我意识的方法就是去记录自己的感受、思想和梦想,或者任何涌上心头的东西。这还可以作为生活足迹的历史记录。多年以后,当回头看这些记录时,看到那时自己的感受和思想,这也会很有启发。这也是关于我们曾经所处状态的历史记录,我们回头去看的时候也能看到个人的成长。但更重要的是,这种方法可以帮助领导者保持实时的觉悟,以便能够持续学习,保持适应。我们还建议在每天结束的时候写一篇感恩日记,这有助于你关注白天发生的好事,让你在入睡前变得更加放松和平静,帮助你更好地认识自己的生活以及与其他人的人际关系。

危机是极好的成长机会

当问题扑面而来,我们感到压力重重而不知所措时,说明过去行之有效的策略可能不再有效。也许是我们犯了一些愚蠢的错误,所以必须承担这些愚蠢行动产生的后果。或者我们被自己的内心召唤,成长到了一个更高的阶段。这些情况使得我们目前所掌握的生活技能可能不足以解决面临的问题,无法应付所面对的特殊情况。

我在2007年经历了这一切。当时美国联邦贸易委员会(Federal Trade Commission,简称FTC)正试图阻挠全食超市与野生燕麦超市(Wild Oats Markets)的合并。调查期间,FTC从我的电脑中下载了大部分电子邮件,掌握了我大部分情况,而很多邮件跟他们的调查没有任何关系。后来这些消息被泄露给媒体，爆料说我一直用网名在雅虎财经中关于全食超市和野生燕麦超市的专栏中发帖子。

我把发帖子作为一种匿名对话和娱乐的形式，在那时已经持续了大约8年，我并没有觉得有任何不妥的地方（尽管我曾经在论坛上因为"打赌"输了，在媒体泄露前一年就不得不停止发帖）。所有在这些财经论坛上发帖子的人用的都是网名，没有人知道其他人究竟是谁。我非常喜欢在论坛上和网友辩论关于全食超市、野生燕麦超市和其他食品零售商的话题，如果每个人都知道我是谁的话，我就没有机会参与这种形式的讨论了。实际上，没有人会把这些活动当真，这只不过是一种游戏和娱乐形式。不幸的是，这还是引发了轩然大波。他们关注的重点是我对野生燕麦超市的一些批评性评论，以及其他一些对全食超市的大力支持的帖子（这些内容被媒体排除在外）。接下来，我开始受到美国证券交易委员会（Securities and Exchange Commission，简称 SEC）和全食超市董事会的正式调查。

整件事情对我来说太离奇了，我发帖子只是为了好玩。我没看到有人会因此而受到伤害，而且事实上根本就没有人受到伤害。然而，这件事情还是被搞大了。我的名声被媒体抹黑了，被他们称为一个令人讨厌的人。许多愤怒的人公开要求解雇我。我以前掌握的所有人生技能都不足以应付这种情况。我只能日复一日地生活在这种压力下，同时花了很多时间和律师谈话。

由于董事会和 SEC 正在对我进行调查，我也无法公开为自己辩护。我被禁止写任何东西，不得录制视频，不得接受电视采访，不能做任何其他的事情来向世界展示我的观点。日复一日，我只能默默地看着媒体对我的歪曲和攻击。与此同时，这些调查极其认真严肃，十几个律师逐字逐句地研究我的每一个帖子，连标点符号都不放过，试图找出我想与外界沟通的"秘密含义"。

在这个艰难的过程中，有几件事帮助我渡过了这场危机。其中一个就是整个过程中我都没有逃避。而且我试图提高自己的觉悟，而不是太专注于自我辩护。当人们处于巨大的压力之下时，往往会缩回去，去寻找一个熟悉和安全的地方躲起来。然而，大多数情况下最好的策略是相反的，即应该走出去，进一步打开自己的心灵和思想，让我们自相矛盾，甚至更脆弱。尽管这样做非常困难，而且常常给我带来非常严重的伤害，但我还是坚持这么做了。

我还采用了一些精神锻炼的方法，比以前的锻炼更频繁，持续时间更长。我采用了"全息呼吸法"[12]，过去我用过好多次这种神奇的方法。这种心理和精神上的方法帮助我重新触碰到许多生命中最深的情感和最高的愿望，并且让我完全沉浸其中。我来到了内心深处的一个地方，无论外界如何风吹浪打，这个地方都会接纳我。我决定要坚持到底，既不抗拒，也不轻言放弃；我将继续努力实现我个人的梦想和崇高的目标，继续追随自己的内心，不管它将我带向何方。

当我做出决定去追寻自己生命中最崇高的目标时，很快事情也就开始变得水落石出。SEC结束了初步调查（其实从未进行过全面调查），得出的结论是我没有做任何违法的事情。全食超市董事会也结束了对我的第三方调查，并得出了同样的结论。今天回过头来看，从个人的角度我可以看到自己成长惊人，这些成长并不是因为发生的事情，而是因为我应对这些事情的方式。

我们遭遇到最痛苦、最可怕的事情也可能是我们成长的最大机会。当领导者面临危机时，浪费这个机会真令人可惜，因为这个机会能够让我们变得更有觉悟，也能帮助我们从个人的角度和从领导者的角度都收获成长。当生活顺利进行时，人往往会停滞不前并且变得自满。我们面临的巨大挑战有助于推动我们进入下一个阶段。并不是说这些危机会令人愉快，毫无疑问，任何危机都很困难，并且令人不愉快。然而，危机是一个学习和成长的巨大机会，我们不应该与它们失之交臂。

我从这一段经历中学到的最重要一课就是我已然是一个公众人物。不知道从什么时候开始，我已经成了半个名人。虽然我始终都不认为自己是一个名人，可是我经常出现在媒体报道之中。从那一刻起，我意识到做任何事情之前都应该问一下自己：如果我现在做的事情上了《华尔街日报》或《纽约时报》的头条，或者上了电视，我的感觉会是怎么样？我还会这样做吗？这对领导者来说是一个非常有用的练习，因为我们不应该做任何让自己感到尴尬或羞愧的事情。这是我得到的最大教训。

我不认为我在雅虎财经论坛上做错了任何事情，但是对于公司来说这很尴尬，给人留下了口实，让人们可以歪曲我的动机和行动。因此对于我来说，这是一个错误的行动。结果是，只要我还是全食超市的联席首席执行官，我就不能用任何网名在任何论坛上发表言论。我在网上写任何东西，都要用自己的名字。我也很清楚，人们可能会把我写的东西转发给别人，所以我对于自己的言行举止的考虑更加周全。不过这并不意味着我从不会做别人不赞成的事情。在适当的时候，我仍然会公开表达我的个人意见。有时我的意见会引发争议，但是我会权衡后果，并判断我是否能接受后果，而不会事后感觉尴尬或羞愧。

身体健康的重要性

作为一个良心领导者，除了情绪上和心灵上的健康，还需要尽可能保持身体健康。作为一个领导者和普通人，健康的身体对于充分发挥潜能至关重要。如果身体健康，我们就会有更大的活力，往往也会更快乐，能够更好地抵抗压力和疾病。担任一家大公司的首席执行官是一件压力非常大的工作，会面临来自四面八方的压力，必须要有健康的身体才能有效地应对这些压力。

第一，要注意的就是自己的饮食。食物构成了我们健康和活力的基础。美国人饮食普遍不健康，有 68% 的人超重，几乎 34% 的人有肥胖症。[13] 美国有很高的心脏病、癌症、糖尿病和自身免疫疾病的发病率，这些疾病主要是由生活方式的选择引发的疾病，完全是可以预防的疾病。健康的饮食既重要又急迫，在这里我们总结了健康饮食的四个原则：

- 天然食物：只吃最接近最自然状态的天然食物，即不含人工添加剂、甜味剂、色素和防腐剂的食物。
- 强植物：主要吃植物性食物，如生的或熟的蔬菜、水果、全谷类、豆类、坚果和种子，摄入来自动物性食物的热量不超过 10%。
- 营养丰富：选择相对于总热量来说富含微量营养素如维生素、矿物质、抗氧化剂和植物化学物质的食物，主要是蔬菜和水果。
- 健康的脂肪：来自天然植物食物的脂肪（从植物性食物中经过最少的加工精制而成）。坚果、种子和牛油果是特别丰富的脂肪来源。就算是非常健康的脂肪，也应该少量食用。尽量减少或避免菜油中的脂肪，这不是天然食品，热量很高，几乎没有微量营养素。

全食超市患有重病的团队成员采用这种饮食方式之后，令人惊奇的事情发生了。糖尿病和心脏病被逆转了，体重平均减去了 50 千克，达到标准体重，免疫系统得到了加强并有了更好的抵抗力。[14] 只要我们停止毒害身体，并为身体的成长提供所需要的健康食品，身体就能够很快地恢复自己的健康。

第二，一定要经常锻炼。在工作的压力下人们很容易忽视这一点，但是腾出锻炼的时间很重要。如果你经常出差，可以带上瑜伽垫，在酒店里做瑜伽。而且出去散步也很容易做到。如果需要的话，在酒店的停车场转转也可以。许多酒店也有健身房。关键是，总有时间去做真正重要的事情。当我们说没有时间锻炼时，其实是自己不重视锻炼或者不关注身体健康。

第三，要意识到摄入体内的毒素。显然，每个人都知道吸烟对健康有害。尽管许多企业家辩称吸烟是一种帮助他们放松和减轻压力的方法，但这是一种让人上瘾的毒药，会破坏身体的健康。

饮酒被认为有放松和缓解压力的效果，因此酒是另外一种经常被滥用的药物。饮酒可以完全避免或仅仅少量饮用，一般而言，在大家欢聚的时候适量饮酒才会产生最多的积极效果。

咖啡因在全世界都是被普遍滥用的药物，因为几乎所有的咖啡、茶、可乐和所谓的能量饮料都普遍含有咖啡因。据估计，美国90%的成年人每天都会因为上瘾而使用咖啡因。[15] 咖啡因只会给我们带来有更大能量的幻觉，因为它只是从我们的储备中借来能量，随着咖啡因的效果减退，最终会导致我们的能量崩溃。随着时间的推移，大量使用咖啡因会慢慢地把人的精力消耗殆尽。这是一种导致肾上腺过量分泌的兴奋剂，会让人逐渐老化，并耗尽人的活力。[16] 咖啡因不是一种健康的药物，只应该在特定场合摄入，并不适合在日常生活中摄入，可以享用不含咖啡因的茶和咖啡。

当然，应该避免使用各种违禁药品。我们建议审慎地使用所有的药物。美国人为了保持健康和活力徒劳地服用了太多的药物。这些都没什么营养，还对身体有毒害作用。[17]

第四，睡眠、放松和压力管理技巧对健康的重要性是显而易见的。不幸的是，由于压力以及经常摄入酒精、咖啡因和尼古丁，许多成年人睡眠不好。避免这些药物，用冥想或听优美的音乐等放松技巧，将有助于我们更好地控制压力，改善睡眠时间和睡眠深度。

禅修练习

一些禅修的练习，比如冥想、瑜伽、太极、呼吸练习、诵经、自我肯定、想象和祈祷，对于帮助一个人成长为更有觉悟的领导者，都非常有价值。做这些练习需要留出独处的时间，这对自我意识的培养至关重要，也有助于集中注意力，意识到自己的感受，并放慢思路。

大多数伟大的宗教都发展出了某种形式的经典冥想传统。我们能做的最重要的事情是经常练习。不能仅仅对冥想有一个理论上的理解，只有真正去实践才能带来改变。只要坚持，几乎任何类型的冥想都能起作用。在日常工作和生活中可以采用一种叫作"内观禅修"的冥想方式。[18] 这种方式并不要求必须独自一人，做呼吸练习，诵经，或者默念真言。这是一种让人在每个时刻都完全融入并觉察当下的自律行动，而不是迷失在自己内心的喋喋不休之中。人其实常常不能完全融入当下，因为就算对有些人的话似听非听，还是会因为自己内心中的喋喋不休而分心。我们能给他人最好的礼物之一就是完全专注于他；当我们真正专注的时候，他人会感觉到。

当然，这很有挑战性。我们在日常工作中很容易陷入繁杂的事务当中，忘了在当下保持清醒的意识。从某种意义上说，这就好像又回到了睡眠状态。但最重要的是，一旦我们意识到滑了一跤，就可以立刻回到当下。这是一些每天都可以做的练习。如果自己在做其他冥想的实践，在日常生活中进行内观禅修是比较容易的，因为二者之间是相互补充的。

对传统智慧保持开放的心态

只要保持开放的心态，智慧无处不在。在现代世界，人们往往忽略过去的智慧，而且认为这些智慧在技术发达的社会已不再有用。但事实上，古代传统的哲学智慧大多是永恒的。人们也常常会摒弃来自其他文化的传统智慧，但却会欣然接受来自其他社会的产品和食物。我们应该乐于接受各种智慧，并能从这些伟大的哲学和精神传统中找到巨大的价值。

我们非常幸运，世界上从古至今的集体知识和智慧今天触手可及，随时随地都可以获取到，而且几乎免费。今天尽管我们身边的导师就能够给我们很多帮助，但是并不必局限于此。我们可以在早晨和佛祖一起"神游"，下午和彼得·德鲁克"对话"，傍晚和简·奥斯汀"交流"。与人类所创造的最有智慧、最有悟性的生命深度交流是值得的，这将激发我们自己进化到更高层次的愿望，而且我们可以从中吸取许多有价值的东西，丰富我们的人生。

不幸的是，许多人的所读、所看、所听多数都是垃圾。正如应该只吃最健康的食物并避免垃圾食品一样，我们也应该用那些源于任何时代、任何历史文明中的最健康的思想和观念来武装我们的头脑，而不是那些没有实质内容的垃圾思想。可以偶尔放纵一下，不管是垃圾食品、垃圾电视还是垃圾观念，其危害都有限，但不幸的是，许多人都是过度消费的瘾君子。我们用垃圾填满身体、思想和灵魂，最终将会自食其果。

个人成长是一种选择

最终，作为领导者，最大的挑战是管理和领导自己：做出明智的选择，成为保持学习、成长和发展的人。今天的世界为我们提供了几乎无限的选择，美国哲学家彼得·凯斯特鲍姆（Peter Koestenbaum）说："我们已经达到了爆炸性的、史无前例的自由程度，以至于我们必须管理自己的突变。成为一个成功的人意味着什么，这需要由我们来决定。这也是时代的哲学任务。"[19]

作为领导者，也是我们能够为组织、家庭和我们自己服务的最伟大机会，而且带来的回报几乎是无限的。首先，我们必须变得更有良知，要采取行动，让世界变得更美好，然后要与世界分享我们的智慧。那将是一段英雄之旅。

在此引用史蒂夫·麦克因托什（Steve McIntosh）的一段话结束本章：

> 进化是一条双行道。在进化中产生的令人信服的影响力，不仅会推动我们追求自身的升华，让我们自己进步，而且使我们在这个世界上的短暂逗留能够让地球变得更好一点。也就是说，我们不仅要听从召唤，让自己上升到更高的层次，而且要听从召唤，用这些更高层次的智慧协助下一个层级中需要帮助的人。世界充满了麻烦和痛苦，那些已经达到了更高层次的人肩负着一种神圣的责任，用自己的智慧给世界带来不同。[20]

Conscious Capitalism

Liberating the Heroic
Spirit of Business

第五部分

创造共同价值的关键原则四,
保持企业文化与管理方式的一致性

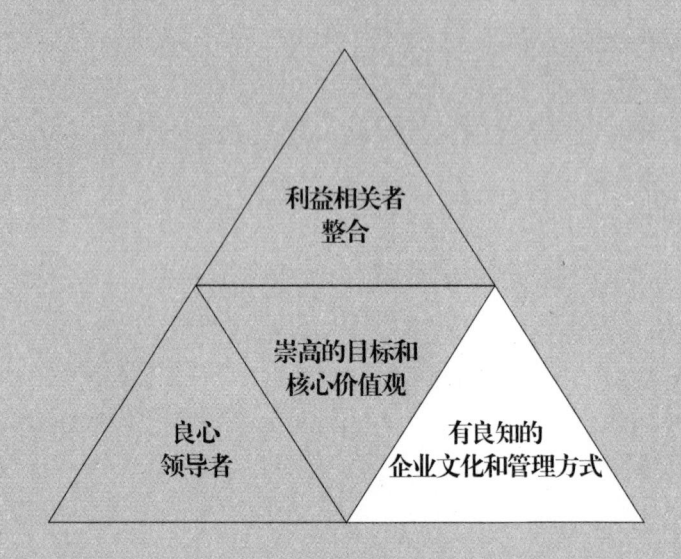

```
            利益相关者
              整合

         崇高的目标和
         核心价值观
   良心                有良知的
   领导者              企业文化和管理方式
```

导读　　文化是一种强大但是无形的力量，我们必须用有良知的方式处理文化问题。被誉为组织文化研究之父的埃德加·沙因（Edgar Schein）① 在 2010 年蒙特利尔召开的管理学会大会上说："文化是社会中最大的强制劝说者。如果不符合文化规范，你可能会被关进监狱或送进精神病院。"全食超市联席首席执行官沃尔特·罗布指出："在企业文化中，人处于最重要的位置，企业文化体现了人类的丰富性和复杂性，闪耀着人文和博爱的光芒。因此，文化是企业中最强大的部分。当企业文化被有意识地确认、培育和发展时，它就变成了真正的差异因素和最终的竞争利器。"

---

① 想更多地了解埃德加·沙因的思想，推荐阅读由湛庐文化策划、浙江人民出版社出版的《企业文化生存与变革指南》。——编者注

良心企业通常都拥有独特的企业文化，帮助它们坚持崇高的目标，协调利益相关者之间的利益。有良知的文化能够自我维持、自我修复并自我进化。它们对领导层或外部环境的变化具有适应性（尽管不可避免会受到影响）。

一个组织的文化及其管理方式必须协调一致。在一个有军事化特色、强调纪律文化的企业中，最能发挥作用的方式就是命令和控制的管理模式。有良知的企业文化会很不同，适用于以分权、授权和协作为基础的管理模式。

在这个部分，我们首先讨论良心企业的一些关键文化因素，然后阐述那些能让这些企业充分发挥潜力的管理模式。

15

有良知的企业文化

有良知的企业文化赋予工作更深的使命感。有良知的企业文化其 DNA 中所嵌入的东西让良心企业卓尔不群：有使命感，关心所有利益相关者。

CONSCIOUS
CAPITALISM
LIBERATING THE HEROIC
SPIRIT OF BUSINESS

一个企业的文化对其成功既可能是一个严重的限制,也可能是企业竞争力和可持续竞争优势的来源。与生活和工作中的很多事情一样,一个充满活力的、积极的企业文化需要通过有意识的主观努力去创造和维持。正如哈佛商学院教授詹姆斯·赫斯克特(James Heskett)所说:"一个强大的文化对于企业的业绩既能加分也能减分。在同一行业中两个企业的营业利润若有差别,企业文化的贡献可能占到一半以上。塑造文化是领导者最重要的工作之一,领导者可能会忽视企业文化,但是这种忽视只能有很短的时间,而且自己必须为此承担风险。"[1]

管理思想家彼得·德鲁克的观点"战略是文化的早餐"得到了广泛的认同。德鲁克并不是说战略不重要,战略的重要性毋庸置疑。但是如果一个企业没有令人信服的目标,伟大战略就像是一条美丽的高速公路,将通向没人愿意去的地方。同样地,如果组织的文化与战略不匹配,或是充满恐惧、猜疑和敌意,那么规划再好、目的再明确的战略也只可能化为泡影。

全食超市的联席首席执行官沃尔特·罗布,是这样描述全食超市企业文化的:

在全食超市处于中心位置的是核心价值观,它们已经真正落地生根,深入到我们的信念之中,指导我们的决策。围绕着价值观的就是企业的文化,代表着对这些价值观的长期实践。这种文化是一种活生生的东西,在公司的运作中贯穿始终,为公司的执行注入活力,让团队成员从文化中充分感受到肯定和希望,甚至是工作的快乐。文化不只是"我们在这里怎么做"。公司文化比公司资产负债表上其他有形资产的可感知程度更低,但它却是公司最有价值的资产,因为它用共同的信仰、目标和价值观将人们团结在一起,构成了团队成员和顾客真实体验的坚实基础。[2]

一个拥有有良知的企业文化的公司与一个被视为"很棒的工作场所"的公司有什么不同?显然,两者之间存在着显著的重叠。但是,一个很棒的工作场所可能仅仅是员工觉得舒适愉悦的地方,而其他利益相关者可能会被忽视。在我们看来,一个有良知的企业文化超越了一个很棒的工作场所,因为它赋予工作更深的使命感。有良知的企业文化其 DNA 中所嵌入的东西让良心企业卓尔不群:它们有使命感,关心所有利益相关者。有良知的企业文化有助于个人和公司持续成长和发展。

有良知的企业文化的七个特征

有良知的企业文化包括七个特征,为了帮助记忆,我们把它缩写成"TACTILE"(能触知的)。正如这个术语所暗示的,有良知的文化很强大,它们完全是看得见、摸得着的有形存在。例如,当你走进全食超市或者登上西南航空公司的航班,你不可能感受不到团队成员和顾客身上散发的积极能量。让我们来看一下这七个特征。

- 信任（Trust）：良心企业具有很强的内部信任和外部信任。在企业内部，无论纵向（领导层和前线团队成员）还是横向（在领导团队内以及各级团队中），都有很高的信任度。在企业外部，企业与顾客、供应商、商业伙伴、所处的社区、投资者和政府之间也有高度的信任。
- 责任感（Accountability）：有良知的文化将高度信任和关怀结合在一起，同时强调责任感。团队成员对彼此、对顾客都有责任感。大家坚持自己的承诺，并对绩效、效率和交付的成果负责。供应商对公司负责，反之亦然。责任感与高度的分权和授权密切相关，这两者都是良心企业的准则。
- 关爱（Caring）：人类需要被关爱、被照顾，这种需求是一种极为强大的动机，往往等于甚至有时超过了对个人利益的追求。有良知的文化以真诚、发自内心的爱以及关心所有利益相关者为特点。将心比心，企业的利益相关者也会因此对企业表现出真诚的关爱。在有良知的文化中，人们做事的方式都会很周到、很真实、很体贴并且富有同情心。
- 透明（Transparency）：在有良知的文化中没有什么秘密，因为没有什么可以隐藏的。财务报表通常是公开的（即使是在私人公司），工资信息也更容易获得，战略计划也被广泛讨论和宣传。现实是，我们生活在一个越来越透明的世界里，大多数真正有意义的信息很快就会为人所知。良心企业接受这个现实并且能够从中获益。
- 诚信（Integrity）：有良知的文化的特点是严格遵守讲真话和公平交易原则。良心企业愿意原谅判断失误，但不会容忍诚信缺失。对诚信的承诺远远不止是遵守法律。良心企业通常设定高于当地政府要求的全球标准。它们由自己坚信的道德上正确的信念所指引，而不仅仅满足法律要求或社会可接受的标准。
- 忠诚（Loyalty）：良心企业存在于一个高度忠诚的体系当中。所有的利益相关者都对彼此忠诚，对企业忠诚。这是关联性思维定式在企业中渗透的自然结果。这意味着这些企业没有"最近你为我做了什么"的思维方式。当短期波动或其他异常情况发生时,利益相关者彼此之间有更多的耐心和理解。当然,由于这些文化也有高度责任感,忠诚不会变成对那些经常无法达到期望的人的愚忠。
- **平等(Egalitarianism)**:良心企业不会用等级体系把领导者和团队成员分开。每个人都会受到尊重。高层和基层之间的工资差距比传统公司的工资差距小。高级管理人员一般不享有普通员工不具备的特权和津贴。在很大程度上,所有团队成员对企业的管理方式和领导方式都有投入。在这样的企业中通常有一个开放的制度,以便团队成员可以非正式地与领导团队沟通。

接下来,我们将着重介绍有良知的文化中的两个关键特征:信任和关爱。

关键特征1,信任

信任是人的本质特征,也是人的美德。信任他人以及值得被他人信任,是成为完整的人的核心所在。当我们出生时,完全无助,任人摆布。如果我们有一个健康的童年,有着来自父母的强烈关爱,那么我们就为信任打下了基础,更容易给予信任并接受信任。

不幸的是,当今社会存在着信任危机。我们所依赖的许多主要机构,包括各种类型的政府、健康保健系统、金融系统和学校系统,似乎都在让我们失望。人们对企业,特别是对大企业及其领导者,存在高度的不信任。在公司内部,团队成员之间以及团队成员与顾客、供应商、投资者和职业经理人之间缺乏信任。所有这些信任都非常重要,因为信任是建立社会资本的必要条件。社会资本的定义是"促进社会合作的共同规范或价值观",[3]它对于组织乃至整个社会的发展都至关重要。

信任是良心企业顺利运作的重要润滑剂。有高度信任的企业通常都是精力充沛的组织，它们是乐观、勇于尝试并且能克服巨大困难的组织。企业内部的信任会辐射出去，影响到所有的利益相关者。在一个有高度信任的组织中工作的团队成员在工作中更投入，产出更高。有高度信任的组织会从利益相关者之间更大的协同效应中获益，使集体比个人能取得更多的成果。随着企业声誉的提高，一个有高度信任的企业能够吸引更多敬业且有包容心的团队成员、顾客、供应商和投资者，并形成一个良性循环，随着时间的推移建立起一个真正伟大的企业，为所有人创造价值和福祉。

缺乏信任的文化培养了一种封闭的、多疑的、狭隘的、恐惧的思维定式，消耗了组织能量，阻碍了创造力。低信任度会增加组织中的摩擦，提升运营成本，特别是因为更高的监控和法律成本而造成的直接财务负担。没有信任，企业就会变得懈怠，反应迟钝，对顾客的需求漠不关心。因此，缺乏信任为组织的最终衰败埋下了种子。

企业要做什么才能建立信任？有一点很确定，这肯定不是简单花钱就可以买到的。一家大企业最近聘请了一家咨询公司，设计了5亿美元的营销活动来建立信任。这种努力注定要失败。对于深层文化根源的问题，没有快速的营销或财务上的解决办法，信任只能靠行动而不是语言来慢慢获得。

建立信任是一个缓慢而困难的过程，摧毁信任则轻而易举。高层领导者公然的谋私利行为，管理者对待员工不一致和不公正，企业扭曲或隐瞒基本信息，所有这些事情都会迅速破坏信任。

下面将介绍一些良心企业建立信任文化的方式。

真正由目标驱动

拥有高度信任的组织是拥有崇高目标的组织。然而，随着时间的推移，许多组织忽视了它们存在的原因。今天，许多社会机构已经忘记了它们的目标，相反，他们开始追求个人和机构的狭隘私利。有的政府常常只为政治家和公共雇员工会的利益服务，而不是为公民利益服务。某些学校也往往只服务于教育官僚机构和教师联合会，而不是改善对学生的教育。同样地，许多医疗保健系统的运作是为了最大限度地提高制药公司、医院、医生和保险公司的利润，而不是病人的健康和福利。金融体系往往从短期套利机会中获利，而不是将社会储蓄转化为最有价值的投资。许多公司的存在似乎主要是为了最大限度地提高管理人员的报酬，其次是创造股东价值，而不是为所有利益相关者持续创造价值。

崇高的目标和共享的核心价值观团结了整个组织，并创造了更高程度的共同道德承诺。有这样的统一组织意识的企业，就有机会获得更高层次的信任。

培养良心领导者

信任与虚伪的、不真实的领导者无法并存。如果领导者不身体力行，一个组织的目标就毫无意义。忠实于目标和核心价值观能够建立信任，而任何背离都会破坏信任。良心领导者会带着受人托付的真诚来运作公司。他们会考虑到自己的行动对未来的影响远不止于下一季度的利润数据。他们对托付给他们的组织有着强烈的责任感，认为让这个组织比他们接手时更加健康、更加强大是一项神圣的职责。

信任是双向的

信任是双向的。要得到信任，就要表现出信任。领导者必须相信员工会运用他们最好的判断力，而不是试图用太多的指令和规则来控制他们。研究表明，团队成员的绩效与他们上司对其的信任程度密切相关。过于严密的监管会削弱双方的信任。很多企业都已经认识到信任是双向的，因此主动停止了那些可能破坏信任的做法，例如监控并秘密监视团队成员的在线活动。被监视的感觉会使团队成员变得敌对和更加松散，反过来，如果他们完全被信任去做正确的事情，对此的反应通常会非常积极。

来自达拉斯的营销机构"我加你"（MEplusYOU）就是一个体现信任力量的很好例子。创始人兼首席执行官道格·利维（Doug Levy）说："几乎所有公司都会有一个外出请假的规定，规定员工可以请假多少天。我们最近改变了外出请假政策，没有任何请假的规定，每一个员工在需要请假的时候都可以请假。这个规定的含义是'我们信任你'。我们的团队喜爱这样的信任而且尊重这样的信任。事实上，我们现在都不得不督促员工多休息一些时间！"[4]

透明

为了增强信任度，我们必须接受透明。透明本身并不是目的，但是透明很重要，因为透明有助于在组织中建立更多的信任。当我们想隐藏一些东西时，背后的动机几乎都是缺乏信任。我们担心如果这些信息泄露，则弊大于利。虽然一定程度的谨慎是必要的，可以保护重要的组织信息不会被泄露给竞争对手或者心存破坏的人，但是很多时候，保密工作做得太过了。因为透明和信任带来的好处很多，有高信任度的组织愿意冒一些有价值的信息会落入坏人之手的风险。

透明是一个连续统一的整体。组织的文化如果没有基本透明,往往就会产生很大的恐慌。有些公司因循服从思维,透明度有限,它们只会按照需要知道的原则披露信息。相比之下,良心企业只会保留那些公开后可能损害企业的信息。公司不可能披露一切,但人们必须相信公司不披露那些信息的理由。公司保持完全透明既没必要,也不可取。事实上,如果公司泄露了团队成员的私人信息,可能就会被人利用。每个公司必须保持适当的平衡。

我们会对信任的人说实话。在有良知的文化中,工作不用什么技巧,而是要承诺求真务实。领导者和管理者说什么,团队成员做什么,顾客就会体验到什么,这些都必须符合公司的指导思想和已经明确的目标。对内和对外都用诚实和直接的沟通方式,完全没有现在商业和政治世界里比比皆是的言论操控。公司的广告也是真实的,而不是夸大其词,其实当你有一个真正的好故事时,没有必要过分渲染。说一套做一套的公司会在利益相关者中滋生出玩世不恭的情绪。藤壶随着时间的推移就会牢牢地粘在船底,玩世不恭的情绪一旦在公司内部产生,也很难清除。

创建透明的企业文化有一个重要的好处,那就是任何无意的不公平一旦出现,就会被立即发现并得到迅速纠正。这一点很重要,因为人们感知到不公正的时候,信任就会迅速瓦解。人类有被尊重、被倾听和被公平对待的需求。研究表明,即使一个公平的决策过程会产生对人们不利的结果,大多数人更愿意要一个公平和透明的决策过程,也不会要一个可能会给他们带来积极结果的不公平过程。[5]

至关重要的是,公平这一标准适用于所有关键的组织流程,如招聘、晋升、薪酬、纪律和协议终止。任人唯亲和裙带关系会破坏组织的信任,这绝对不能姑息。

关键特征2，关爱

我们通常不会把关爱与组织联系起来，而是往往把关爱当作只会与家人、朋友或社区分享的东西。这种文化的偏见源于人们的普遍认知，关爱会妨碍现实世界的有效性。人们把市场视为竞争的丛林，担心强调关爱的企业不可能有竞争力并且在市场中获胜。事实上，情况恰恰相反。关爱不是软弱的美德，而是人类最强大的特征。在恐惧基础上运行的企业就是在自取灭亡。

世界精神中心的联合创始人马克·葛夫尼在企业和关爱问题上提出了雄辩的看法："商业世界正在成为一个精神的大教堂。企业正在成为可以创造出意义的地方，在那里开始产生相互依存的关系。企业是世界上的一股力量，它满足了伟大精神传统的每一个主要价值，即亲密、信任、共同愿景、合作、协作、友谊，以及爱。那么爱的核心是什么？它是不断向更高层次发展的相互依存、认同感、团结一心的进化运动。"[6]

我们必须超越"只有偏执狂才能生存"和"好人注定落伍"这样的文化迷思，同时让组织和领导者更加人性化。企业的文化要能够表达人类所能体现的最高和最好的美德，而关爱正好列在这份清单的首位。正如密歇根大学教授简·达顿（Jane Dutton）所说："人类天生就会关爱。我们的机构能够放大或压抑我们的关爱能力。"[7]

大多数企业文化都没有充分认可关爱的价值，这是因为它们的领导者并没有把这些美德完全融入他们的生活中。我们需要的榜样是在拥有关爱之心的同时也很强大，并能够证明两者之间不存在任何矛盾。亚伯拉罕·林肯、马丁·路德·金、甘地、曼德拉和特蕾莎修女，这些领袖被认为很坚强，但是他们同时又富有爱心和同情心。个别杰出的企业领导者也达到了这样的境界（我不由自主地想到了西南航空公司的赫布·凯莱赫）。企业领导者应该有志于进入那些富有爱心和同情心，同时又坚强高效的领袖们的圣殿。

越来越多的女性开始走上领导者的位置，这是当今企业界一个非常健康的发展趋势。一般来说，女性在表达爱、关心和同情的时候似乎更自然些。毫无疑问，未来几年女性的领导地位将会继续取得重大的进展，这将对企业的文化产生显著的影响。

消除恐惧

可悲的是，太多的领导者仍然认为，恐惧是比爱更好的激励因素。恐惧是爱的反面。当一家企业完全建立在关爱之上，恐惧就不存在了。大多数组织的管理方式都同时带有关爱和恐惧倾向，二者必有其一会占主导地位。良心企业寻求消除恐惧，这种情绪会阻碍人们充分自我实现，并阻止企业充分发挥潜力。恐惧对创造力尤其致命。企业要真正有创造力，员工需要处于流畅的状态，而在恐惧下则不可能有这样的状态。[8]

一个建立在恐惧和压力基础上的公司就像是一幢白蚁出没的房子，外面看起来很好，但其实里面已经被吃空了，直到有一天房子最终会坍塌。当一种文化充满恐惧时，工作就变成了忍受痛苦的煎熬。不幸的是，这种情况太普遍了。没有经历过星期一早晨忧郁症的人今天已属罕见。

当然，关爱必须与卓越和力量结合起来，否则企业就会变得软弱无能。评判和谴责会导致人们缩手缩脚，变得忧心忡忡。持续高绩效的组织，温和而坚定地综合了关爱以及追求卓越。它们不会评判和谴责别人，而是帮助人们认识到自己的错误，并从中学习和成长。

星巴克前北美区总裁霍华德·毕哈（Howard Behar）谈到通过关爱获得

的力量:"爱不是软弱而是力量的象征,而且不可能造假。没有信任和关怀,我们永远不知道什么是可能的。如果无法逃离恐惧,我们就不会有梦想,也无法发挥自己的潜能。"[9]

创造更多的关爱

组织可以通过做两件关键的事情来表现更多的关爱:一是雇用和提升那些有关爱能力的人,二是让关爱更公开地表达出来。

组织必须非常谨慎地选择那些要提拔的人。如果企业不提拔有关爱能力的人,企业就没法拥有最需要的领导者类型。晋升的标准必须超越技术能力,还要包括高度的情商以及关爱能力。领导者是那种能够充分整合的人,他们超越了人类典型的两重性。领导者可以很强大但是也有爱心,可以充满阳刚之气同时也有女性般的温柔,可以兼具卓越的高标准以及很高的情商。

应该让关爱在工作环境中表现出来,这不应该有什么忌讳,而且是应该受到鼓励和嘉奖的品质。在某些方面,由于对性骚扰的极大恐惧,大多数组织都走向相反的方向。这让大家对男性和女性有任何形式的身体接触或相互欣赏都感觉不寒而栗。组织需要解决这个突出的矛盾,并找到适当的平衡。

带着关爱做出严厉的决定

当一个组织必须采取行动,而且会给利益相关者带来极大的痛苦和混乱时,就面临着艰难的选择。即使在这种情况下,关爱也可以成功地表达出来。企业缩小规模或者裁员,就是经常面临的一个艰难选择。对许多企业来说,另外一个普遍的变革是要把过去内部完成的工作外包出去。当一个表现不好的人必须从领导职位上调离的时候，也是另外一个困难的转变。如何通过有良知的、充满关爱的方式来处理这些困难的情况呢？

裁员

让企业继续蓬勃发展，所有利益相关者的利益都非常重要。如果本来可以成功的组织却最终失败了，这种行为就无法体现出关爱。不幸的是，有时组织必须通过收缩来避免失败，并在竞争激烈的市场中取得成功。

理想的情况是让人员能够自然流动，从而就没有必要裁员。如果一个企业有耐心，人员自然流动能够在一两年内解决人浮于事的问题。如果领导层觉得不能等那么长时间，就可以采取一些裁员和雇用冻结相结合的办法，直到与正常流动结合起来，总的员工数量下降到一个可持续的水平。

全食超市在 2008 年年底因为经济情况比较糟糕，受了严重打击，被迫精简全球支持团队，解雇不到 0.1% 的团队成员（在近 5 万名团队成员中解雇 48 人）。同店销售额在历史上第一次开始下降，公司有必要放慢新店发展的速度以保存资本，还需要减少员工总量，以使开支与销售相一致。我们认为，如果要继续为所有的利益相关者创造长期价值，公司不得不裁员。但是怎么才能以关爱的方式来处理这种情况呢？

当公司被迫裁员时，组织应使用的第一个策略就是尽可能地诚实和透明，把正在发生的困难告诉整个组织。传递的信息可能是这样的：

> 正如你们很多人知道的，公司在过去几个月一直在苦苦挣扎。销售一直很疲软，利润和现金流都大幅度下降。我们相信销售的下滑主要是因为我们都正在经历的糟糕的经济环境。为了使公司继续

生存下去，我们必须在 Z 日之前把员工总数从 X 减少到 Y。我们必须以这样或那样的方式达成这个目标。我们知道正常的团队成员流失也会减少一些员工数量，我们也可以将一些团队成员转移到公司其他空缺职位。我们还将实行临时雇用冻结，以尽可能多地保护现有的工作岗位。此外，有些团队可能会投票决定每周自愿减少工作时间，以保住团队的工作，但每个团队成员都可以投票决定他是否喜欢这个选项。然而，到了 Z 日，我们需要员工总数下降到 Y，如果到时候没有实现目标，我们将不得不采取其他类型的裁员方式，用非自愿的方式减少总的员工数量。如果不得不这么做，我们将非常非常抱歉。我们欢迎来自您的任何严肃的建议和备选方案。

良心企业会以完全透明的方式进行这种讨论，带着正直和诚实，并邀请团队成员就如何解决问题提出建议。这不是一个管理问题或一个团队成员问题，而是一个公司的问题。团队成员通常有帮助解决问题的见解和建议。例如，一个团队可以集体决定减少所有团队成员的工作时间，以免失去团队中的任何一个人。如果团队成员集体投票决定这是他们希望采取的行动，那就更好了。强迫每个人减少工作时间可能会引起怨恨。如果员工不尊重领导者，可能会说："公司领导只是害怕做出艰难的选择。过去他们决策不力，让公司现在陷入困境，现在却让我们承担错误。因为他们不愿意让一些能力较差的团队成员走，结果现在大家都遭殃了。那不公平。"

第二个有效的裁员策略是为自愿离职的团队成员提供强有力的激励措施。在每一个组织中，总会有一些团队成员因为各种原因考虑在近期离职。如果一家公司能一次性向这些团队成员提供几个月的工资，许多人可能会心甘情愿地加速离开公司。在组织有足够的自愿离职员工以实现其裁员目标之前，补偿政策可以继续提高。这类似于航空公司处理超卖航班的做法。

他们会请求乘客自愿取消航班去赶晚一点的航班，以换取价值数百美元的旅行券。他们不断提高旅游券的金额，直到有足够的乘客自愿预定晚一点的航班。

显然，裁员会损害组织的士气。在裁员时，领导者会给组织带来恐慌，即使裁员的方式很专业，很为员工着想，员工还是不可避免地开始担心自己就是下一个被裁掉的对象。在员工等待另外一只鞋落地的时候，他们的焦虑会不断累积，注意力和参与程度会受到影响。与其逐步缩小规模，不如一次就裁到位，并明确表示未来不会再有裁员。因此，裁员的时候必须做到位以防止可能出现的误差，如果公司发现裁员过度，总是有办法把人请回来。一旦开始裁员，并承诺未来不会再削减工作岗位，员工就会开始放松并释放恐惧情绪，组织的士气将逐步恢复。

裁员也可以被领导者视为组织面临的机会，可以有意识地让团队状态更好、更能干。每个组织中总有一些人并不是很适合，或者说没有做出与大家同样的贡献，所以如果能够用有意识的方式处理裁员，这也可能是一个提升整体团队成员质量的机会。

裁员绝不应该是常有的事情。这在全食超市 32 年的历史中只发生过两次。我们认为，如果公司让人离开，那么公司也有责任设法帮助他们在其他地方找到工作。在全食仅有的两次必要的裁员中，我们投入了不少钱和时间以帮助被裁员工能够找到别的工作。我们遣散的大部分人其实都选择自愿离开。我们鼓励他们带着慷慨的遣散费离开。我们也尽最大的可能，在公司内部把人员调到有空缺的岗位上，特别是那些愿意并能够搬迁到另一个城市的员工。对于那些无法做到的员工，我们会帮助他们在公司以外找到其他职位。

外包

如果一个公司需要将工作外包给另一个供应商或者其他国家以保持整体竞争力，以上讨论的许多策略也都是有用的。对于因为企业外包而失去工作的团队成员来说，企业必须尽可能地表现出真诚的关怀和照顾。良心企业这么做是为了保护组织的整体士气。企业应该与整个团队讨论外包问题的性质，以及各种可能的解决方案，并征求团队的意见。

如果一个公司决定推进外包战略，第一，应该提前宣布这些计划，使人们习惯于这个想法。第二，公司应该设法在内部调动以及再培训尽可能多的人，尽可能地减少工作岗位的损失，保证正常的人员流动，逐步减少员工总数。在某些情况下，公司可以将员工安置在承接业务的外包公司中。第三，领导层可以要求员工自愿离开，提供丰厚的遣散费。第四，公司可以提供有价值的外部工作迁移支持和咨询。一个公司用有良知的方式推动外包工作并不能消除所有的痛苦，但确实能减轻痛苦，同时帮助公司在竞争环境中长期持续取得成功。

让不称职的领导者回炉

当有必要把某人从领导岗位调离的时候，总会出现令人不愉快的情况。当公司提拔某人担任领导职位，而这一职位超出了这个人的能力范围的时候，这种情况就会发生。不成功的晋升实际上应该由决策者负责。与其让公司失去一个有价值和对公司有承诺的团队成员，不如帮助该成员从经验中学习和成长，然后为他提供新的领导机会。

在全食超市，当领导者不称职时，我们的解决办法不是解雇他们，而是把他们从目前的工作岗位调离，然后给他们提供一个"桥梁"——在3～6

个月的带薪工作期间，在组织内找到另一份工作。通过这个桥梁，他们通常有时间在公司的其他岗位上成功转型。

全食超市长期以来都有这样"回炉"领导者的做法。被回炉的领导者不会将此看作一次失败，而是一次宝贵的学习经历。回炉后的团队成员受到了鼓励，继续学习和成长，并在未来寻找其他领导机会。全食超市一些最好的和最高层的领导者在公司职业发展的某个阶段都经历过回炉的过程，并因此成长为更有能力的领导者。

表达感激和欣赏

我们在全食超市会做一件很简单的事情，而且这件事情已被证明能够带来改变，有助于创造一个充满关爱的工作场所：所有的会议都以自愿的感激和欣赏结束。我们会在会议结束时留出时间，让在场的人都感激参加会议的其他人。感激可以是为了他们最近一起做的一些事情，也可以是因为他们给予自己的支持和帮助，甚至是因为喜欢或者钦佩某个人身上的品质。在这种场合中，通常一个人会感激和欣赏不止一个人，往往是几个人。

有时人们心情不好，不打算表达任何感激和欣赏。但在接收到其他人的关怀和感激之后，他们的意识就会发生转变，内心就会被打开，有一种强烈的愿望去感激别人、欣赏别人。当有人给我们关爱的时候，我们也想要以关爱作为回报，这是人的本性。这将创建向上的感激和欣赏的螺旋，彼此相互促进。这也将会创造一个环境，帮助大家解决困难。这种表达感激和欣赏的活动的影响超越了当时的会议，并会延展到日常的工作生活中。

感激和欣赏的力量很强大，因为它们抵消了人们在会议中产生的消极意识。在会议中，人们常常会进入一个评判的位置，在那里默默开始挑剔别人说的话。当我们用感激和欣赏结束会议时，就可以把人们从评判的位置拉出来，融入关爱之中。

有趣的是，从感激和欣赏中获益最多的人通常不是接收者，而是表达感激和欣赏的人。一旦我们转变为真正感激和欣赏他人的模式，我们的意识就会转向爱与关怀。表达感激和欣赏是一种对每个人都有强烈影响的善意。自我发展领域的著名作家和演说家韦恩·戴尔（Wayne Dyer）写道："研究表明，一个对别人的简单的善意举动，会带来免疫系统功能的提升，促进善意的接受者以及善意的给予者的血清素产生。更令人惊异的是，观察到善良行为的人也会获得类似的有益结果。想象一下吧，每个人给出的善意、收到的善意，或者是观察到的善意，都能有益地影响每个参与者的身体健康和心理感受！"[10]

在爱和信任广泛存在的工作场所，感激和欣赏可以更强调爱与信任，让它们的内涵变得更加丰富。这种做法已经在全食超市广泛推广，甚至董事会也会以感激和欣赏结束会议。这无疑让会议更加和谐，产生更大的友情和信任感。这是一个简单的技巧，可以提高组织中的信任、友谊、关爱水平。我们强烈建议领导者们在自己的组织中进行这种实践。

几年前，我们在纽约的一个巴士站看见一个 CareerBuilder.com 的广告牌。牌子上写着"如果你的公司关心你，那它做的一定是关心的生意"。这种说法有点可悲但是却很真实，太多的公司除了自己的繁荣以外根本不在乎其他事情，它们也不打算关心任何其他事情。但社会正朝着一个更美好的世界稳步前进，其实更准确的说法是"如果你的公司不关心你，它就不会长久存在"。公司不仅需要关心顾客和投资者，还要关心团队成员及其家庭、供应商、社区和环境。

在本书的引言部分，我们写了关于1981年阵亡将士纪念日洪灾的故事，当时全食超市的顾客、投资者、邻居、供应商和团队成员聚集在我们身边帮助我们拯救公司。在创业伊始，我们问过自己："我们能建立一个有爱的公司吗？"如果不是因为爱的力量，今天的全食超市就不存在了。

16

有良知的管理方式

管理在良心企业中的作用有限但至关重要：管理者必须创造、维持和强化外部条件，使得团队成员主要靠内在动机所驱动。

CONSCIOUS
CAPITALISM
LIBERATING THE HEROIC
SPIRIT OF BUSINESS

良心企业的四个关键原则形成了一个有机的整体，它们相互联系并相互依存。所有的要素都需要相互协调并且相互支持。因此，在良心企业中，企业的管理方式与良心企业的其他原则保持一致很重要。特别需要强调的是，情感和精神元素是体现有良知的文化的重要组成部分，因此需要一种特殊的管理方式，才能让这些元素得到充分的表达和强化。

　　信任、真实、透明、关爱创造了条件，让人们可以获得创造性能量、激情和灵感。有良知的管理方式会努力创造一个良性循环，加强组织的实践，以最有效的方式集中这些创造性的能量。分权再加上授权会促进创新。通过协作，这些创新能在整个组织中共享、改进和扩散，使其效果倍增，帮助企业成长、发展和繁荣。

　　正如前面所讨论的，良心企业很大程度上是自行组织、自我激励和自我修复的组织。发展程度最高的组织主要都是靠自我管理。当然，这不会自动发生，它需要一种"智能设计"，来创建一个与有良知的组织文化和基本人性相一致的运营系统。

有良知的管理方式的四个要素

在有良知的文化中，传统的管理方法会适得其反。正如合弄制（Holocracy）管理系统的创造者布莱恩·罗伯逊（Brian Robertson）所说，"在病态环境中，健康行为会成为健康环境中的病态行为"。[1] 传统的管理定义包括组织、计划、控制和指挥资源的活动和职能，以实现组织的目标。这种方法假定管理者实施管理，而其他人做实际工作。这可能在某些情况下是有意义的，例如在科层组织中，绝大多数工人从事常规工作，而这些任务只有很少或根本没有空间让个人发挥创造力。传统的看法是，在这种环境中的工人需要被控制，需要被管理者的外部激励因素所激励，也就是广为人知的胡萝卜加大棒政策。然而，这种想法已经越来越不合时宜，因为那一类工作变得越来越少了。

丹尼尔·平克在他的经典著作《驱动力》一书中指出，大量的研究表明，今天在绝大多数情况下，更有效的是内在动机，也可以大致理解为工作本身的乐趣。[2] 如前所述，平克为内在动机提炼出三个主要驱动力：自主（指导我们自己生活的愿望）、专精（在一些重要技能上持续改进的愿望）和目的（为了比我们自己更大的事业而做事的愿望）。

因此，管理在良心企业中的作用有限但至关重要：管理者必须创造、维持和强化外部条件，使得团队成员主要被内在动机所驱动。首先，这意味着要招聘到正确的人，即找到那些个人的热情与公司目标一致的人。其次，这意味着把人放到能够充分发挥自己长处的合适位置，并给他们很大的自由操控的空间。最后，这意味着创造机会让人们茁壮成长，同时帮助组织以有效和高效的方式实现其目标。

道格拉斯·麦格雷戈（Douglas McGregor）于1960年出版了《企业的人

性面》①一书，对管理思想做出了里程碑式的贡献。这本书质疑了在人员管理方面有效性的隐性和显性假设。麦格雷戈把这些假设归类为管理中经典的 X 理论和 Y 理论。X 理论代表了"传统的指导和控制观点"，而 Y 理论是关于"个人和组织目标的整合"。³ 就像 Y 理论一样，有良知的管理方式承认有意义的工作和个人幸福之间存在关联。这个理论建立在过去 50 年对于人以及工作性质认知的重大进步之上。

这里我们会集中讨论有良知的管理方式的四个关键要素：分权、授权、创新和协作。

要素 1，分权

长期以来，管理理论一直在讨论分权与集权之间的适当平衡。当然，每一个组织都有部分是集权的，也有部分是分权的。没有普适性的正确比例，具体情况取决于这些因素，例如：规模经济的范围，在更高风险的情况下需要加大控制的力度和精确度，以及业务是否涉及制造业或服务业。

一个运作顺畅、集权的组织，其中每个团队成员都有一个定义明确的工作，可以将其比作交响乐团。个别演奏者可能出类拔萃，但是再优秀也只能严格遵循整体设计，这就是交响乐。但是，在当今的商业世界中，个人的创造力和创新必须结合共同的和谐感和有使命感的创造。一个分权及被授权的组织表演的不是交响乐，而是一种即兴爵士乐。⁴ 组织的共同的价值观和崇高的目标扮演护栏的角色，确保结果仍然是优美的音乐，没有杂音。

---

① 《企业的人性面》中文简体字版已由湛庐文化策划、浙江人民出版社出版。——编者注

集体智慧无处不在

市场经济是一种有效的经济制度,特别是比政府官僚机构或指挥和控制型的结构更高效,其中的一个原因是它认识到在社会和组织中,集体的知识和智慧是广泛分布的。这是弗里德里希·哈耶克(Friedrich Hayek)在20世纪中叶最高明的洞察。[5] 在最有活力、最成功的企业和经济体中,都会允许人们把他们拥有的分散的知识和智能充分表现出来。在停滞不前的企业和国家里,官僚们会说:"我们不在乎你想什么,想做什么,想创造什么。我们知道什么是最好的,而且会以我们自己的方式去做。"这会大大降低真正创新的可能性。

高效的组织会使用管理方法来挖掘集体智慧。为了培养更多的创意和创新,他们采用分权决策的方式。他们认识到,除非通过集权能够获得有压倒性优势的规模经济,最好还是分权并鼓励广泛的实验。换句话说,他们认为"百花齐放"是公司服务于利益相关者的最好方式。[6]

把权力下放给与顾客互动频繁,并对顾客需求有充分了解的团队成员,还促进了组织在各层次的广泛试验。例如,全食超市目前有329家分店,分为12个不同的地理区域。每个门店包括10个左右的自我管理工作团队。门店和地区通过共同的目标、核心价值观以及全球支持办公室的某些集中职能与整个公司联系在一起。但是在操作层面上,公司是高度分权的,允许个体门店和团队有很大的自主性去进行试验,观察什么有效、什么无效。由于在整个组织中进行了很多的创业试验,新的想法不断涌现。

只要在核心价值观和组织的完整性上不做出妥协,我们相信尽可能地分权可以培养更多的创新。除非有真正令人信服的证据表明当上级做决策时组织会更好,我们遵循的关键原则是尽可能在一线做决策。换句话说,我们对于分权有一种强烈的偏见。在全食超市，全球支持办公室制定全球决策，区域团队做出区域决策，门店做出门店决策，门店内的团队做出适合于团队的决策，每个团队中的团队成员做出适合他们自己的决策。

在分权和集权中寻求平衡

当然，当公司分权有道理的时候，必须克服权力下放的偏见，但必须注意，这种做法不会损害个人的自主意识，反而对维持组织的高水平内在激励至关重要。例如，在全食超市，在地区层面做自有品牌产品没什么意义，这部分业务是总部集中控制的。这使我们能够利用采购规模经济，为客户提供更具吸引力而且负担得起的自有品牌产品。区域和门店可以自由尝试经营新的品牌产品，他们也一直这么做。尤其是由于他们对本地食品的支持，使得本地渠道不断冒出新的和创新的产品，最成功的那些产品最终会在整个公司推广开来。

权力下放存在两个潜在问题：一个是我们有时会浪费时间去想已经众所周知，只不过还未纳入组织文化的想法；另一个是许多试验都不会成功，当允许进行大量的试验时，必然会有许多失败。因此，分权的公司必须容忍系统中固有的一定程度的"浪费"或低效。

在工程师和官僚的头脑中，他们总是认为做任何事情都有一个最好的方法，如果有潜在的问题，会令人沮丧而且不可接受。但是，在一个健康的组织体系中，这些问题只是暂时的，因为良心组织很快就会吸取教训并停止做无用功。最终，成功会远远超过失败，而且能够持续不断地创新并产生结果。

分权有时会导致对公司整体关注的缺失，存在仅从局部考虑问题的倾向。戈尔公司的首席执行官泰瑞·凯莉已经找到克服这些挑战的方式。"在戈尔公司，我们有很强大的事业部，"凯莉说，"医疗、面料……他们都在自己的小世界里——如果你不注意的话，他们只会关心自己的事业、生意和团队，所以你得把这些制衡机制做到位，迫使事业部的领导者也肩负公司的责任，从公司角度进行决策。"[7]

要素2，授权

没有授权的分权是浪费时间。授权意味着给人们权力去决定影响他们工作的方式。没有授权，就不会有创新或创意，人们只会循规蹈矩或者只是例行公事。把权力下放，赋予人们自由选择自己的最佳判断以及试验新的想法，这一点至关重要。良心企业中的每一个团队成员都是整个企业的缩影，被授权为企业的整体利益行事。企业相信自己的团队成员会用明智和周到的行动，为企业的首要目标和利益相关者服务。正如星巴克前北美区总裁霍华德·毕哈所说："扫地的人应该选择扫帚。我们需要摆脱真实的和想象中的规则束缚，鼓励独立思考。"[8]尤其是在服务业中，授权人们去做满足顾客需求的工作至关重要。当公司让规则妨碍顾客的时候，是非常可怕的。但是对此漠不关心的团队成员很容易用这些规则作为挡箭牌。

授权会鼓励创意和创新，加速组织的发展。完全授权的组织具有巨大的竞争优势，因为它们能够从团队成员身上挖掘出能量和敬业之源，这些是竞争对手无法做到的。

许多组织都会谈论授权，但是因为害怕失去控制，大多数人害怕授权，都想随时保持控制。但是控制和创造力常常是相互对立的。在工作当中授权最大的障碍是指挥和控制的领导理念，这种理念建立在对团队成员缺乏信任的基础上。指挥和控制需要制定详细的规则，而且需要一个科层组织来执行这些规则。因为团队成员害怕因打破规则而受到惩罚，这种结构会抑制创新和创造力。人们在这些组织中得以晋升的原因不是因为创新，而是因为遵守规则，不出问题。指挥和控制会产生顺从的员工，但很少释放激情或者创造力，以实现组织的目标。

诺德斯特龙百货一直信奉授权给一线团队成员用自己的最佳判断服务顾客。多年以来，他们只有一页长的员工手册，全文是这样的[9]：

欢迎加入诺德斯特龙百货

很高兴您加入我们公司。我们的首要目标是提供卓越的顾客服务。请把您的个人目标和职业目标都定高一些。我们对您实现这些目标的能力充满信心。

诺德斯特龙百货的原则：第一，在所有的情况下都请用善意判断。不会有额外的原则。

请随时向您的部门经理、店长或事业部总经理询问任何问题。

责任感

没有责任感的授权会导致承诺破碎、顾客满意度降低以及业绩下滑。比尔·乔治在成为美敦力首席执行官后发现了这一点：

> 我把文化看成两件事：价值观加规范。当我加入公司时，美敦力有一个非常好的以价值观为中心的文化，但没有追求业绩的文化。截止日期经常被错过，本该用两年时间的研发项目却用了四年。员工不去履行自己的承诺，并且总是为此自圆其说。大家没有责任和担当的意识。这不健康，或者说不可持续。我们必须制定一些更具

挑战性的规范性标准，这些标准对大家来说是很难对付的。我谈到了对授权的问责。除此之外没有别的方法。如果我们不能交出成绩，每天都有人奄奄一息。

当我们要让人们承担责任，就有一些人不得不离开，也有些人因为跟不上被降级。我们说作为一个团队一起工作，但是我们都必须把自己真正投入到那个团队里。我会告诉员工："我穿上白大褂是来看流程的，你呢？"他们会说："哦，我没有时间做那件事。"我说："嗯，你最好找时间来做这个事情。你不应该因为没有时间而不做这件事。这是一个工作。每个人都必须参与。"这就是建立文化的方式。[10]

命运与共

在全食超市，我们强调命运与共的重要性。这意味着公司做得越好，顾客的感觉就会越好，团队成员的表现就越好，投资者也就越好。

在许多公司里，有些团队成员会养成一种理所当然的权利心态，他们只希望在全盛时期获益，但希望免受困难时期的影响。在良心企业，情况并非如此。有一个很好的例子是一家23岁的澳大利亚公司——无畏旅行公司（Intrepid Travel），这个公司每年为90个国家的10万名游客提供"真实生活体验"服务。无畏旅行公司为那些有"天真好奇心"的普通人提供冒险旅行。创始人杰夫·曼彻斯特（Geoff Manchester）和达雷尔·韦德（Darrel Wade）说："在这些不确定的日子里，我们走出去探索美好的世界变得更加重要。正是通过旅行，我们打破了偏见，建立了理解，创造了一个更美好的充满爱的世界。"与一般的行业惯例不同，无畏旅行公司保证每个行程都能成行，即使只有一个旅行者。公司许多成员都是以前的顾客。[11]

旅游行业对于外部冲击的抵抗力很脆弱，无畏旅行公司也不例外，"9·11"恐怖袭击，紧接着是禽流感、"非典"、巴厘的恐怖爆炸事件以及2008年全球金融危机，对公司的影响很大。无畏旅行公司熬过了这些低迷时期，并且幸存下来。这增强了公司的韧性，创造了一种强有力的凝聚力文化，使所有利益相关者感受到命运与共。例如，在"非典"危机期间，70%的员工自愿减薪10%。

在2008年，无畏旅行公司经历了全球金融危机，失去了占其业务15%的合同。为了生存，公司不得不降低管理费用。这次自愿减薪还不够，公司别无选择，只能让9个人离开公司。公司以有良知的方式处理这件事，给了他们6个星期的通知期并协助他们找工作，并且在那个阶段为9个人中的7个人找到了新的工作。4个月后，当业务恢复时，离开的人中有两位被邀请回到公司担任不同的职位，那些自愿减薪的员工的薪水后来也补发了，并且还算上了利息。

良心企业典范

在哈特福德做正确的事

2007年12月13日下午，一场暴风雪肆虐，位于康涅狄格州西哈特福德市的一家全食超市收银机突然停止工作。这家商店当时刚被全食超市从野生燕麦超市收购过来，技术系统还没有完全跟全食超市整合。当排队等待付钱的队伍越来越长的时候，门店的助理组长泰德·多诺霍（Ted Donoghue）咨询了团队成员之后，很快做出决定：不向顾客收费，直到收银问题得到解决。顾客需要安全回家，这意味着他们必须尽快结账。团队领导者金伯利·霍尔（Kimberly Hall）后来说："这显然是我们造成的混乱，而且让顾客等似乎也不太对。"当顾客走到收银台前时，收银员告诉他们收银机有问题，然后帮助顾客包好他们买的东西，祝他们节日快乐，并叮嘱他们暴风雪中开车当心。大家大概花了 30 分钟才让收银机恢复工作，在这段时间里，门店大约送出了 4 000 美元的食品和杂货。

多诺霍并没有向全球或者地区领导层请示，甚至也没有请求直接上司同意他的做法，也没有人纠结这么做了以后会有什么后果。正如霍尔所说："他们完全信任我们为顾客做的正确的事情。"

这似乎就是故事的结局了。但几天后，一个那天在场的顾客打电话给《哈特福德报》的记者，讲述了那天所发生的事，把它描述为"完美的圣诞故事"。那位顾客那天被免除了 70 美元。她非常惊讶和感激，并决定捐 70 美元给一家食品银行。她说："我衷心地感谢全食超市，我觉得他们的所作所为真正体现了圣诞精神的精华。"记者用下面的文字结束了这个故事："想象一下，在我们所生活的世界上，如果所有的公司都像全食超市一样，世界将会怎样。"这个故事被发布在网站上，过了几天，得到疯转。

这种事情在全食超市经常会发生。我们知道，只要始终如一地为所有主要利益相关者服务，我们都会得到回报，无论大小。我们的人都知道，如果他们使用自己的最佳判断，去做正确的事情，就永远都不会被事后批评。哈特福德的故事在全美各地广为传播，为公司创造了巨大的商誉，这不是付费做广告就可以买到的，其价值肯定远远超过 4 000 美元。但是门店助理小组的领导并不是刻意为之，他也没有刻意写一个新闻稿，让全世界都知道全食超市所做的一切。他只是想为顾客服务，并用他最好的判断来做到这一点。

要素3，创新

企业最大的、长期的、可持续的竞争优势是能够有更强的创新能力，比竞争对手的效率更高，或者为顾客创造更大价值。当然，没有任何创新能带来永久的优势，比如专利会到期，或者新的发明使这些专利过时（事实上，许多企业如零售企业甚至没有专利），公司做的每一件事都可以被研究和复制。但是不断创新并且在公司系统中迅速扩散这些创新的组织会有显著的长期竞争优势。在竞争对手在某个领域赶上来之前，这样的企业又在其他的领域继续奠定了领先优势。

全食超市最大的竞争优势是，在一个并不特别创新的行业里，是一个充满创新和创造性的公司。食品零售业基本上遵循基于效率和成本控制的战略。沃尔玛是最好的例子，它在供应链效率、分销规模和降低整体运营成本方面是长期的领导者。那些严重工会化的连锁超市如克罗格、西夫韦和美国超价商店公司（Supervalu），很难在效率竞争方面获得成功。全食超市不断努力提高生产力和效率，过去30年以来，我们的竞争战略是通过创新来区别于竞争对手。

在大多数公司，创新的责任和机会集中在少数指定创新者身上，比如研发团队，其他人被认为只要执行命令就行了。在指挥和控制的管理结构中，大多数团队成员接收到的信息是："我们给你支付工资不是让你思考，我们只需要你把这些箱子放在货架上，或者为这些顾客结账。"这样的公司往往聘请昂贵的外部顾问作为指定的创新者。

任何一个依赖顶尖天才和外部顾问的组织，不管他们有多优秀，与那些充分利用公司所有智力资本并将知识去中心化的公司相比，都会处于竞争劣势。正如本章前述所讨论的那样，能够发掘所有人的创造性的组织将在21

世纪占据主导地位。想象一下，如果公司里的每一个人都能够成为创造者和创新者，会产生什么样的影响？团队成员应该被赋能、被授权并去接受挑战，以释放他们创业般的能量，激发他们的创造力，让他们帮助改善团队、门店和整个公司。这就是全食超市的秘密，一言以蔽之：我们已经找到一种方法，通过给团队成员授权，创造出一个基于爱和关怀并充满乐趣的工作场所，在那里，人们不会感到害怕，彼此的协作是常态。这会释放出更多的创意和创新，使公司得到改善并且迅速发展。

良心企业会在创业精神与稳定和控制精神（我称之为"科层管理制度"）之间找到动态的平衡。随着公司的成功和壮大，每一家公司都必须建立一定的科层管理制度，为组织带来必要的控制、秩序和稳定性。问题是科层管理制度往往会削弱公司的创业精神。官僚做派的人，不管是为政府还是为公司工作，都很少会有创新。他们往往会创建僵硬的制度和规则，其实这是在扼杀创意和创新。

全食超市即使已经成长为一个拥有超过110亿美元销售额和6.7万名团队成员的大公司，我们还是一直努力保持我们的创业精神。我们一直在努力确保科层管理制度不会压倒定义公司的创业精神。为此，我们已经制定了几种策略。例如，我们的文化认可、庆祝和奖励体现创业精神的行为。我们鼓励内部创业家，认可他们，为他们提供机会去实现他们的想法，奖励他们的成功，并且永远不会因为他们的失败而惩罚他们。

要素4，协作

如果方法得当，权力下放和授权通常会带来大量的创新和创造力。但是，没有协作的创新带来的价值有限。在公司的某个局部产生的好主意，其他人都不知道或者无法使用，这通常不会产生大的影响。协作文化能使成功的想法和创新在整个组织中迅速得到共享和推广。几乎每家公司都有很多优秀的东西，但是通常只留在那些孤立的口袋里。但是，借助今天能用到的技术，好的想法几乎可以立即传遍整个组织，并得到改进。因此，协作文化也是一种不断学习和改进的文化。最好的想法不会烂在藤上，它们会在整个组织中被认可、研究、模仿、扩散和增强。

全食超市门店的品酒室和酒吧的迅速扩散就是一个很好的例子。虽然一些门店在自己的各种熟食区销售啤酒和葡萄酒，但没有为出售啤酒和葡萄酒开辟专门的空间。起初，在超市里开个酒吧似乎不是一个非常好的主意，人们往往认为酒吧是餐馆的一部分，或者是当地社区中的一个独立场所。然而，2010年在位于加利福尼亚北部地区圣罗莎的一家全食门店准备尝试开一间酒吧。他们把酒吧设在啤酒和葡萄酒部的中间，并建立了一个部分封闭的区域，称为"品酒室"。酒吧提供16种现酿啤酒，以及门店出售的任何啤酒或葡萄酒。顾客非常喜欢。这个新的门店从开业那天就获得了巨大的成功，销售非常强劲，利润也很高。事实证明，顾客将全食超市视为他们喜欢在外面闲逛的"第三空间"，如他们看待星巴克一样，前两个空间是家庭和办公室。一个酒吧加强了全食门店的第三空间的感觉，增强了对顾客的吸引力。

这个成功的创新想法在全食超市被迅速研究、复制并进一步改进。酒吧的照片、计划要点和财务结果几乎在一夜之间就共享到整个公司。在短短几个月内，其他地区就开设了自己的品酒室，并对原有的做法进行了创新和改进。在不到两年的时间里，整个全食开设了超过75个品酒室和不同种类的专用酒吧，而这些做法背后都没有来自总部的任何指令。

作为学习型组织的良心企业

当分权、授权、创新、协作都集成到一个管理系统，这也利用了规模优势的机会，结果就是带来了一个创新的、灵活的、有爱心和有强大竞争力的企业。分权结合授权带来实验和创新，这些属性再加上协作，创建了一个学习型组织。当这些要素共同发挥作用时，个人和组织都能够学习和成长。持续的成长不仅仅广为接受，而且备受期待，并得到大力支持。这是一个关于个人幸福和事业成功的强大公式。埃里克·霍弗（Eric Hoffer）的名句强调了不断的成长与学习的重要性："在变革的时代，保持学习的人会坐拥这个世界，而有学问的人发现自己装扮得很漂亮，但是他们所面对的是不再存在的世界。"

用一个生物学的比喻来说，这就是一个不断适应和进化的复杂生命系统。与之形成鲜明对比的就是基于工厂系统的机器模型。机器必须设计到最后的细节。有人可以修补和改进设计，但机器本身不能进化。它们依赖外部专家，如程序员和机械师。一个良心企业有一种自组织的、有生命的系统，这个系统能够学习、成长、进化、自行组织，甚至自我实现。如果在工作场所的权力下放、授权、协作、关爱和照顾到了一个合适程度，将能使组织更快地适应变化、推动创新并快速发展，同时获得强大的、可持续的竞争优势。

开创性的管理思想家加里·哈默尔描述了当今世界对管理的新要求："不要问员工如何更好地为他们所属的组织服务，而要问'我们如何建立一个值得员工把自己的非凡才能带来的组织'，坦率地说，当今任何一位管理者最重要的任务是创造一个能激发非凡贡献的工作环境，并且能够与员工奔涌的激情、想象力和主动性相得益彰。"[12]

有良知的管理者会行使最少的控制权。他们的作用不是控制其他人，而是创造更多自我管理的条件。

Conscious Capitalism

Liberating the Heroic
Spirit of Business

第六部分

超越资本,
一种更好的商业运作方式

17

企业是伟大的价值创造者

激发并造就更多良心企业将为所有人带来一个更美好的世界。初创企业应该从一开始就在它们的 DNA 中牢牢地嵌入良心企业的信条,已经成熟的企业应该即刻踏上成为良心企业这个富有挑战但充满喜悦的旅程。

CONSCIOUS
CAPITALISM
LIBERATING THE HEROIC
SPIRIT OF BUSINESS

我们写这本书是为了激发并造就更多良心企业，因为我们真诚地相信，这将为所有人带来一个更美好的世界。我们认为，所有的初创企业从一开始就应该在它们的 DNA 中牢牢地嵌入良心企业的信条，我们也希望看到成熟企业为这种肯定生命的哲学理念而兴奋，并开始踏上成为良心企业这个富有挑战但充满喜悦的旅程。让我们重新审视一下早先使用过的比喻，我们希望能够创造一个新世界，这里没有那么多企业毛毛虫，但是有更多美丽的蝴蝶，每一只蝴蝶都在用自己的方式创造出独特性、美丽和价值。在这一章中，我们就如何推动这样的转变提出了一些实际的建议。

创办一家良心企业

良心企业依然要做生意，并且面临着任何新企业所面临的同样艰巨的挑战。创业从来不是件容易的事。大多数企业面临的第一个挑战是资本不足，第二个挑战是每个新企业都必须向潜在客户提出一个令人信服的价值主张，第三个挑战是必须发展出运作所必需的架构、流程、战略和商业模式，并为利益相关者创造价值。不同的是，良心企业会用不同的思维方式应对这些挑战。

建立一个有意义的企业始于一个令人信服的愿景或梦想。有远见的企业家很少考虑努力去满足一个已知的需求。那些跳出盒子思考的创业家能够带来最大的进步，他们梦想这个世界可能是什么样的，并创造一个企业来实现这个梦想。创业家是梦想家，但真正成功的人也都是务实的、有韧性的，并且拥有少见的顽强。他们要有足够的自信和勇气去抵抗那些反对者，这些反对者永远只会说"这绝不会有用"。

仅有一个梦想是不够的。创业家还要激励他人参与他们的梦想。要做到这点，这个梦想必须要能够真正吸引大家，真正体现出一个引发他人共鸣的目标。这就好像要把创业梦想植入到其他人的头脑中，特别是投资者和潜在的团队成员的头脑中，从而引发全面的启动。[1] 创业家的梦想会变成一个大家共同的梦想，它会变得越来越丰富，最终变成一个具体而有意义的企业。

公司的目标应该尽可能地简单明了，这样每个人都能很快掌握它。如果你不能用一句话来解释你的公司目标，那么你可能自己就对它没有很好的理解，也就别指望能让别人理解它。

公司从一开始就必须考虑为未来的利益相关者创造价值。首先从顾客开始。公司如何为他们创造价值，提高他们的生活质量。接下来，考虑供应商和其他合作伙伴，找出那些具有相似价值体系并与公司目标有强烈共鸣的人。从一开始，公司就应该致力于建立长期的相互信任和相互依赖的关系。

要建立一个伟大的良心企业，领导者要从一开始就有意地塑造公司的文化。这种文化要充分反映、支持和撬动所有利益相关者的人性。不幸的是，很少有初创企业重视自己的文化。它们只是让文化成为公司目标演变的自然成果、体现领导团队意识的价值观，而且可能只是一个意外的收获。

谷歌从公司创办开始就设计好了有觉悟的原则，这就是一个很好的例子。从一开始谷歌就有明确的、令人信服的目标，并建立了有觉悟的利益相关者哲学。创始人创造了一个良好的工作场所，团队成员聪明、得到充分授权、有创新精神、被照顾得很周到，而且有高度的客户服务意识。他们清楚地知道自己想要吸引的投资者类型，在招股说明书中清晰地描述了商业理念。谷歌为社区利益相关者制定了一项非常好的慈善战略，并在首次公开募股前就实施了该战略，将该公司 1% 的股份预留给谷歌基金会，并承诺每年向基金会贡献 1% 的利润。

Twitter 的联合创始人之一比兹·斯通强调公司从一开始就应该考虑更广泛的社会影响："创业家应该意识到他们不需要等到有一大堆钱的时候才开始帮助需要帮助的人。事实上，你越早把公司和社会事业有机地协调起来，效果就越好。"[2] 他给创业家提供了如下的建议："把感情投入到工作中；把成功定义为热爱工作，带来积极的影响，并且赚钱；对人有同理心，将心比心，设身处地为别人着想。"[3]

转型成为良心企业

对于人和组织来说，最好的改变时机是没有迫在眉睫的危机的时候，那时你有时间去做正确的事情。然而，这也是说服人们接受重大变革的最困难的时期。领导者需要创造一种紧迫感来改变文化中的惰性和自满，激发团队成员行动起来。

接下来是一些成为良心企业的要求。

领导层的真正承诺

成为一个真正的良心企业需要一个根本的理念调整。领导层必须对良心企业的原则在理性上、情感上和精神上产生共鸣。如果在第一次接触到这些原则时没有产生本能的，甚至是身体上的反应，那么可能这不是合适的时机，或者这个领导团队并不是合适的团队，这个变化过程很可能要失败。

良心企业典范

宝路公司（Pedigree）：成为"狗狗热爱的公司"

一般来说，创业家创造一个新的良心企业比一个成型的企业转型更容易。组织越大、历史越久，这种转型就越困难，因为既有的文化总是会抵制重大的变革。然而，这也是可以做到的。下面谈到的宝路公司转变的故事就是这样的例子。

在2004年，全球领先的宠物食品品牌宝路公司（玛氏公司旗下的品牌）尽管在广告和促销上投入了1.78亿美元，但是业绩还是一塌糊涂。市场份额在丧失，利润空间在缩窄，与零售商关系很紧张，顾客忠诚度低下，产品同质化，这一切意味着品牌正处于艰难时刻，而且可能走向灭亡。

经过多次的反省之后，宝路公司意识到，公司做生意的方式真的就只是"把湿的食品放进罐头和把干的食品放入袋子然后就赚钱"。公司团队看到自己的品牌无精打采的样子，开始思考这些问题："我们的目标是什么？为什么我们要做现在做的事？"

在2005年，通过与李岱艾广告公司（TBWA/Chiat/Day）合作，宝路公司接受了成为"狗狗热爱的公司"的创意。这个创意表现出了宝路的新目标，淋漓尽致地体现在"我们为狗狗服务"的宣言中，并且创造了一个恰如其分的广告主题——爱狗信条：

> 我们为狗狗服务。
> 有些人是为了鲸鱼，
> 有些人是为了树木。
> 我们为狗服务。
> 无论大小，
> 无论是看门狗还是马戏狗，
> 无论是纯种狗还是野狗。
> 我们带它们散步、奔跑和嬉闹，
> 看它们挖土、挠腮、喘息、取物。
> 我们支持专门的狗狗公园、狗狗门和狗狗的节日。
> 如果有狗狗的国际假日，
> 那天所有的狗狗都被普遍认可，
> 为了狗狗对我们生活做出的高质量贡献，
> 我们也会这样做的。
> 因为我们为狗狗服务。
> 让狗狗来定规则。

这个宣言成为大胆的新广告攻势的核心。宝路公司从产品广告转向基于理念的广告，花费较少，但影响更大。重要的是，宝路始终秉承这一理念，把狗狗的福利放在每一项商业活动的重要位置。每个员工的名片上都有自己跟自己的狗狗的合照。这有助于与其他爱狗人士建立连接，包括在商店购买狗粮的购物者。办公室的装饰风格被改变成为赞美狗狗的风格。办公室变得对狗狗非常友好，公司邀请团队成员随时都可以带狗来上班。当一个团队成员拥有一只新的小狗时,得到的待遇就像有了新的孩子。公司甚至成立了一个基金会来支持领养狗。

新方法开始慢慢扎根,在几年内,宝路公司在品牌健康度和财务上,都获得了巨大的成功,团队的士气和参与程度因此飙升。这家公司在2009年创造了历史上的最佳业绩,由于公司对狗狗的爱护,受到爱狗人士持续不断的追捧!

这个全新而崇高的目标让这项核心业务重振雄风,并让公司能够扩展到一些相关领域,如狗狗牙科、狗狗保健、狗狗商店。缺乏目标和愿景,对这家公司来说已经成为一个遥远而可怕的回忆。宝路现在占据了情感和理念的高地,其他狗粮品牌的竞争者面临极大的挑战。

一些企业领导者被良心企业的概念所吸引,主要是因为良心企业所取得的长期卓越的财务结果。如果这是良心企业与他们产生共鸣的唯一方面,那么他们是不可能成功地实践这一理念的。

一个有决心的领导者有可能在一个事业部推动有良知的实践,并通过这些尝试进一步发起更大规模的变革。但这比较少见。一般来说,自下而上的方法对这种变革不起作用。基层的运动可以说服高层管理人员接受变革的需求,或者在有限的范围内展示其潜力。但是,除非高层领导团队真的希望去建立一家良心企业,否则这样的变革就不会发生。

领导团队对成为良心企业的承诺必须真实并可持续。团队成员必须在变革中身体力行,成为良心领导者,因为组织中的每个人都会向他们看齐,看他们是否真的言出必行。如果大家从领导者身上感觉到任何的前后不一或者口是心非，整个变革就算不出轨，也会受到损害。

我们一定要记住，良心企业的四大原则是支柱，而不是策略。[4] 每一个原则都必须被切实地践行。这四个原则紧密联系，相辅相成。

公司董事会不必在转型初期就完全与良心企业一致。当然，从长远来看，董事会需要"上船"，需要任命一位良心领导者，并给予领导团队足够的时间和稳定的支持，以便公司实现转型。随着时间的推移，董事会必须完全适应这种思考商业的方式，并有效地开展工作，确保这种思维方式逐渐成为公司 DNA 的一部分。

一旦高层领导团队完全致力于转型成为良心企业，我们建议引进外部顾问来提供组织所需的支持，创造相应的环境。第一步是公司可以进行"良心企业审计"，以了解公司在良心企业的四大支柱中所处的位置。[5] 这样的审计可以为公司在成为一个真正的良心企业所需要关注的重点方面提供可操作的洞察。

探索目标

审计结束后，公司需要思考更高的目标。是否有明确定义而且可以被真正感知的目标？这个目标与今天的世界相关吗？是世界真正需要的吗？对所有利益相关者都有启发吗？我们推荐进行一次探索目标的活动，正如第 4 章所描述的，其目的是帮助公司发现或重新发现自己的崇高目标。[6]

培养利益相关者思维模式

接下来，领导团队要学习如何用不同的方式思考利益相关者问题，如何与他们进行有效的沟通。公司必须培养出更高层次的利益相关者同理心，以及利益相关者智能，包括更好地了解和预见利益相关者所需、所想的能力，这甚至要在利益相关者意识到之前就能够预见到。这也意味着理解行动背后的动机与理解行动本身一样重要。例如，在以利润为中心的公司中，顾客满意仅仅是达到利润最大化目标的一种手段。在良心企业中，客户满意度本身就是一个目标，这要比以利润为中心的企业做出更大的承诺、投入更大的热情和同理心。同样，与团队成员、供应商和所有其他利益相关者一样，必须从索取和利用的思维方式转变为价值创造和服务的思维方式。换句话说，真正的关爱必须渗透到组织与所有利益相关者的关系中。

改变文化

每个组织都有一种文化，每种文化都有一种抵抗剧烈变化的免疫系统。因此，成为一个良心企业最大的挑战往往是改变文化。如果领导层提出了一个有说服力的目标，并对利益相关者做出了真实的承诺，但公司的文化对这些原则漠不关心或心存敌意，转型的努力注定要失败。

此前提到的对良心企业的审计，其内容包括公司的文化与TACTILE原则所要求的素质的吻合程度：信任（Trust）、责任（Accountability）、关爱（Caring）、透明（Transparency）、正直（Integrity）、忠诚（Loyalty）、平等（Egalitarianism）。公司也必须意识到现有文化的某些方面特别有害，或者与良心企业的文化背道而驰。巴雷特价值中心（The Barrett Values Centre, www.valuescentre.com）开发了一个简单而有力的方法，从七个意识层次来评价文化价值。这个工具与良心企业特别契合。

公司的所有流程、结构和战略都需要进行检查，以评估这是不是一种符合良心企业的方式。与这个原则不一致的需要修改。真正要做到的确很不容易。任何已经成型的公司都具有文化的完整性，对于这些改变会产生抗拒。公司如果困在它们的模式中走不出来，可能需要更激进的手术。有必要的话可能需要把那些最有敌意的人调离，特别是那些担任高层领导角色的人。否则，变革工作可能不会成功。

良心企业典范

重塑 HCL

印度的 HCL 公司的变革可能是最引人注目的大公司变革之一。该公司为许多世界级大公司提供信息技术咨询服务和解决方案，是该领域领先的供应商。这项变革促进者是 HCL 的首席执行官温尼特·纳亚尔（Vineet Nayar），这是一位在领导和管理方面有许多激进思想的领导者。纳亚尔当时接管了一个看起来很健康的公司。但是有觉悟的领导者只会把现实作为真实的存在，而不是理想的存在。纳亚尔看到了别人没有看到的而且也都不愿意承认的事实——HCL 公司正在走向困境。

为说服同事们公司需要改变，纳亚尔意识到他必须创造一个对现状不满的状态。正如他所描述的，所有的变化都包括从 A 点（公司的现在）到 B 点（公司的未来）。为了让变革之旅成功，公司的关键团队要对 A 点感到非常不愉快，并且真正因到达 B 点而振奋，达到 B 点应该是一个积极的，甚至是有点浪漫的对未来的愿景。

大多数开展转型活动的公司只关注 B 点，只花很少的时间来审视当前的现实。但是当不知道出发点的时候，你不可能画出一个有意义的路线图。纳亚尔完成了这个任务，他把自己的方法称为"镜子，墙上的镜子"。他让公司的领导团队睁大眼睛，一眼不眨地看清楚公司所处的位置和状态，不仅只是考虑收入方面的增长，也要考虑其他重要因素，如员工的敬业度和客户的认可度。团队后来发现，自己看到的东西并不那么漂亮。虽然公司还能够盈利，而且销售在增长，但公司正在失去市场份额。顾客仅仅是被满足了需求，但并不满意。而且员工并没有把公司作为一个特别的工作场所。与大多数竞争对手一样，他们从事的是一个以知识为基础的生意，其团队成员几乎都是训练有素的专业人员，但是依然采用传统的管理方法。领导层很快就明白了公司面临的挑战的严重性。

纳亚尔根据员工对于转变计划的态度，将他们分成三大类：改革派（约20%）、骑墙派（约60%）和无所谓派（约20%）。他认为，如果能授权和激励改革派，骑墙派将很快会加入他们的行列，而那些无所谓的人会逐渐变得无关紧要。

公司需要改变的想法在公司内部得到广泛的接受，以及员工对于令人信服的未来愿景的热情被调动起来之后，纳亚尔开始实施一个简单而激进的想法：反向问责。在像 HCL 这样的公司中，大多数团队成员都是负责为客户产出高影响、创造性工作的专业人员。他们为公司创造了大部分价值。纳亚尔把这些团队成员作为"价值区"的一部分。在大多数公司，这样的团队成员花了很多时间在无谓的会议和文字工作上。正如纳亚尔所说："管理不在价值区或附近，有时反而会阻碍创造价值。我们浪费了那些在价值区的人的宝贵时间和精力，要求他们没完没了地向我们介绍不相干的事情，报告那些他们曾经做过或没有做过的事情。"纳亚尔提出的解决方案是：不要让处在价值区的团队成员对经理负责，而是让经理对他们负责，经理必须确保团队成员拥有他们所需的一切，使他们能够把作用发挥到极致，而不必浪费时间在不产生价值的活动中。

组织跟个人一样，都是自我学习和自我修复的实体。转型并不总需要剧烈的、持续的、艰苦的、细致入微的管理，一些简单但深刻的变化可能就可以实现转型。

- 完全的透明：HCL 创建了一个系统，任何团队成员都可以随时向领导小组问任何问题。所有问题和答复都张贴在公司内网上。这使人们高度认识到公司面临的挑战和机遇，并有助于提高透明度和信任。
- 开启 360 度反馈：任何人都可以自由地向公司的其他人提供反馈。这使得公司能够衡量一个人的影响力和价值创造的程度是否超出了他的直属上司，从而有助于找到更好的晋升对象，让他们担任更重要的角色。
- 重塑首席执行官的角色：纳亚尔在内网中开了一个板块，叫作"我的问题"，他在那里贴出他面临的战略挑战，让所有团队成员阅读并回答。这使他能够对这些问题进行大量的新思考，并鼓励更多的人从更广泛的角度和战略的高度思考业务。

每一个相对简单的变化都会引发一系列其他的变化。HCL 公司的转型始于 2005 年，当时的营收是 7.62 亿美元。从任何角度来看，公司转型都非常成功，到 2011 年年底，尽管全球经济都比较困难，但是公司收入仍然攀升至 35.3 亿美元。

建立一个良心企业，无论是从头做起还是中途转型，都是一项具有挑战性但却非常值得做且非常有意义的事业。我们认识到，许多领导者已经厌倦了变革。每隔几年，似乎都会有一套新的流行术语出现——从全面质量管理到业务流程再造，从六西格玛到很多其他的说法。但是良心企业不是一个转瞬即逝的流行时尚。跟利润最大化的模型相比，我们所阐述的思想能够产生更强大的商业模式，因为它们承认并利用了比利己主义更强大的人类动机。与许多其他类型的变革不同，成为良心企业是顺乎自然的，因为它符合所有利益相关者的本性。如果我们不这样做，就会威胁到企业在未来的生存能力。

18

释放企业的英雄精神

希望有一天,几乎每一家公司都会有崇高的目标,整合所有利益相关者的利益,培养和提拔良心领导者,建立信任、有担当和关怀的文化。

CONSCIOUS CAPITALISM LIBERATING THE HEROIC SPIRIT OF BUSINESS

企业在我们的生活中起着核心作用。企业对我们的影响比任何其他社会机构都多。大多数人靠为企业工作谋生、养家，所有人购买的商品和服务都是企业以非凡的效率和聪明才智生产出来的。我们的生活质量、健康以及整体福祉，甚至我们的幸福都很大程度上取决于企业运作的方式。

企业本质上应该是人们共同努力为他人创造价值，它是一种伟大的价值创造者。这就是企业的道德基础，也是它的美丽之处。企业从根本上说是好的，当它更充分地意识到它固有的崇高目标以及创造价值方面的非凡潜力时，还会变得更好。

正如我们所讨论的那样，人类一直在快速地进步。再强调一下，我们正在以多种方式变得更有智能，更有见识，更紧密联系，更受高层级需求和价值观所驱动。大多数人，无论男女，都在更好地实现人格中的阴阳调和。我们越来越意识到，我们正在道德上进步，正在为我们行动的后果承担更多责任，对于更大系统中相互依赖性和细微的差别理解更透彻。

在这个迅速变化的世界里，面对变化，企业必须学会因势利导，而不是与变化针锋相对。企业必须引领人类进化之路，而不是被变化拖着走或被变化所伤害。企业领导者必须学会倾听来自自身、利益相关者、社会和进步本身关于变革和发展的要求。

良心企业对世界带来的强大而正面的影响，不只是它们的行为更加合乎道德，也是因为它们的行为更加睿智。良心企业的智慧能够让企业的崇高目标发挥更大的、积极的和激励人心的力量，激发团队成员高度敬业，让个人充沛的激情与企业坚定的目标一致。良心企业的更高觉悟让它们能够看到所有利益相关者之间的相互依存关系，并从其他人看来只能权衡取舍的情况中产生协同效应。良心企业创造出持久和让人爱戴的文化，即使企业的创始人都已经退出了舞台，还能让企业以有良知的方式持续经营。良心企业的领导者有意识地建立自我组织、自我激励、自我管理和自我发展的组织。

伟大的转折

我们正处在一个历史性转折的过程中，人们越来越清楚地认识到，旧的模式不再有效，人们的思想也对新的可能性持开放的态度。这个时代面临的巨大挑战和令人兴奋的机遇，正在呼唤有远见的思想和大胆的行动。在汤姆·斯托帕德（Tom Stoppard）的戏剧《阿卡迪亚》（*Arcadia*）中，数学家瓦伦丁说："未来是无序的。自从我们人类开始站立起来的时候，这样的转折之门已经被撞开了五六次了。当你认为你所知道的一切其实都是错误的时候，这恰恰是健康地活着的最好时候。"我们需要批判性地重新评估所有的心理模型、假设和理论，以保持它们的准确性和相关性。看到这么多新的可能性令人恐惧，也令人振奋。今天，我们有一个极其宝贵的机会让这些根本性的变革产生作用，这将为未来奠定基础，因为在此时此刻，从长期的视角来看，社会变革的阻力正处于低点。

变革的阻力可能较小，但它仍然存在。经验表明，一个主导的范式不会那么容易消亡。就算是一个令人信服的新范式提出来，那些有根深蒂固世界观以及在维持现状方面投入太多的人，依然会对此抗拒。当新范式的逻辑和实证支持达到一定程度时，对手就会带着恶意攻击它。这就会进入到两种范式之间艰难共存的阶段。最终，累积的证据分量越来越重，从而创造出一个转折点，有利于新的范式的发展。然而，人们这时又会开始说："有什么大不了的？我们为什么还要谈这个？这是显而易见的。"到了这个时候，转折才刚刚开始，一个完整而合乎逻辑的市场经济新哲学才刚刚开始成形。在这种新的哲学被广泛接受并变成惯常的实践之前，还需要很多人付出共同的时间和努力才能达成。

这种转变已经蓄势待发。许多当代的领导者和老牌公司都在回应良心企业的理念，并朝着这个方向采取了初步的步骤。但我们认为，千禧一代将成为这些转变的主要创造者。[1]在这个阶层当中，将会涌现一批创业家，他们将会创造良心企业和良心非营利性组织，将会加速整个社会和经济的进步。根据珍妮·梅斯特（Jeanne Meister）和凯莉·维尔叶（Karie Willyerd）的研究，"千禧一代把工作作为生活中的关键组成部分，而不是一个需要'平衡'的单独活动……他们希望工作带给他们机会，让他们结交新朋友，学习新技能，并连接到更大的目标。这种使命感是他们工作满意度的一个关键因素。他们是20世纪60年代以来最有社会觉悟的一代"[2]。

共同的梦想

对于良心企业，我们的梦想很简单：希望有一天，几乎每个公司都会有崇高的目标，整合所有利益相关者的利益，培养和提拔良心领导者，建立信任、有担当和充满关怀的文化。今天来看这些可能还比较罕见，我们的目标是尽快把它变成标准。当然，我们并不会如此自大，把我们当前定义的良心企业作为最终的定义。我们所提供的是一个动态的定义，随着人们觉悟的提高，随着企业领导者和思想家的集体智慧加深人们对这个主题的理解，良心企业的定义将持续进化。

美国的开国元勋之一托马斯·潘恩（Thomas Paine）于 1776 年 1 月出版了一本题为《常识》(*Common Sense*)的小册子，出版后轰动一时，并且被认为直接促进了《独立宣言》在 6 个月后的发表。在英国殖民地，几乎人人都在传阅这本小册子，为共和主义提出了强大的支持理由，并且与大不列颠彻底划清界限。这本小册子的开头是这么写的："或许，我在下文提到的观点还不够时髦，不足以引起大众的普遍关注；长久以来，人们形成了一种习惯，对于错误的事情不假思索，根据表面的理由，轻率地认为它是对的，而且会为了捍卫习惯和习俗而第一时间站出来，强烈地表达自己的抗议。不过这种情绪化的躁动会很快平息下来。时间比理性能带来更多的思想转变。"[3] 我们相信这个说法同样也适用于良心企业和传统的商业理念之间的对比。

我们坚信，良心企业有一天终将成为主导的商业范式，这出于一个简单的原因：它是一种更好的商业运作方式。长期来看它会更有效，必将胜过其他的经营理念。正如容器商店集团的联合创始人兼首席执行官基普·廷德尔所说，"全宇宙都会帮助你。每个人都希望你成功"。因为良心企业在市场上获胜，随着时间的推移，它们的工作方法会被复制。然而，这可能是一个缓慢的过程，许多寻求成为良心企业的公司可能并不完全理解这一点。有些人可能只是口头上说说而已，或者仅仅是因为良心企业有希望带来经济利益而接受这个思想。良心企业理念的存在有助于更迅速、更自觉地实现这一转变，从而使企业真正意识到什么才是真正的良心企业。当大多数企业以这种方式运作时，人类和我们的星球将会得到蓬勃发展。

前行之路

我们把自己的工作看成为那些有志于成为良心企业的同道修建一条小路。这条小路已经被一些有远见的先驱们率先开拓出来，他们在这条路上不断地探索和实验，有些人在沿着这条小路往前走的过程中发现了新的东西。我们的工作是把小路拓宽，使之平整通畅，同时绘制路线图，并在沿途提供支持。

好消息是，与25年或30年前不同，现在已经有很多良心企业扮演了开路先锋的角色。所以一个新的良心企业在这条道路上可以获得很多指导，它可以在前进的道路上更加笃定，更有信心。因为在这条路上，像西南航空公司、谷歌、好市多、UPS公司、浦项制铁、塔塔集团、容器商店集团、亚马逊、全食超市、诺德斯特龙百货、巴塔哥尼亚、乔氏超市、帕尼罗面包公司和明亮地平线公司，这些受人爱戴的公司已经显示出这种经营方式能够在多方面带来长期的成功。

与此同时，这里已经有一条铺好的老路，是一条传统的高速公路，企业已经在上面走了很长的时间。这条路很好走，标记做得很清晰，让人感觉安全、舒适。但是，陈旧的、传统的方式已经不再是更安全或正确的方式，这条老路上现在有许多坑坑洼洼。更重要的是，它没法带我们到我们想去的地方。良心商业道路可能崎岖不平，但是它能引领我们达到长期的成功和繁荣。今天的公司不用再像早期的先锋一样，还需要一个理念的飞跃。这个旅程很愉悦，但不容易。走这条道路需要远见、目标、勇气和决心。

行动纲领

每个人都可以在传播良心企业理念中发挥作用。如果你已经在运作一个企业或是现有企业的一个重要业务单元,你马上就可以开始实践这种方式了。尽快把你的整个体系的成员集合起来,思考一些基本问题:为什么这个企业会存在?我们创造了什么价值?如何能够为主要利益相关者创造更多价值?如何能够超越现在的平衡取舍的思考方式?怎样才能创造一个充满爱、欢乐和意义的工作场所?怎样才能对客户和供应商表现出更多的关爱?应该如何改变现有的招聘和晋升方式?这些问题只是创建一个良心企业的起点,企业的方方面面都需要根据我们在本书中讨论过的四个原则仔细诊断研究。

没有时间可以浪费了。正如俗语所说,种植橡树最好的时间是20年前,第二个最好的时机就是现在。变革的主导者必须是那些做企业的人,而不是政客、官僚或监管者。现状确实不能再继续下去,而且在许多方面都不可持续。问题是什么做法会取代现在的做法。

人类无限可能的创造力

人类具有非凡的能力。想想我们在过去200年中取得的惊人成就:创建了让人瞠目结舌的实体建筑,这些大胆的壮举让人叹为观止,想象力的飞跃令人震惊;修建的隧道穿山越岭,建造的摩天大楼在空中延展数百米,把人送到月球又安全地带回来,把卫星和空间站发射到太空;发明的技术让魔术看起来也平淡无奇,打开了令人惊叹的原子的能量;把数百人放在一个铝制的空间当中,带着他们到离地十几千米的高空中以惊人的速度周游世界;创建的通信系统就像密织的挂毯一样把人们紧密地连接在一起,无论是处于最偏远的小村庄、丛林的最深处,还是位于最高的山巅,都能连在一起。这些伟大而瑰丽的人类成就,没有一个是神赐予我们的,全都是由凡人在很短的时间构思和创造出来的。

我们的伟大胜利和非凡的潜力,把我们从日常的脆弱悲伤以及对自己才能和时间的挥霍中解脱出来。在那里我们可以快乐地创造,而不是满足于眼前的一切,得过且过。在那里我们能感受到发现的刺激,而不是满足于让人麻木的例行公事。在那里我们每一天的生活中都充满了爱和充实的感觉,而不是让自己被恐惧的思想和行为所禁锢。

商业世界比任何地方都更显而易见或更有争议。我们采用了企业这个非凡的、用于社会合作和价值创造的技术,而又经常过分渲染商业的乏味和沮丧。我们的工作本来应该成为伟大成就和真正满足的源泉,但对大多数人来说变成了一个需要经受考验的磨难。这种状况应该而且必须改变。

企业面临的选择

没有良心的企业专注于为投资者创造尽可能多的财富,每个人以及其他的一切都是达到这个最终目的的一种手段。然而,尽管他们一心一意追求实现这个目标,但是却往往事与愿违。这个循环是可预测的。领导者们反复自豪地宣称他们的重点是利润最大化。这就向组织中的每个人发出了响亮而明确的信息:他们也必须专注于最大化自己的利益。团队成员决定尽可能少地付出,尽可能多地索取;供应商试图压缩成本并偷工减料,从而让自己的利润最大化;政府和当地社区考虑如何尽量从企业中索取更多;顾客会毫不犹豫地在任何可能的时候利用企业。每个人都成了系统的索取者而非贡献者。自私自利的冲动在整个系统中变得泛滥,终将会侵蚀并最终摧毁一个企业实现利润目标的能力。它损害了每个人为彼此创造价值的能力,也因此损害了他们自身的价值和自我成就。

良心企业渴望为所有主要利益相关者创造财务、智能、社会、文化、情感、精神、物质和生态方面的财富。每个利益相关者既是手段也是目的，既是创造价值的工具也是受益者。每个人的福祉与所有人的福祉息息相关。基本上无须考虑权衡取舍，企业系统自行繁荣和发展。每个人都是一个主动、热情和对事业有感恩之心的贡献者，他们的爱心、忠诚和勤奋，最终在许多方面会得到充分的回报。

这两种现实之间的差别巨大，影响深远，如何选择取决于我们自己。

商业的力量

伟大的法学家小奥利弗·温德尔·霍姆斯（Oliver Wendell Holmes Jr.）说过："我不会认为复杂性表面上的简单微不足道，但我愿意把我的生命献给复杂性的底层。"我们不能再满足于对待工作、对待企业和对待市场经济的简单方式。这种方式不仅对我们没有用，事实上，正在蚕食我们的社区结构，并且让我们的灵魂变得单调乏味。这种方式需要太多的令人讨厌的权衡取舍，给太多的人带来了不愉快和折磨。我们必须采取行动，共同走向企业和市场经济中复杂性的另一端，因为在那里，我们将找到和平与繁荣、欢乐与正义、爱与关怀、金钱与意义。

令人悲哀的是，长久以来，企业一直停留在防御和被动的状态。企业家和商人是现代世界的英雄，但他们被讽刺为冷酷无情的雇佣兵。正如世界精神中心的联合创始人马克·葛夫尼所说："我们必须改变商业的核心阐述方式，使其准确反映商业转型的影响。企业真正的身份是伟大的治愈者。这是一个巨大而戏剧性的范式转变，它实际上可以改变我们自我理解的源代码。"[4]

有一种说法说得很好，今天活着的人确实有机会过上人类整体上曾经经历过的最有意义的生活。[5] 我们面临的挑战从未如此巨大，但我们对这些挑战的理解也从未如此深刻。我们克服这些挑战的集体决心和我们这样做的能力也从未如此之大。我们已经掌握了几乎每一项应对这些挑战所需要的工具和技术，而且有能力和创造力去发明所需要但还没有的东西。如果我们能集结那些蛰伏在每个人身上的潜能，并通过创造性的组织形式发挥出来，我们也将能够在 21 世纪消除贫困，创造一个更加和平的星球，恢复我们的环境，保护那些生存受到威胁的物种，消灭最主要的疾病，使所有的人都能过上长久、健康、充满活力和有意义的生活。我们的子孙后代将以我们今天想象不到的方式共同繁荣。这就是良心企业的力量、承诺和美妙之处。

结语

良心企业的创造力

我们相信,商业是好的,因为它创造价值;商业是道德的,因为它基于自愿的交换;商业是高尚的,因为它提升了人的存在;商业是有英雄情怀的,因为它把人们从贫困中摆脱出来并创造了繁荣。市场经济是人类构想出的一种促进社会合作和人类进步的强大制度。但我们依然可以百尺竿头,更进一步。

良心企业是一种关于市场经济和商业的思考方式,它能更好地反映出在人类的旅程中我们身处何处,体现当今世界的状况,以及商业对世界产生积极影响的内在潜力。良心企业被更高的目标所激励,这个目标为协调和整合所有主要利益相关者的利益而服务。它们的高水平的觉悟使它们能够看到所有利益相关者之间存在的相互依存关系,而这反过来又使它们能够在权衡取舍的压力中发现并收获协同效应。良心企业必然会有良心领导者,他们献身于企业的目标、与企业互动的各方以及我们共同的地球,并受这些目标所驱动。良心企业拥有信任、真实、创新和关怀的文化,使在企业中工作成为个人成长和自我实现的动力。它们致力于为所有利益相关者创造财务、知识、社会、文化、情感、精神、物质和生态方面的财富。

良心企业可以推动世界进步，使数十亿人能够蓬勃发展，让生活充满激情、目标、爱和创造力，创造一个自由、和谐、繁荣和充满慈悲的世界。

附录 A

良心企业案例

企业的成功不应该仅仅取决于财务业绩,更应该有一套广泛的标准。正如本书此前所讨论的,企业可以创造,但也可能摧毁许多类型的财富,如金融的、智力的、社会的、文化的、情感的、精神的、身体的和环境的。一个企业的规模越大,其对世界的影响就越大。一个能创造金融财富,但却会破坏其他形式财富的企业(这些财富对人们的福祉有更大的影响),带给世界的价值比它所能创造的价值要低得多。如果这个企业破坏了足够多的其他财富,它就对世界产生了负面影响,甚至可以被认为是社会的寄生虫。

系统思考的关键原则贯穿本书,即没有所谓的主要影响和次要影响,这是关于良心企业的一个基本原则。只要我们采取行动,就会看到效果。所有的影响都是重大的潜在影响,都必须考虑在内。就像医学一样,往往把一些作用作为"主要"的作用加以强调,而把某些作用作为"次要"的作用进行淡化(因为它们几乎总是负面的)。然而,所谓的副作用积累下来往往会压倒主要影响。有些影响可能立即显现,有些影响可能在未来发生。我们必须理解,每一个作用都可能会触发其他的作用。

企业与生活的其他方面一样，有良知意味着对自己所有行动的后果负责，而不只涉及自己表现不错的行为。有良知的商业思考方式的奇妙之处在于，它能使企业的决策对所有利益相关者在多个维度上都产生积极的影响。这比单纯为股东创造财富更让人有成就感。

卓越财务业绩的逻辑

企业的财务业绩取决于公司增加收入和提高效率的能力。良心企业在这两方面都有优势。这样的企业与顾客的有形和无形的需求更一致。它们的投入重点很明确：在差异化方面做投资，如团队成员的幸福、顾客的体验和产品的质量；在不增加价值的领域缩减开支，如频繁的促销活动、团队成员的高流动率、支持大型科层架构的管理费用。

良心企业的财务业绩往往比竞争对手增长得更快。它们通过扩大整个市场来实现自己的快速增长，如西南航空公司成立以来一直开拓整个航空旅行市场，星巴克则通过无处不在的咖啡店扩大了咖啡市场；它们同时也从那些没有良知的竞争对手那里获取市场份额。当然，良心企业有时会创造一个全新的市场，如亚马逊网上图书零售或者苹果公司的 iPod、iTunes、iPad。随着时间的推移，我们预计没有良知的企业会越来越少，因为它们将无法与更多良心企业竞争。这将增加良心企业之间的直接竞争，从而带来更多的创新和价值创造，提高所有利益相关者的生活质量。

在附录 A 中，我们将提供直接和间接的证据表明良心企业在长期的财务上表现更好。直接证据是基于对 1996—2011 年一系列有代表性的、良心上市企业的财务表现。间接证据是以一些跟良心企业一致但不完全相同的替代变量为标准所选择的公司的表现。让我们从直接证据开始。

卓越财务业绩的直接证据

在《受人爱戴的公司》一书中,拉吉和合作者以他们所定义的人文轮廓的概念(公司使命感;被客户、团队成员、供应商和社区热爱的程度;企业文化以及领导层)为基础,而不是根据财务业绩挑选出了一批公司[1]。唯一的财务标准是,这些公司正在"正常经营",换句话说,这些公司没有面临破产的威胁。他们从几百家公司中选择了18家上市公司和10家私人公司。这些被挑选出来的公司其"良知"的程度各不相同,但很明显,它们在这个方面都越来越好。

在财务表现方面,拉吉和合著者的期望仅仅只是中等:这些公司达到平均水平或稍好一些。他们选择公司基于几个因素。第一,这些公司没有宣称它们的目标是"股东回报最大化"。第二,这些公司都为团队成员支付高额薪资,并提供优厚的福利。当时,好市多量贩给团队成员支付的医疗保健的费用是沃尔玛的两倍,而且覆盖团队成员的医疗保健费用的98%;相比之下,沃尔玛覆盖的比例较小(沃尔玛现在已经开始改善,但是仍然和好市多量贩无法相比)。第三,这些公司支付的税率比大多数其他公司高得多。第四,这些公司没有挤压它们的供应商以确保尽可能低的价格,它们的供应商也具备创新性并且有利可图。第五,这些公司在它们的社区投入很多,并有意识地减少对环境造成的影响。第六,这些公司提供了巨大的顾客价值和卓越的顾客服务。

大多数人已经习惯认为商业是一种零和游戏,需要大量的权衡取舍。因此,如果这些"受人爱戴的公司"在团队成员、供应商、顾客和社区上花了额外的钱,那么这些钱必然来自别的地方,而且很多来自投资者。拉吉和合著者预计,因为这些都是管理良好的企业,有忠诚的团队成员和顾客,投资者在这些公司得到的应该和在其他公司一样多。在拉吉和合著者看来,这是完全可以接受的，因为这些企业还创造了多种价值。然而他们发现，这些公司不仅做了那些好事，而且为投资者提供了非凡的回报，10 年间的表现超过了市场水平，达到 9∶1（从 1996 年到 2006 年）。显然，这不仅仅是"好"公司做好事。这些公司还在创造更多的价值，远远超过最初的表象。

拉吉和合著者更新了数据，从 1996 年延展 15 年到 2011 年。正如表 A-1 显示，在那段时间，这些公司的表现优于标准普尔 500 指数公司，达到了 10.5 倍的水平。[2]

表 A-1　受人爱戴的公司与标准普尔 500 指数公司的投资业绩对比（1996—2011 年）

	15 年期		10 年期		5 年期	
	累积	年化	累积	年化	累积	年化
FoE[a]	1 646.1%	21%	254.4%	13.5%	56.4%	9.4%
S&P500[b]	157%	6.5%	30.7%	2.7%	15.6%	2.9%

注：公司回报是考虑分红再投资的复合收益。
　　a. 受人爱戴的公司。
　　b. 标准普尔指数的 500 家美国公司。

卓越财务业绩的间接证据

有卓越工作环境的公司

企业是否被认为是"最佳工作场所"，是一个判断良心企业的很好标准。最佳工作场所组织（Great Place to Work，简称 GPTW）自 1988 年开始对此进行研究。与此类似，盖洛普对于团队成员的投入度已经开展了 30 年的研究工作。GPTW 采用了信任、自豪和同事情谊等标准来判断一个公司提供的工作环境是否能够创造团队成员真正的满足感和成就感。自1997年以来，该组织已与《财富》杂志合作每年发布美国"100家最佳雇主"（如图A-1所示），这些公司已经在1997—2011年之间大幅跑赢市场。在2012年的名单中，本书提到的良心企业的排名如下：谷歌（第1名）、韦格曼斯超市（第4名）、户外用品公司REI（第8名）、容器商店集团（第22名）、全食超市（第32名）、诺德斯特龙百货（第61名）、星巴克（第73名）。[3] 美国求职网站格拉斯多公司（Glassdoor）根据员工的反馈整理出50个最佳工作场所。除了一些上了《财富》榜单的公司，格拉斯多公司的名单还包括乔氏超市（第9名）、西南航空公司（第17名）、好市多（第23名）。[4]

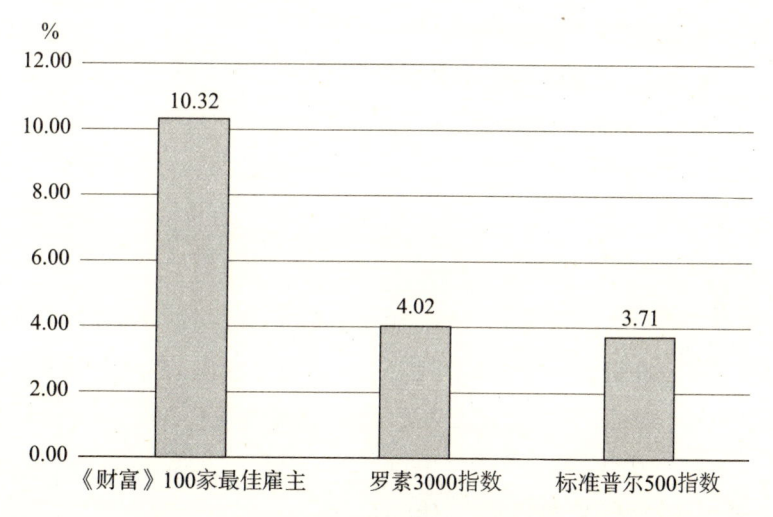

图A-1 与《财富》100家最佳雇主的年化股票回报率比较（1997—2011年）

数据来源：GPTW。

如前所述，盖洛普公司发现，美国公司员工参与度的平均水平在过去10年介于26%~30%。盖洛普还发现，在高绩效企业中，参与度高的员工与"无参与度"员工的比例是10∶1。对一般公司来说，这个比例是1.8∶1。[5]

有高度道德水平的公司

自 2007 年以来,研究并推进全球道德商业实践标准的机构道德村协会(Ethisphere Institute)每年发布全球最具道德企业排行榜。该组织针对以下七个方面对公司进行评估:

- 企业公民意识和责任;
- 公司治理;
- 有助于公众福祉的创新;
- 行业领导地位;
- 高层领导力和领导风格;
- 诉讼、监管和声誉方面的记录;
- 内部系统以及道德或合规计划。

在 2011 年,有 110 家公司得到了认可。

整体来看,从 2007 年初开始,道德村协会选定的公司每年的表现都优于标准普尔 500 指数,平均每年高 7.3%。有研究发现,这些公司享有卓越的品牌声誉、更高的顾客忠诚度和更低的员工流动率。[6]

有灵活的利益相关者导向文化的公司

1992 年,哈佛商学院教授约翰·科特和詹姆斯·赫斯克特出版了具有里程碑意义的图书《企业文化与绩效》(*Corporate Culture and Performance*)。[7] 科特和赫斯克特研究了 22 个行业中的 207 家美国大公司在 11 年间的表现。他们发现,拥有强大且灵活的企业文化、能够满足所有的利益相关者需求、对各级管理人员授权的公司的表现优于对比公司,在三个关键指标上大幅领先：收入增长（682%对166%），股票价格增长（901%对74%），净收入增长（756%对1%）。作者如此描述这些公司的利益相关者导向文化："所有的管理者都非常关心与企业有利害关系的人（顾客、团队成员、股东、供应商）。"

有富有远见的领导者的公司

在一项大规模的学术研究中，研究人员对17个国家的520家公司进行了研究，以确定有远见的领导者和专制型的领导者、强调利益相关者的广泛价值的公司与只关注经济价值的公司对财务业绩的影响。[8] 专制型领导者强调数字和财务结果，而有远见的领导者则侧重于目标和价值观。研究人员发现，有远见的领导者与"额外努力"密切相关，与公司业绩存在正相关关系。专制型领导者对利益相关者价值产生了强烈的负面影响，对财务业绩没有影响。随着时间的推移，有富有远见的领导者的公司明显优于那些以利润为中心的专制型领导者领导的公司。

与直觉相反的证据

有很多证据表明，良心企业在每一个重要标准上的表现都很出色。那些坚决追求利润的公司怎么办？当然，它们应该在一个自己设定的压倒一切的目标上表现出色。

吉姆·柯林斯（Jim Collins）的《从优秀到卓越》（*Good to Great*）是非常畅销的商业书籍。[9] 柯林斯研究了过去80年中的所有上市公司，发现了11家符合以下财务标准的公司：在14年的时间里的表现和市场表现相比至少是3∶1。在《从优秀到卓越》这本书中，柯林斯分析了这11家公司为什么能够从表现平庸发展到长期表现出色。

这里有两个重要的问题，这些公司都有谁？配得上"卓越"吗？那个名单上的公司包括电路城公司（Circuit City）、房利美和富国银行。电路城公司在破产之前做了一些相当没有良知的事情，比如：解雇有经验的团队成员，聘用新员工，这样公司就可以少付一些钱。房利美在2008年次贷危机后被美国联邦住房金融局接管。富国银行在2008年收到了美国政府250亿美元的救助资金。

但更糟糕的是，在这个"卓越"公司的名单里，有奥驰亚集团（Altria）（原菲利普莫里斯公司）。在过去一个世纪的大部分时间里，世界上最大的烟草公司菲利普莫里斯公司的净影响是什么？它对世界的影响是积极的、中性的还是消极的？这是显而易见的，如果综合计算一下，其净影响是明显的负数。每年有600万人直接死于与吸烟有关的疾病，21世纪预计有10亿人因为使用烟草而死去。吸烟者的平均寿命下降了15年，公共卫生系统每年直接花费大约6 500亿美元在与烟草有关的疾病上。[10] 大多数烟草公司不仅着眼于满足现有的需求，而且还继续努力创造新的需求。几十年后，人们终于明白了吸烟对健康的危害极大。

从更广阔的社会的角度来看，因为菲利普莫里斯公司的存在，世界变得更美好了吗？当然，有些人得到了工作，投资者也有很好的回报。但代价是什么？如果公司被迫承担其对社会产生的外化成本，其财务成绩还会那么好看吗？我们认为不会。

真正重要的是赚钱的方式。正如格雷戈里·戴维·罗伯茨（Gregory David Roberts）所写的："如果我们不能尊重我们挣钱的方式，金钱就没有了价值。如果我们不能用它来改善我们的家庭和亲人的生活，钱就没有任何意义了。"[11] 对于卓越企业，更为丰富的定义是让它创造的总价值最大化，不仅仅是投资者的金融财富，而是前文列出的利益相关者的各种财富。一个卓越的企业会给所有利益相关者带来更大的繁荣和成就感。它的存在丰富了世界。我们认为，在判断一家企业的卓越程度时，这些标准要好得多。

重要的是，所有这些因素最终都会体现在财务业绩中。那些被《从优秀到卓越》一书作为良好财务业绩典范的公司，在过去 15 年间的表现仅仅比市场稍微好一点，但是比《受人爱戴的公司》中研究的良心企业的表现差很多（见表 A-2）。在过去的 10 年、5 年和 3 年期间，《从优秀到卓越》中的公司都大幅跑输市场。当然，这些被援引的公司在不同时期被认为是伟大的，但我们认为那些配得上真正"卓越"标签的公司应该能够经受住时间的考验，并且持续表现出色。

表 A-2 《受人爱戴的公司》中的公司、标准普尔 500 指数公司、《从优秀到卓越》中的公司投资业绩对比（1996—2011 年）

	15 年期		10 年期		5 年期		3 年期	
FoE[a]	1 646.1%	21%	254.4%	13.5%	56.4%	9.4%	77.4%	21.1%
GtG[b]	177.5%	7.0%	14.0%	1.3%	−35.6%	−8.4%	−23.2%	−8.4%
S&P500[c]	157.0%	6.5%	30.7%	2.7%	15.6%	2.9%	10.3%	3.3%

注：公司回报考虑分红再投入的复合回报率。

　　a.《受人爱戴的公司》中的公司，由作者更新。

　　b.《从优秀到卓越》中的公司。

　　c. 标准普尔指数的 500 家美国公司。

解读卓越的业绩

良心企业为什么能在获得卓越的财务业绩的同时为所有利益相关者，包括社会创造多种形式的财富和福祉？归根结底，良心企业擅长为顾客创造价值，因此产生了很高的销售额；它们愿意以更低的毛利率经营，但它们的净利润比传统的同行高。随着时间的推移，良心企业积累了杰出的声誉，发展得更快。它们能吸引更多忠诚的顾客、敬业的团队成员、更高质量的供应商，对社区来说更具亲和力。所有这些都有助于让良心企业赚得更多，并获得相对它们的收入更高的估值水平。

高额的销售收入

对良心企业优异表现的第一个解释是卓越的客户接受度。良心企业被顾客所喜爱，他们不仅仅是满意和忠诚的顾客，更是热情的支持者和拥护者。因此，良心企业会产生非常高的销售额。在衡量行业平均水平的指标方面，比如针对零售商的每平方英尺的销售额和每个团队成员的收入，它们通常都表现优越。

当一家公司在资产相当的基础上产出比竞争对手更多的收入时，它可以给团队成员支付更高的工资，而且仍然具有成本竞争力。公司在良性循环中运作：报酬丰厚的团队成员对工作以及服务顾客有真正的热情，能够为顾客创造卓越的体验。公司因此实现了更大的规模经济，并能够不断改善其对客户的价值定位。两者的结合会吸引更多的顾客，使公司能够继续为团队成员支付丰厚报酬，并实现进一步的规模经济。

从本质上讲，良心企业比传统企业更有生产力。但这种生产力不是依靠威胁和刺激，从饱受折磨、处于高压状态下的团队成员身上挤压出生产力。相反，这样的生产力源于人们正处于心流状态，持续产出卓越的成果，不断创造，热爱自己所做的事情。这种能量足以撼动一座大山。

以下是一些拥有更高销售额和更高运营效率的良心零售商:

- 韦格曼斯超市的每平方英尺销售额比行业平均水平高 50%, 实现营业毛利率估计在 7.5% 左右, 是竞争对手的两倍。[12] 像大多数良心企业一样, 韦格曼斯的薪酬待遇很好, 为团队成员, 甚至是兼职人员提供慷慨的医疗保健计划, 并提供广泛的培训。
- 好市多每个仓库产生近 1.4 亿美元的销售额, 每平方英尺的销售贡献为 1 000 美元。其竞争对手山姆俱乐部的数字分别是 7 800 万美元和 586 美元; BJ 批发俱乐部的数字分别是 5 400 万美元和 500 美元。由于其更高的单人销售额, 好市多员工的待遇很好, 而事实上它这么做还有助于提高业绩。[13]
- 家具零售商 Jordan's 每年每平方英尺家具销售额为 950 美元, 而该行业的平均数是 150 美元。它每年有 13 次存货周转, 也远远超过平均数。[14]
- 乔氏超市的每平方英尺销售额超过 1 750 美元, 是行业平均水平的 3 倍多。公司付给员工的薪水接近行业的最高水平, 但总的工资成本所占的百分比仍然接近行业最低水平。[15]

毛利的幻象

大多数公司试图通过寻找廉价的供应商来最大限度地提高毛利率, 然后利用自己的谈判能力挤压供应商以得到更低的价格。这些公司最后往往只剩一些难以维持盈利的供应商, 它们无力投资于质量的改进或创新。相比之下, 良心企业对供应商很挑剔。它们寻求与那些既能创新又关注质量, 并且也是按照有良知的方式运作的企业合作。供应商得到高回报, 转而也能够给自己的供应商和团队成员提供更好的报酬。

大多数企业都试图减少工资成本, 特别是给一线员工的报酬, 而且它们在诸如健康保险这样的关键福利上也很吝啬。它们试图尽可能多地使用兼职成员，通常按照计时制度支付报酬，这些兼职员工就没有资格获得更好的福利。它们通常为团队成员提供最低限度的培训，并认为团队成员的高流动性是不可避免的。

良心企业给一线团队的待遇往往显著高于行业标准，并且有慷慨的福利。由于它们的直接成本高于其可能的选择，良心企业的毛利率通常低于采用利润最大化思维能获得的水平。

销售、一般及行政费用（SG&A）是良心企业在人力、高质量的培训和有使命感的文化方面的投入，这种投入的回报真的很高。传统企业往往把来之不易的高毛利花费在营销、管理费用、法律费用和高额的高管薪酬方面。由于团队成员的流动率高，它们要承担更高的招聘和培训成本；它们的团队成员常常心不在焉，生产效率低下；它们的产品质量往往很差，导致客户忠诚度低，产品退货率高。

更低的营销成本

良心企业通常在广告和营销上的花费较少，而且它们在营销经费的分配方式上也有所不同。良心企业通常拥有众多满意和愉快的顾客，他们是公司忠实和热情的拥护者。许多良心企业在市场营销方面的花费只占到行业支出水平的10%～25%。这是一个巨大的成本节约，因为营销成本比其他领域的成本上升更迅速，并且现在是大多数公司最大的开支之一。[16] 例如，全食超市营销费用只是市场平均水平的20%。其中，90%是在门店花费的，而不是在总部的全球支持办公室，而且门店的花费大部分与公司的社区服务活动有关。良心企业会得到最好的市场营销好处——免费营销，这不仅来自它们的顾客，而且来自它们的团队成员、供应商、社区和媒体。谷歌和星巴克是在营销上花费较少的公司，但是通过有良知的商业方法获得了巨大的成功和赞赏。

良心企业从社交媒体的爆炸中受益，它们根据自己的目的行事，利用社交媒体为顾客服务，而不是试图说服顾客。虽然这些企业可能在某个领域花费更多，但它们的整体营销成本可能会更低，因为公司不需要做那么多付费广告，而广告通常都是营销预算的大头。这些公司也不需要打折来换取大量顾客。[17]

更低的团队成员流动率，更高的投入度

良心企业非常重视聘用那些个人追求与公司目标一致的人。这样的企业其团队成员流动率相对更低，从而大大节省了新员工的招聘和培训成本。例如，长期在最佳工作场所名单上的容器商店集团，每年的员工流动率低到只有个位数，而这个行业的流动率常常超过100%。良心企业的团队成员忠诚、经验丰富、充满激情、精力充沛、富有创造力、工作投入、具有非凡的生产力。星巴克是另一个很好的例子。当它为兼职员工提供健康福利时（在医疗保健上的支出比在咖啡上花费更多），团队成员显然得到了很多。因为有更投入和更热情的团队成员，顾客也得到了很多，在星巴克，有的咖啡师甚至能记住顾客的名字和他们的订单的细节。[18]

更低的行政管理成本

良心企业不断地努力削减那些不带来附加值的费用，并且从团队成员和供应商那里收集好的想法，因此它们有较低的管理成本。它们也会控制医疗保健费用等基本支出，但不是用一刀切的方式，而是通过创新的方式实现双赢的结果。例如，全食超市就在通过一系列全面的团队成员健康计划来对抗

日益增加的医疗费用，这些举措远远超出了一家典型公司的做法。全食不仅在降低成本，而且在过程中拯救和改造生命。

良心企业的行政管理机构规模相对较小，管理结构比传统企业精简。它们创造的制度让正确的人做正确的工作，并给予员工很大的自主权。大多数团队成员都在积极为顾客创造真正的价值，而不是"管理"彼此。这些公司的设计基本上是自组织的、自我激励的、自我管理的。相对于其他公司，大多数良心企业给高管的薪酬比较适度。正如我们曾经谈到过的，全食超市制定了一个政策，没有人的工资能够比全职团队成员的平均工资高19倍以上，就算是近年来大型上市公司的这个比例在350～500倍之间。在全食超市，高管们想赚取更多收入的唯一途径是提高全体员工的平均工资。

由于所有利益相关者之间的高度信任，良心企业的法律成本远远低于正常值。它们真正了解自己的顾客，生产出优秀的产品（很大程度上是这些公司与世界级供应商的合作关系），而且不采取硬推销策略，因此它们的退货水平也相对较低。

更好的制胜之道

一个企业如果有效地利用了利益相关者的相互依存关系所创造的协同效应，并能鼓励大多数人将潜藏的创造力充分表现出来，那这样的企业在市场上就很有竞争力。企业失败的原因常常是因为没有足够高水平的创新、合作或协作。竞争对手如果有更高的团队精神，而且合作紧密，协作高效，相互依存，那么一个低效的组织就无法与之有效竞争。看看乔氏超市、全食超市、韦格曼斯超市、大众超市（Publix）、HEB超市：这些良心食品零售商都在发展和繁荣，而仍沿袭传统商业模式的食品零售商正在苦苦挣扎。

事实上，良心企业不仅仅存在于食品零售行业，而且已经开始在许多行业占据重要的市场份额。西南航空公司曾经是一个规模小且微不足道的运营商，但是现在成为美国最有盈利能力以及最有价值的航空公司之一。良心企业建立在更高层次的创新、协作和合作的基础之上，必将取得重大胜利！最终，那些没有良知的企业将会被市场淘汰。

附录 B

关于良心企业的认知误区

有些人认为良心企业太理想化而且不切实际。打个比方，在他们看来，商业世界是一个野蛮的、竞争激烈的、残酷无情的硬汉拓展学校。在这个世界上，好人只会敬陪末座。对他们来说，良心企业只是一个白日梦，是思路混乱的理想主义者的一厢情愿。

事实上，这种做生意的方式不仅为所有利益相关者创造了大量的福祉，而且也是维持高业绩的秘诀。当传统企业不得不与良心企业竞争时，他们很快就会发现，这些对手是多么强大、坚定和富有韧性。只要问问现在已经破产的美国航空公司的高管们，就知道他们在过去 40 年中和西南航空公司的竞争是什么感受。

附录 B 讨论了一些对良心企业的错误看法和批评，以及我们对这些错误看法和批评的回应。

良心企业就是在猪身上"涂口红"。企业最终还是要赚钱。

那些冷嘲热讽的人坚持认为,良心企业只是一场趣谈——企业现在是,过去是,未来也会是聚焦于产生尽可能多的利润。没有什么别的东西会比利润更靠谱了。

我们坚信,利润是公司更好地实现其目标的前提。创造利润为世界的创新和进步提供了资本——没有利润就没有进步。如果你只赚足够的钱以覆盖你的成本,你的影响会微不足道。全食超市今天的影响比30年、20年、10年前要大得多,因为我们的盈利能力一直非常强。这使我们得以成长,更成功地实现我们的更高目标。我们能够触达并帮助的人不是几千人,而是几百万人。

问题是大多数公司追求利润就像人类被误导去追求幸福。如前所述,维克多·弗兰克说过:"幸福是无法追求的,它只是一个结果。"[1] 人们沉迷于寻找自己的幸福,往往就会变成只关心自己的自恋狂。其实,幸福只不过是做事的副产品,诸如过有意义和有目标的生活、为他人服务、追求卓越、个人成长、发展友谊、养育孩子、爱和慷慨。同样地,当利润不是企业的主要目标时,利润将得到最好的实现。利润是企业的崇高目标、伟大的产品和服务、顾客的喜悦、团队成员的幸福以及社会和环境管理领域的副产品。认为利润高于一切的公司最终会发现这样做是愚蠢的。

良心企业只会在经济繁荣时期才有用。

许多人相信,当压力变大时,关怀、慷慨和共同的命运就会迅速消失。当你感觉良好的时候,善待别人很容易。问题是,当事情变得艰难时,这些公司会做什么?良心企业会在遇到困难的时候崛起,变得更加富有同情心。

它们的核心价值观会得到加强，人性化也会得到完整的保护，它们在艰难日子里所采取的行动实际上会使公司成员更紧密地团结在一起。

温莎营销集团（Windsor Marketing Group）是康涅狄格的一家小公司，为美国一些大型零售商生产店内标牌。该公司的创始人兼首席执行官凯文·阿马塔（Kevin Armata）回忆2008年经济危机时公司面临的严峻形势："我们的业务下降了30%。如果我们像所有的竞争对手一样解雇20%的劳动力，那么很可能会导致七八个家庭失去自己的家，可能有六七个人会离婚。我们意识到公司比那些家庭中的许多人更有能力渡过危机，所以我决定不解雇任何人。大家一起共渡难关。"[2]

经济危机袭来时，温莎营销集团已经开始了一家大型新工厂的建设工作。阿马塔并没有选择暂停工厂的建设工作，而是想出了一个创新的解决方案。他询问团队成员是否有任何建设施工经验，结果发现他们中的一些人曾经在职业早期做过砌筑工、木工、管道工、电工，大多数时间都很短暂。因此，公司决定这些团队成员只要有空闲的时间，就让他们来从事新工厂的建设工作。

最终，该公司拥有了一座全新的15 000平方米的厂房，大部分是由自己的团队成员建设的。随着经济危机的结束，业务也开始回升，每季度环比增长了40%。团队成员对公司的投入程度、敬业程度和感激程度无与伦比。他们自己为公司建起了围墙，现在他们比以前更愿意穿越围墙为公司工作。[3]

良心企业是奢侈品，只有在高端市场的公司负担得起。

良心企业不是只有少数人才能负担得起的奢侈品。许多公司在实践良心企业原则的同时，它们的顾客也用得起公司的服务和产品。好市多量贩、西南航空、捷蓝航空、亚马逊、塔塔集团、丰田、乔氏超市和宜家都是这样的例子。其他良心企业在价格带中处于较高的位置，但是它们的产品、服务和整体顾客体验的品质都很卓越，依然为顾客带来了巨大的价值。这类公司也包括全食超市、容器商店集团和星巴克公司。

良心企业原则适用于各种各样的企业，因为它达到了传统企业无法比拟的有效性和效率水平。良心企业相对于它们的资产来说贡献了更高的销售额，拥有高生产力和高效率的团队成员，在给顾客带来真正的差异体验方面进行投资，并且不会浪费资源在那些不产生附加价值的事情上，它们把公司管理得井井有条。

华尔街永远看不到良心企业的价值。

正如前面所讨论的，许多金融分析师现在可能并不认可良心企业思想，但是因为良心企业的长期财务表现卓越，金融市场整体上会给良心企业更高的估值。正如传奇的投资者本杰明·格雷厄姆（Benjamin Graham）所说："从短期来看，市场是一台投票机器；但从长远来看，市场是一台称重机器。"股票市场会衡量长期和短期的财务成功，对任何财务成功的企业都会给予回报。只要企业有真正的财务成功，华尔街会以不可知论者的角度看待任何企业财务成功背后的原因。毫无疑问，随着时间的推移，基于良心企业原则的共同基金和股票市场指数将会登台亮相。那些在财务上被证明成功的企业，将吸引更多的模仿者，华尔街的价值观和哲学也会相应地进步，以便能够发现更多良心企业。

不幸的是，太多的经理人员和高管主要出于短期考虑，常常故意在短期内改变公司的健康状况。例如，在一项调查中，超过80%的高管表示，他们将削减研发等领域的支出，以确保达到季度盈利目标，即使他们个人认为这会破坏长期价值。[4]

你必须一开始就是良心企业。如果你的历史渊源不同，你就很难做到。

正如第17章所讨论的，传统企业将自身重塑为良心企业是具有挑战性的，但并非不可能。印度HCL公司的转型就是一个例子。另一个例子是哈雷戴维森公司（Harley-Davidson），它在1981年卖给AMF公司后经历了显著的转型。英特飞地毯公司（Interface Carpet）是另一个例子，在其创始人兼首席执行官雷·安德森（Ray Anderson）深刻领悟到自己的企业对地球产生的影响之后，他开始将公司重塑为一个良心企业。

要做到这一点并不容易，但是如果一个企业想有竞争力，想在市场上生存，想长期蓬勃发展，这可以而且必须做到。这需要高层的真诚承诺，没有良心领导者，就不可能产生良心企业。这还需要耐心，这种巨大的变化是一个需要多年时间的旅程。这通常也需要外界专业顾问的帮助，需要所有的利益相关者汇聚在一起，共同展望并承诺去追求一个更美好的未来。

即使大多数现有的公司不能或不愿意成功地过渡到良心企业，从长远来看，这并不重要，因为会有越来越多的良心创业家开创良心企业，这些企业将在市场上与传统企业竞争，最终取代它们。市场经济是非常动态的，长期来看，它的"创造性破坏"的过程（即更有效和高效的方式不断取代旧的模式）确保了卓越的良心企业理念将会最终胜利。

一旦创始人离开，公司将会回归常态。

失去一个强有力的领导者之后再逆转确实有危险，近年来许多警示故事也一再提醒我们这样的事情多么容易发生。看看这些著名公司的经历就知道了。惠普公司的创始人退休后，公司从外部聘用了卡莉·菲奥里纳担任首席执行官；霍华德·舒尔茨离开星巴克；家得宝的伯尼·马库斯和阿瑟·布兰克把公司交给通用电气公司出身的鲍勃·纳德利，让他担任首席执行官。一个错误的领导者，一个不理解公司宗旨、价值观和文化的领导者，可能会迅速削弱并侵蚀一家公司花了几十年心血建立起来的强大能力。为了防止这种情况发生，公司必须通过企业文化在其 DNA 中嵌入一种有良知的工作方式。这种文化必须是所有利益相关者都认同的，尤其需要得到团队成员的认同。董事会在挑选新首席执行官时必须非常小心。理想情况下，高管应该从内部提拔。塔塔、UPS 公司和西南航空公司等良心企业对高管的选拔过程管理比较好，公司的文化和价值观经历了许多领导变革的考验。

成为一个良心企业需要改变一切，因此不可能实现。

一个良心企业仍然是一个企业。如果要把传统的以利润为中心的企业转变为目标驱动的良心企业，我们必须坚信，这个改变的历程具有挑战性但并非不可能。这一转变过程的巨大优势是，一旦人们克服了对企业和变革存在的根深蒂固的犬儒主义，就会感觉到变革其实是自然而然的事情，进而能体会到变革的意义。变革的过程中很快就会产生自发的推动力。记住，这一切是为了释放企业的英雄精神，这种精神总是存在的，但在大多数公司中都是处于蛰伏的状态。然而，它从未死亡，关怀和创造力的火花永远存在于我们所有人身上，永远不会完全熄灭。

能够被衡量的就应该被管起来。这里有很多不可捉摸的东西。

衡量很重要，但现代管理的一大谬误是，所有重要的东西都必须有良好的衡量标准，如果一件事情不能被客观地衡量，这件事情就变得无关紧要了。这是智能分析大行其道的结果。我们应该努力以合理的方式衡量行动的效果，应该让直接产生结果的人在这一点上有更多的发言权。对于文化中的一些最关键的因素，比如爱和真实性，就不适合采取硬性的衡量指标。

要求优化利益相关者的利益会让管理人员困惑。他们需要一个简单、透明的目标，比如股东价值最大化。

奥卡姆剃刀原理说："一切都应该尽可能简单，但不要过于简单。"对于一些人来说，理解更大的相互依存的利益相关者商业系统很困难。正如我们已经讨论过的，这需要高度的系统智能，可悲的是，许多人还不具有系统智能。然而，具有综合思维能力的人能够看到更大的商业系统的相互依存性，从而认识到企业不是一个等待求解的数学问题。任何一个事物的最大化必然要求更大系统中的其他重要事物在短期内被改变，甚至可能受到致命的损害。一个企业是一个复杂的生物组织，负责领导和管理这样一个实体的人需要具备必要的技能和意志。领导者的目标必须始终围绕着企业的健康发展，以便让企业能够为包括投资者在内的所有利益相关者创造尽可能多的价值。企业领导者绝不能为了让利益相关者在短期内受益而故意让整个企业受到损害。这种方式将会滋生一种组织性癌症，如果不加以控制，最终会导致企业消亡。

参考文献

扫码下载"湛庐阅读"App，
搜索"伟大企业的四个关键原则"
查看全部参考文献

湛庐CHEERS

未来，属于终身学习者

我这辈子遇到的聪明人（来自各行各业的聪明人）没有不每天阅读的——没有，一个都没有。巴菲特读书之多，我读书之多，可能会让你感到吃惊。孩子们都笑话我。他们觉得我是一本长了两条腿的书。

——查理·芒格

互联网改变了信息连接的方式；指数型技术在迅速颠覆着现有的商业世界；人工智能已经开始抢占人类的工作岗位……

未来，到底需要什么样的人才？

改变命运唯一的策略是你要变成终身学习者。未来世界将不再需要单一的技能型人才，而是需要具备完善的知识结构、极强逻辑思考力和高感知力的复合型人才。优秀的人往往通过阅读建立足够强大的抽象思维能力，获得异于众人的思考和整合能力。未来，将属于终身学习者！而阅读必定和终身学习形影不离。

很多人读书，追求的是干货，寻求的是立刻行之有效的解决方案。其实这是一种留在舒适区的阅读方法。在这个充满不确定性的年代，答案不会简单地出现在书里，因为生活根本就没有标准确切的答案，你也不能期望过去的经验能解决未来的问题。

湛庐阅读APP：与最聪明的人共同进化

有人常常把成本支出的焦点放在书价上，把读完一本书当作阅读的终结。其实不然。

时间是读者付出的最大阅读成本
怎么读是读者面临的最大阅读障碍
"读书破万卷"不仅仅在"万"，更重要的是在"破"！

现在，我们构建了全新的"湛庐阅读"APP。它将成为你"破万卷"的新居所。在这里：

- 不用考虑读什么，你可以便捷找到纸书、有声书和各种声音产品；
- 你可以学会怎么读，你将发现集泛读、通读、精读于一体的阅读解决方案；
- 你会与作者、译者、专家、推荐人和阅读教练相遇，他们是优质思想的发源地；
- 你会与优秀的读者和终身学习者为伍，他们对阅读和学习有着持久的热情和源源不绝的内驱力。

从单一到复合，从知道到精通，从理解到创造，湛庐希望建立一个"与最聪明的人共同进化"的社区，成为人类先进思想交汇的聚集地，与你共同迎接未来。

与此同时，我们希望能够重新定义你的学习场景，让你随时随地收获有内容、有价值的思想，通过阅读实现终身学习。这是我们的使命和价值。

湛庐CHEERS

湛庐阅读APP玩转指南

湛庐阅读APP结构图：

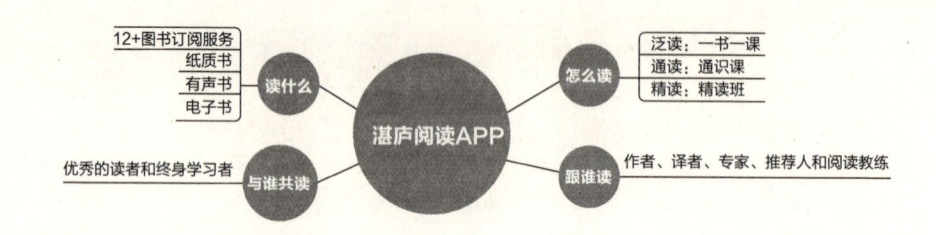

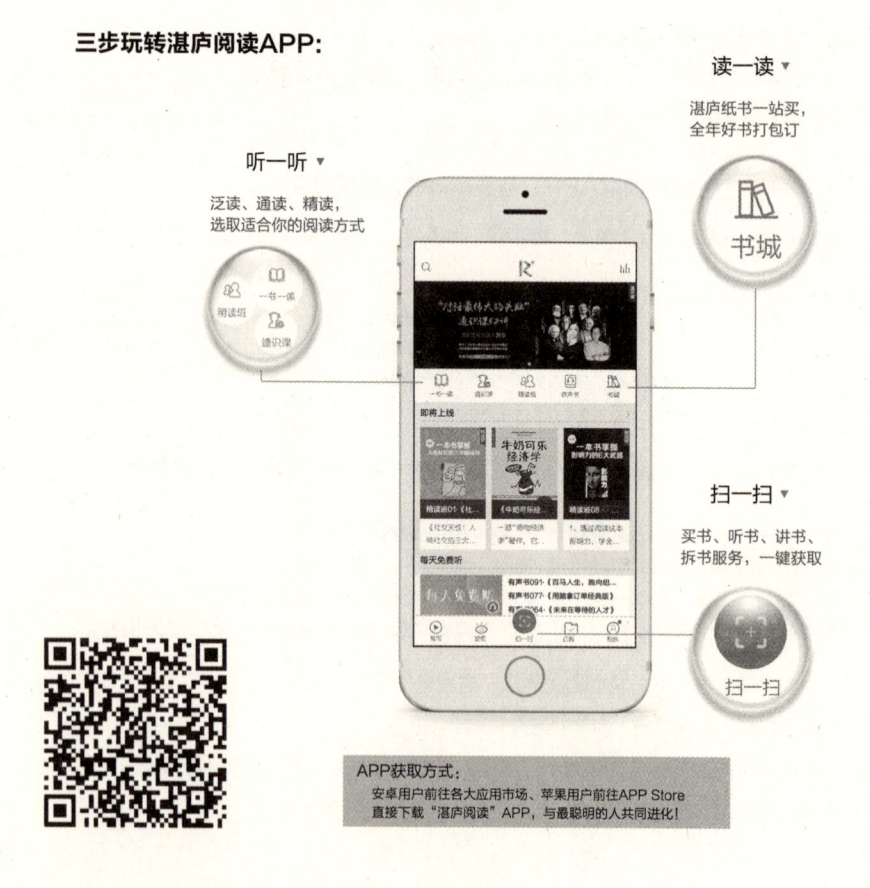

- 读什么
  - 12+图书订阅服务
  - 纸质书
  - 有声书
  - 电子书
- 与谁共读
  - 优秀的读者和终身学习者
- 怎么读
  - 泛读：一书一课
  - 通读：通识课
  - 精读：精读班
- 跟谁读
  - 作者、译者、专家、推荐人和阅读教练

三步玩转湛庐阅读APP：

听一听 ▼
泛读、通读、精读，
选取适合你的阅读方式

读一读 ▼
湛庐纸书一站买，
全年好书打包订
书城

扫一扫 ▼
买书、听书、讲书、
拆书服务，一键获取
扫一扫

APP获取方式：
安卓用户前往各大应用市场，苹果用户前往APP Store
直接下载"湛庐阅读"APP，与最聪明的人共同进化！

湛庐CHEERS

使用APP扫一扫功能，
遇见书里书外更大的世界！

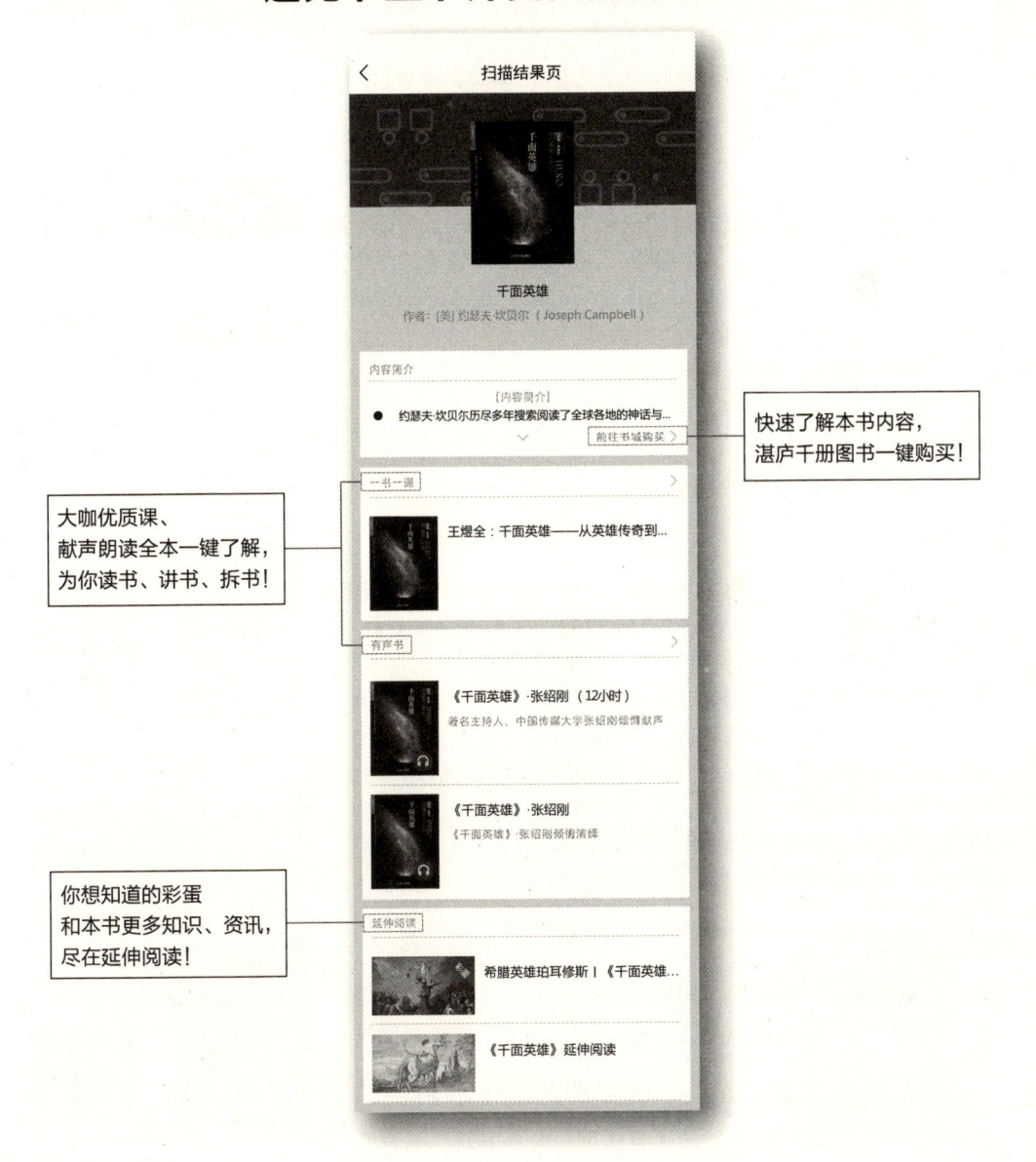

扫描结果页

千面英雄
作者：[美] 约瑟夫·坎贝尔（Joseph Campbell）

内容简介

[内容简介]
约瑟夫·坎贝尔历尽多年搜索阅读了全球各地的神话与……

前往书城购买

快速了解本书内容，
湛庐千册图书一键购买！

一书一课
王煜全：千面英雄——从英雄传奇到……

大咖优质课、
献声朗读全本一键了解，
为你读书、讲书、拆书！

有声书
《千面英雄》·张绍刚（12小时）
著名主持人、中国传媒大学张绍刚倾情献声

《千面英雄》·张绍刚
《千面英雄》·张绍刚倾情演绎

延伸阅读
希腊英雄珀耳修斯Ⅰ《千面英雄》……

《千面英雄》延伸阅读

你想知道的彩蛋
和本书更多知识、资讯，
尽在延伸阅读！

湛庐 CHEERS　延伸阅读

《指数型组织》

◎ 奇点大学创始执行理事、奇点大学全球大使萨利姆·伊斯梅尔重磅之作！企业管理者应对指数化时代的必读书！

◎ 海尔集团董事局主席张瑞敏、清华大学教授陈劲、北京大学新闻与传播学院教授胡泳、奇点大学执行主席，X大奖创始人，《富足》作者彼得·戴曼迪斯、谷歌公司工程总监，奇点大学校长雷·库兹韦尔、德勤领先创新中心联合董事长约翰·哈格尔三世联袂推荐。

ISBN 978-7-213-06921-5

《鞋狗》

◎ 比尔·盖茨2016年特别推荐，"股神"巴菲特2016年读过ZUI好的书，《纽约时报》畅销书。耐克创始人菲尔·奈特写心力作，优客工场创始人毛大庆倾情翻译；还原耐克"从0到1"的创业史话，创业和管理的标杆。

◎ 英文原版长期位居《纽约时报》畅销书榜单，勒布朗·詹姆斯、老虎伍兹等各界运动员倾力推荐，美国各大电视台主流节目纷纷报道；国内商界牛人、传媒大佬、学界领袖、体育明星……各界人士倾力推荐！

ISBN 978-7-5502-8446-3

《冲浪板上的公司》

◎ 新型的商业模式，另类的成功典范。"户外GUCCI"巴塔哥尼亚创始人伊冯·乔伊纳德全新揭秘过去10年的商业实践，引爆商业文明的新思考。

◎ 清华大学经济管理学院副院长钱小军、Patagonia中国办事处总裁曾维刚、秦朔朋友圈Chin@Moments新媒体平台及中国商业文明研究中心发起人秦朔、《美丽公约》《搭车去柏林》《音乐公路之旅》导演刘畅、英特飞公司（Interface）总裁雷·安德森、英国环保护肤品牌"美体小铺"创始人安妮塔·罗迪克、美国纽曼食品公司总裁妮尔·纽曼等联袂推荐！

ISBN 978-7-213-07892-7

《负责任的企业》

◎ 刷新人们的价值观，引发人们对商业模式和消费方式的新思考。在这个利益至上的社会，企业如何在不失去灵魂的同时赢利？

◎ 这是一本适时且意味深远的书，作者伊冯·乔伊纳德指出经济活动应当减轻这个时代所面临的环境和社会危机，只有具备危机意识的企业才能在边缘起舞、不断演化，迎接多样性，在百年后基业长青！

ISBN 978-7-213-06232-2

Original work copyright © 2013 Harvard Business School Publishing Corporation. Published by Harvard Business Review Press.

All rights reserved.

本书中文简体字版由 Harvard Business Review Press 授权在中华人民共和国境内独家出版发行。未经出版者书面许可，不得以任何方式抄袭、复制或节录本书中的任何部分。

版权所有，侵权必究。

图书在版编目（CIP）数据

伟大企业的四个关键原则／（美）约翰·麦基，拉金德拉·西索迪亚著；史建明译. — 杭州：浙江人民出版社，2019.7
书名原文：Conscious Capitalism: Liberating the Heroic Spirit of Business
ISBN 978-7-213-09337-1

Ⅰ.①伟⋯ Ⅱ.①约⋯ ②拉⋯ ③史⋯ Ⅲ.①企业管理 Ⅳ.①F272

中国版本图书馆CIP数据核字（2019）第119410号

上架指导：企业管理

版权所有，侵权必究
本书法律顾问　北京市盈科律师事务所　崔爽律师
　　　　　　　　　　　　　　　　　　张雅琴律师

浙江省版权局
著作权合同登记章
图字：11-2019-66号

伟大企业的四个关键原则

[美] 约翰·麦基　拉金德拉·西索迪亚　著
史建明　译

出版发行	浙江人民出版社（杭州体育场路347号　邮编　310006）
	市场部电话：（0571）85061682　85176516
集团网址	浙江出版联合集团　http://www.zjcb.com
责任编辑	尚　婧
责任校对	陈　春
印　刷	唐山富达印务有限公司
开　本	720mm×965mm 1/16
印　张	21.25
字　数	256千字
插　页	0
版　次	2019年7月第1版
印　次	2019年7月第1次印刷
书　号	ISBN 978-7-213-09337-1
定　价	89.90元

如发现印装质量问题，影响阅读，请与市场部联系调换。